§ 14 Anschwärzung

(1) [1]Wer zu Zwecken des Wettbewerbs über das Erwerbsgeschäft eines anderen, über die Person des Inhabers oder Leiters des Geschäfts, über die Waren oder gewerblichen Leistungen eines anderen Tatsachen behauptet oder verbreitet, die geeignet sind, den Betrieb des Geschäfts oder den Kredit des Inhabers zu schädigen, ist, sofern die Tatsachen nicht erweislich wahr sind, dem Verletzten zum Ersatze des entstandenen Schadens verpflichtet. [2]Der Verletzte kann auch den Anspruch geltend machen, daß die Behauptung oder Verbreitung der Tatsachen unterbleibe.

(2) [1]Handelt es sich um vertrauliche Mitteilungen und hat der Mitteilende oder der Empfänger der Mitteilung an ihr ein berechtigtes Interesse, so ist der Anspruch auf Unterlassung nur zulässig, wenn die Tatsachen der Wahrheit zuwider behauptet oder verbreitet sind. [2]Der Anspruch auf Schadensersatz kann nur geltend gemacht werden, wenn der Mitteilende die Unrichtigkeit der Tatsachen kannte oder kennen mußte.

(3) Die Vorschrift des § 13 Abs. 4 findet entsprechende Anwendung.

§ 824 BGB

(1) Wer der Wahrheit zuwider eine Tatsache behauptet oder verbreitet, die geeignet ist, den Kredit eines anderen zu gefährden oder sonstige Nachteile für dessen Erwerb oder Fortkommen herbeizuführen, hat dem anderen den daraus entstehenden Schaden auch dann zu ersetzen, wenn er die Unwahrheit zwar nicht kennt, aber kennen muß.

(2) Durch eine Mitteilung, deren Unwahrheit dem Mitteilenden unbekannt ist, wird dieser nicht zum Schadensersatze verpflichtet, wenn er oder der Empfänger der Mitteilung an ihr ein berechtigtes Interesse hat.

Übersicht

Alphabetische Übersicht

Literatur

Ahrens Wettbewerbsverfahrensrecht, 1983; *Badura* Universitätsreform – Alternativen der Zukunft, 1971; *Baumbach/Hefermehl* Wettbewerbsrecht, 17. Aufl., 1993; *Baur* Arrest und einstweilige Verfügung in ihrem heutigen Anwendungsbereich, BB 1964, 607ff; *Blaurock* Die Schutzrechtsverwarnung, 1970; *Brandi-Dohrn* Die Abnehmerverwarnung in Rechtsprechung und Praxis, GRUR 1981, 679ff; *Braun* Werbung und Meinungsfreiheit nach Art. 5 Abs. 1 S 1 GG, WRP 1982, 510ff; *Brinkmann* Rechtliche Grenzen neutraler Preisvergleiche, WRP 1979, 265ff; *Brinkmann* Unterlassungsklagen von Wirtschaftsverbänden und neutrale Preisvergleiche, WRP 1981, 445ff; *Brinkmann* Die wettbewerbs- und deliktsrechtliche Bedeutung des Ranges in Warentests und Preisvergleichen, BB 1983, 91ff; *Brinkmann* Der äußerungsrechtliche Unternehmensschutz in der Rechtsprechung des Bundesgerichtshofs, GRUR 1988, 516ff; *Bruchhausen* Der Meinungsaustausch über Patentverletzungen, Mitt 1969, 286ff; *Buchner* Konsolidierung des deliktsrechtslichen Unternehmensschutzes, DB 1979, 1069ff; *Büchler* Handeln zu Zwecken des Wettbewerbs und Wettbewerbsverhältnis im UWG, 1981; *Bühler* Abschied vom Verbot der vergleichenden Werbung in Deutschland? WM 1992, 677ff; *Canaris* Schutzgesetze – Verhaltenspflichten – Schutzpflichten, FS Larenz 1983, 27ff; *Diemer* Meinungsfreiheit und Wettbewerbsrecht, FS Klaka 1987, 44ff; *Drettmann* Wirtschaftswerbung und Meinungsfreiheit, 1984; *Erdsiek* Wahrnehmung berechtigter Interessen ein Rechtfertigungsgrund? JZ 1969, 311ff; *Erdsiek* Der Ehrenschutz in der Defensive, FS R. Reinhardt 1972, 69ff; *Eser* Wahrnehmung berechtigter Interessen als allgemeiner Rechtfertigungsgrund, 1969; *Fabricius* Zur Dogmatik des sonstigen Rechts gemäß § 823 Abs. I BGB, AcP 160 (1960), 273ff; *Fikentscher* Das Recht am Gewerbebetrieb (Unternehmen) als „sonstiges Recht" im Sinne des § 823 BGB in der Rechtsprechung des Reichsgerichts und des Bundesgerichtshofs, FS Kronstein 1967, 261ff; *Friauf/Höfling* Meinungsrecht und Verfolgung von wirtschaftlichen Belangen, AfP 1985, 249ff; *Gaertner* Die Haftung der Verlage für den wettbewerbswidrigen Inhalt von Anzeigen, AfP 1990, 269ff; *von Gamm* Persönlichkeits- und Ehrverletzungen durch Massenmedien, 1969; *von Gamm* Neuere Rechtsprechung zum Wettbewerbsrecht, WM 1984 Sonderbeilage Nr. 6; *von Gamm* Neuere Rechtsprechung zum Wettbewerbs- und Warenzeichenrecht, GRUR 1990, 313ff; *Graßmann* Der Warenvergleich durch Verbraucherverbände, 1964; *Hefermehl* Das Prokustesbett „Wettbewerbsverhältnis", FS Max Kummer 1980, 345ff; *Helle* Die Rechtswidrigkeit der ehrenrührigen Behauptung, NJW 1961, 1896ff; *Helle* Der Schutz der Persönlichkeit, der Ehre und des wirtschaftlichen Rufes im Privatrecht, 1969; *Helle* Die Begrenzung des zivilrechtlichen Schutzes der Persönlichkeit und Ehre gegenüber Äußerungen in rechtlich geordneten Verfahren, GRUR 1982, 207ff; *Henschel* Die Kunstfreiheit in der Rechtsprechung des BVerfG, NJW 1990, 1937ff; *Hesse* Die Verwarnung der Abnehmer wegen Patent- oder Gebrauchsmusterverletzung, GRUR 1967, 557ff; *Hesse* Ist § 14 UWG auf die Abnehmerverwarnung aus Patenten und Gebrauchsmustern anwendbar? GRUR 1979, 438ff; *Hoffmann* Beweislast und Rechtfertigung bei ehrverletzenden Behauptungen im politischen Bereich, NJW 1966, 1200ff; *Horn* Die unberechtigte Verwarnung aus gewerblichen Schutzrechten, 1971; *Horn* Die höchstrichterliche Rechtsprechung zur unberechtigten Verwarnung,

GRUR 1971, 442 ff; *Horn* Das Urteil des Bundesgerichtshofs im Fall „Maschenfester Strumpf", GRUR 1974, 235 ff; *Hubmann* Grundsätze der Interessenabwägung, AcP 155 (1955), 85 ff; *Jäger* Wahrnehmung berechtigter Interessen durch Auskunfteien, NJW 1956, 1224 ff; *Jahr* Die Einrede des bürgerlichen Rechts, JuS 1964, 125 ff, 218 ff, 293 ff; *Jarass* Die freien Berufe zwischen Standesrecht und Kommunikationsfreiheit, 1982; *Klaka* Die einstweilige Verfügung in der Praxis, GRUR 1979, 593 ff; *Kloepfer/Michael* Vergleichende Werbung und Verfassung, GRUR 1991, 170 ff; *Knöpfle* Der Rechtsbegriff „Wettbewerb" und die Realität des Wirtschaftslebens, Kartellrundschau Heft 7/1966; *Knöpfle* Zum Erfordernis eines Wettbewerbsverhältnisses bei der Anwendung des UWG, UFITA 1982, 25 ff; *Kohler* Der unlautere Wettbewerb, 1914; *Konzen* Aufopferung im Zivilrecht, 1969; *Kresse* Wirtschaftswerbung und Art. 5 GG, WRP 1985, 536 ff; *U. Krieger* Zum Anspruch auf Auskunft wegen Warenzeichenverletzung, GRUR 1989, 802 ff; *Krüger* Der Fall Club X – Zum Verhältnis von § 1 UWG und Art. 10 der Europäischen Menschenrechtskonvention, GRUR 1989, 738 ff; *Krüger/Nieland* Persönlichkeitsrechtsschutz Verstorbener als Schranke der Freiheit und Kunst, GRUR 1968, 523 ff; *Kübler* Öffentliche Kritik an gewerblichen Erzeugnissen und beruflichen Leistungen, AcP 172 (1972), 177 ff; *Kübler* Öffentlichkeit als Tribunal? Zum Konflikt zwischen Medienfreiheit und Ehrenschutz, JZ 1984, 541 ff; *Kunze* Zum Rechtsschutz gegen ungerechtfertigte Schutzrechtsverwarnungen, WRP 1965, 7 ff; *Lerche* Werbung und Verfassung, 1967; *Lindacher* Grundfragen des Wettbewerbsrechts, BB 1975, 1311 ff; *Lindacher* Unterlassungs- und Beseitigungsanspruch, GRUR 1985, 423 ff; *Löffler* Presserecht, 3 [1983] Band I Landespressegesetze; *Mackeprang* Ehrenschutz im Verfassungsstaat, 1990; *Messer* Wettbewerbsrechtliche Beurteilung von Presseäußerungen, FS von Gamm 1990, 95 ff; *von Metzen* Verwarnung mit Schutzrechten, FS Werner vom Stein 1961, 80 ff; *Jochen Meyer* Die kritisierende vergleichende Werbung, 1991; *Neumann-Duesberg* Die verlegerischen Gefahrabwendungspflichten, NJW 1966, 624 ff; *Neumann-Duesberg* Einschränkung des Geltungsbereichs des § 824 BGB durch die Meinungs- und Informationsfreiheit, NJW 1968, 81 ff; *Nirk* Gewerblicher Rechtsschutz, 1981; *Nirk/Kurtze* Verletzungshandlung und Verletzungsform bei Wettbewerbsverstößen, GRUR 1980, 645 ff; *Nirk/Kurtze* Wettbewerbsstreitigkeiten, 2. Aufl. [1992]; *Ohl* Der Rechtsschutz gegenüber unberechtigter Geltendmachung gewerblicher Schutzrechte, GRUR 1966, 192 ff; *Pärn* Tatsachenmitteilung und Tatsachenbehauptung, NJW 1979, 2544 ff; *Paulus* Wirtschaftswerbung und Meinungsfreiheit – Inhalt und Schranken von Art. 5 Abs. 1 S 1 GG, WRP 1990, 22 ff; *Quiring* Zur Haftung wegen unbegründeter Verwarnungen, WRP 1983, 317 ff; *Reifner* Verbraucheraufklärung und Meinungsfreiheit – zur Äußerungsfreiheit der Verbraucherverbände, WRP 1987, 421 ff; *Reinhardt* Zivilrechtlicher Schutz des Ansehens und berechtigte Interessenwahrnehmung, FS Heinrich Lange 1970, 195 ff; *Reuthal* Die unberechtigte wettbewerbsrechtliche Abmahnung unter besonderer Berücksichtigung der unberechtigten Schutzrechtsverwarnung, 1985; *Ricker* Anzeigenwesen und Wettbewerbsfreiheit, 1973; *Rogge* Zur rechtlichen Bewertung der unberechtigten Verwarnung, WRP 1965, 40 ff; *Sack* Die Haftung für unbegründete Schutzrechtsverwarnungen, WRP 1976, 733 ff; *Sack* Vergleichende Werbung ohne Bezugnahme auf Wettbewerber und ihre Leistungen, in Rechtsfragen in Wettbewerb und Werbung 3.2, Rdn. 500 ff; *Sandrock* Grundbegriffe des Gesetzes gegen Wettbewerbsbeschränkungen, 1968; *Eike Schmidt* Wahrnehmung berechtigter Interessen ein Rechtfertigungsgrund? JZ 1970, 8 ff; *Schnur* Zum „uneingeschränkten" und „eingeschränkten" Widerruf von Behauptungen, GRUR 1979, 139 ff; *Schrauder* Wettbewerbsverstöße als Eingriffe in das Recht am Gewerbebetrieb, 1970; *Schricker* Öffentliche Kritik an gewerblichen Erzeugnissen und beruflichen Leistungen, AcP 172 (1972), 203 ff; *Schricker* Territoriale Probleme und Klagerecht bei unlauterem Wettbewerb, GRUR Int. 1973, 453 ff; *Seidler* Schutzrechtsverwarnung als wettbewerbliches Kampfmittel, FS Wilhelm Wendel 1969, 46 ff; *Steffen* Wahrheit und Wertung in der Pressekritik, AfP 1979, 284 f; *Stürner* Empfiehlt es sich, die Rechte und Pflichten der Medien präziser zu regeln und dabei den Rechtsschutz des einzelnen zu verbessern? Gutachten A 58 Deutschen Juristentag 1990; *Teplitzky* Wettbewerbsrechtliche Ansprüche – Unterlassung – Beseitigung – Schadensersatz, 6. Aufl. [1992]; *Teplitzky* Das Verhältnis des objektiven Beseitigungsanspruchs zum Unterlassungsanspruch im Wettbewerbsrecht, WRP 1984, 365 ff; *Teplitzky* Die jüngste Rechtsprechung des Bundesgerichtshofs zum wettbewerblichen Anspruchs- und Verfahrensrecht, GRUR 1989, 461 ff; *Tettinger* Der Schutz der persönlichen Ehre im freien Meinungskampf, JZ 1983, 317 ff; *Tilmann* Haftungsgrenzen im Äußerungsdeliktsrecht, NJW 1975, 758 ff; *Tilmann* Vergleichende Werbung, Systemvergleich, Alleinstellungswerbung, GRUR Int. 1983, 598 ff; *Tilmann* Kostenhaftung und Gebührenberechnung bei Unterlassungsklagen gegen Streitgenossen im gewerblichen Rechtsschutz, GRUR 1986, 691 ff; *Tilmann* Zum Anspruch auf Auskunftserteilung wegen Warenzeichenverletzung II, GRUR 1990, 160 ff; *Eugen Ulmer* Die Widerrufsklage im Wettbewerbsrecht, ZAKDR 1936, 535 ff; *Eugen Ulmer* Die Bekämpfung des unlauteren Wettbewerbs im gemeinsamen Markt, GRUR Int. 1973, 135 ff; *Wacke* Werbeaussagen als Meinungsäußerungen, FS Schack 1966, 197 ff; *Wenzel* Wahrheit und Werbung in der Pressekritik, AfP 1979, 276 ff; *Wenzel* Das Recht der Wort- und Bildberichterstattung, 3. Aufl. [1986]; *Weyhenmeyer* Rechtswidrige Preisvergleiche, WRP 1979, 766 ff; *Winkler* Probleme der Schutzrechtsverwarnung, GRUR 1980, 526 ff; *Wronka* Zur verfassungsrechtlichen Zulässigkeit medienspezifischer Werbeverbote, AfP 1975, 787 ff.

A. Vorbemerkung

1 Der zivilrechtliche Schutz der Ehre und des geschäftlichen Ansehens, Kredites, ist **unübersichtlich**, über verschiedene Gesetze verstreut, von zahllosen Überschneidungen gekennzeichnet, die eine Darstellung und die Herausarbeitung gemeinsamer Grundsätze oder Regelungskomplexe erschweren.

2 1. Diese Uneinheitlichkeit findet einen Grund in der **Entstehungsgeschichte** des Ehrenschutzes im allgemeinen. Der Ehrenschutz hatte in Deutschland zunächst eine zivilrechtliche Vergangenheit. Noch in der Mitte des vergangenen Jahrhunderts waren in Preußen Ehrenbeleidigungen nur im Wege des Zivilprozesses zu verfolgen. Zwischen strafrechtlichen und zivilrechtlichen Aspekten wurde nicht unterschieden. Der § 11 EinfG zur ReichsStPO vom 1. 2. 1877 überwies die Strafverfolgung im Wege des Privatklageverfahrens den Strafgerichten. Seitdem war der Ehrenschutz weitgehend Aufgabe des Strafrichters (*Erdsiek* JZ 1969, 311, 312). Die zivilrechtliche Anspruchsgrundlage für die Abwehr von Ehrkränkungen in der Gestalt des Unterlassungsanspruchs, die Beseitigung ihrer Wirkungen durch den Widerrufsanspruch und ihrer vermögensrechtlichen Folgen durch eine Schadensersatzpflicht hat erst die Transponierung des strafrechtlichen Ehrenschutzes der §§ 185–187 StGB über § 823 Abs. 2 BGB in das Zivilrecht geschaffen, nachdem der Gesetzgeber sich ausdrücklich dafür erklärt hatte, die Ehre nicht unter die sonstigen Rechte des § 823 Abs. 1 BGB zu zählen, weil ihr die feste Kontur von Körperdingen fehle (Prot. II 573), und auch das Reichsgericht deshalb die Ausbildung eines auf § 823 Abs. 1 BGB zu gründenden Ehrenschutzes abgelehnt hatte (RGZ 51, 369, 372). Zugleich wurde als Sondernorm des Kreditschutzes § 824 BGB geschaffen. Hand in Hand damit (wenn auch mit früher in Kraft tretender Vorschrift) nahm der Gesetzgeber sich in § 6 UWG von 1896 des Schutzes der Geschäftsehre gegen Eingriffe aus wettbewerbsrechtlichen Tatbeständen an, und zwar, wie in der Gesetzesbegründung nachzulesen[1], in der erklärten Absicht, damit den bis dahin nur strafrechtlichen Ehrenschutz für ein wichtiges Teilgebiet des Zivilrechts zu erweitern und ihn gegenüber etwa in das BGB aufzunehmenden Bestimmungen des Ehrenschutzes als Spezialnorm bestehen zu lassen. Die Norm des wettbewerblichen Ehrenschutzes wurde durch § 14 des UWG von 1909 ersetzt, der dem § 6 des UWG von 1896 inhaltsgleich ist. Hinzu kamen in der weiteren Entwicklung der Rechtsprechung die Aus-

[1] Entwurf eines Gesetzes gegen den unlauteren Wettbewerb vom 8. 1. 1909, stenographische Berichte des Reichstags XII. Legislaturperiode I. Session 1907/1909, Anlageband 252, Anlage Nr. 1109, Blatt 106.

bildung eines allgemeinen Persönlichkeitsrechts, das den Schutz der Ehre mit gewährleistet, durch die auf Art. 1 und 2 GG gegründete Rechtsprechung des BGH und des BVerfG, ferner – ebenfalls hervorgehend aus der Rechtsprechung des BGH – die Ausprägung des Schutzes der Geschäftsehre durch die Erweiterung des „Rechts am eingerichteten und ausgeübten Gewerbebetrieb" auf diesen Bereich.

Als **Rechtsgrundlagen** für einen zivilrechtlichen Ehrenschutz, die in einschlägigen Gerichtsentscheidungen häufig genug so aneinandergereiht werden, sind daher heute festzustellen 3

- § 823 Abs. 1 BGB unter dem Blickpunkt des Schutzes des allgemeinen Persönlichkeitsrechts,
- § 823 Abs. 1 BGB unter dem Blickpunkt des Schutzes des „eingerichteten und ausgeübten Gewerbebetriebs",
- § 823 Abs. 2 BGB in Verbindung mit §§ 185–187 StGB, § 824 BGB, als unspezifische Normen ferner §§ 826 BGB und § 1 UWG,
- § 14 UWG als Spezialnorm des Wettbewerbsrechts.

Die einander vielfach überschneidenden Rechtsvorschriften führen mit ihrem aus Unterlassungs-Widerrufs-Schadensersatz- und Entschädigungsansprüchen bestehenden Sanktionssystem, das der Verfolgung des Ehrenschutzes mit strafrechtlichen Mitteln wegen des Spektrums der möglichen Rechtsbehelfe weit überlegen ist, insgesamt zu einem wirksamen Kredit- und Ehrenschutz.

2. Meinungsäußerungsfreiheit

Da alle Angriffe gegen persönliche Ehre und wirtschaftlichen Ruf auf Akten der Kommunikation (Sprache, Schrift, Bild, Zeichen) beruhen, ist gemeinsames Merkmal der die Ehre und den wirtschaftlichen Ruf innerhalb und außerhalb des Wettbewerbs schützenden Vorschriften, daß sie durch das **Recht auf freie Meinungsäußerung** (Art. 5 Abs. 1 Satz 1 GG) beeinflußt werden. Da die Rechte auf freie Meinungsäußerung und freie Entfaltung der Persönlichkeit einander gleichwertig sind, macht ihre Kollision in den Fällen des Angriffs auf Ehre und persönlichen Ruf sowie des Schutzes dieser eine Güter- und Interessenabwägung erforderlich, die sich je nach den heranzuziehenden Vorschriften und ihnen zuzuordnenden Fallgruppen auf Verwirklichung des Tatbestandes einer Schutznorm, auf die Feststellung von Rechtswidrigkeit und Verschulden, auf die Art der an die Tatbestandsverwirklichung geknüpften Sanktionen und auch noch bei Anforderungen an Beweisführung und Verteilung der Beweislast auswirken können. 4

Bei der Anwendung der §§ 14 UWG, 824 BGB, die gemäß Art. 5 Abs. 2 GG wiederum das Recht der freien Meinungsäußerung beschränken, kann das dem Art. 5 Abs. 1 Satz 2 GG entnommene Gebot zu umfassender **Güter- und Interessenabwägung** bereits die Unterscheidung von Tatsache und Werturteil beeinflussen, die diese Vorschriften erfordern. Die Regeln für unrichtige Werturteile sind milder als die für unwahre Tatsachenbehauptungen, weil subjektive Werturteile beim Hörer meist größeren Spielraum für eigene Interpretation, Gefolgschaft oder Gegnerschaft lassen (*Tilmann* GRUR Int 1983 598, 601). Die geläufige Definition für die Behauptung oder Verbreitung von Tatsachen als Äußerung von Dingen, die in Vergangenheit oder Gegenwart in Erscheinung getreten und dem Beweis zugänglich sind[2], 5

[2] *Helle*, S. 13; *Ulmer/Reimer* Rdn. 394; BGHZ 3, 270, 273.

erfährt bei Anwendung des § 824 BGB eine „funktionale" Bedeutung, wenn es darum geht, Sachverständigengutachten oder auch Warentests von der Anwendung der Vorschrift ausnehmen[3]. Das gilt ebenso für den Schutz des „eingerichteten und ausgeübten Gewerbebetriebes" nach § 823 Abs. 1 BGB. Beim allgemeinen Persönlichkeitsrecht entscheidet die Interessenabwägung zugleich über den Schutzumfang des Rechts und die Rechtswidrigkeit seiner Verletzung[4].

6 Kernbereich der Güter- und Interessenabwägung ist die Frage nach der den Eingriff erlaubenden **Wahrnehmung berechtigter Interessen** (§ 193 StGB), die den Informationsinteressen der Allgemeinheit Vorrang vor dem Recht auf Schutz der persönlichen Ehre und des geschäftlichen Rufs gewährt, welche zurücktreten müssen, wenn in einer die Öffentlichkeit wesentlich berührenden Frage ein dazu Legitimierter durch seine kritische Äußerung einen Beitrag zum geistigen Meinungskampf geliefert hat (BVerfG 61, 1, 10 bis 12 – *NPD Europas*).

7 Eine gleichartige Güter- und Interessenabwägung gebietet **Art. 10 der Europäischen Konvention zum Schutze der Menschenrechte und Grundfreiheiten** vom 4. 11. 1950 (BGBl. II 1952, 686), in der Bundesrepublik Deutschland in Kraft aufgrund Gesetzes vom 7. 8. 1952 (BGBl. II 685). Nach Art. 10 der EMRK hat jeder Anspruch auf freie Meinungsäußerung, genießt jeder die Freiheit der Meinung und die Freiheit zum Empfang und zur Mitteilung von Nachrichten oder Ideen ohne Eingriffe öffentlicher Behörden und ohne Rücksicht auf Landesgrenzen; die Freiheit kann vom Gesetz vorgesehenen Formvorschriften, Bedingungen, Einschränkungen oder Strafdrohungen unterworfen werden, wie sie in einer demokratischen Gesellschaft im Interesse der nationalen Sicherheit, der territorialen Unversehrtheit oder öffentlichen Sicherheit, der Aufrechterhaltung der Ordnung und der Verbrechensverhütung, des Schutzes der Gesundheit und der Moral, des guten Rufes oder Rechte anderer, zur Verhinderung der Verbreitung vertraulicher Nachrichten oder zur Gewährleistung des Ansehens und der Unparteilichkeit der Rechtsprechung unentbehrlich sind. Die nach Art. 10 EMRK geschützte Meinungsfreiheit gebietet als „eine der Grundlagen einer demokratischen Gesellschaft und vorrangige Bedingung für ihren Fortschritt und für die Entwicklung jedes einzelnen" (EGMR GRUR Int 1985, 468, 471) eine solche Grenzziehung zwischen Tatsachenbehauptung und Werturteil, die dem Behauptenden nicht den unmöglichen Beweis für die Wahrheit eines Werturteils überbürdet (EGMR NJW 1987, 2143, 2145; EGMR EuGRZ 1991, 216). Bedeutung und Tragweite der Meinungsfreiheit fordern im Zweifelsfalle eine Auslegung der einen anderen angreifenden Äußerung als Werturteil, damit dem Angreifer die Beweisführungslast für die Wahrheit einer Tatsachenbehauptung erspart bleibt (BVerf NJW 1991, 3023, 3025 – *Leserbrief*). Sogar die Wahl möglicher Beweismittel für die Wahrheit einer herabsetzenden Tatsachenbehauptung wird durch das Grundrecht der Meinungsfreiheit beeinflußt, gegen das verstoßen würde, wenn ein Kritiker sich für nicht seinem eigenen Erfahrungsbereich entstammende herabsetzende Tatsachenbehauptungen über Dritte nicht auf unwidersprochene Pressemitteilungen beziehen dürfte (BVerf AfP 1992, 53, 54, 55 – *Kritische Bayer-Aktionäre*).

---

[3] RGZ 84, 294, 296; BGH GRUR 1969, 624, 627 – *Hormoncreme*, BGHZ 65, 325, 329 = GRUR 1976, 268, 270 – *Warentest II*; BGH GRUR 1978, 258, 259 – *Schriftsachverständiger*; BGH GRUR 1987, 468, 469 – *Warentest IV; Kübler* S. 200, Fn. 169; *Steffen* AfP 1979, 284; *Baumbach/Hefermehl* Vor §§ 14, 15 UWG Rdn. 9 a; krit. MK/*Mertens* § 824 Rdn. 16.

[4] *Larenz* Schuldrecht Bd. II[12] (1981) § 72 III; *Helle* JZ 1988, 309.

3. **Massenmedien** nehmen im Konflikt zwischen dem Schutz der persönlichen Ehre und des geschäftlichen Rufs sowie Meinungsäußerungsfreiheit – jedenfalls, wenn sie sich außerhalb wettbewerblicher Betätigung bewegen – insofern eine Sonderstellung ein, als ihnen eine Vermutung für die Zulässigkeit der freien Rede zukommt, wo sie einen Beitrag zum geistigen Meinungskampf in einer die Öffentlichkeit wesentlich berührenden Frage liefern[5]. Während die Presse strengen Sorgfaltspflichten unterliegt, wenn sie ehrenrührige Tatsachen über einen Bürger verbreitet, genießt sie einen bis an die Grenze der Schmähkritik reichenden Freiraum bei Wertungen in Fragen allgemeiner Bedeutung, auch wenn diese sich dem Ansehen einzelner als abträglich erweisen[6]. Der Presse wird ein Erfahrungssatz zugebilligt, daß ihren kritisierenden Äußerungen in der Regel keine wettbewerbliche Absicht zugrunde liegt, sondern daß sie sich auf dem Gebiet des Kampfes um die öffentliche Meinungsbildung bewegt[7]. Der BGH räumt diese Vermutung auch Verbraucherverbänden und gemeinnützigen Vereinigungen ein[8]. Damit ist freilich selbsternannten Vertretern allgemeiner oder gruppenbezogener Interessen ein Handlungsspielraum zugebilligt, der solchen Einrichtungen vorbehalten bleiben sollte, die wenigstens einer halböffentlichen Kontrolle ihrer Betätigung unterliegen, wie sie beispielsweise der deutsche Presserat ausübt[9]. 8

B. Allgemeines

I. Entstehungsgeschichte des § 14 UWG

Das **Gesetz zur Bekämpfung unlauteren Wettbewerbs vom 27. Mai 1896** (RGBl. 1896 145) enthielt in § 6 Abs. 1 bereits eine dem heutigen § 14 Abs. 1 gleichartige Bestimmung. Die einzige Abweichung bestand darin, daß das alte Gesetz das Aufstellen oder Verbreiten bestimmter Behauptungen „tatsächlicher Art" verbot, wo heute das Behaupten oder Verbreiten bestimmter „Tatsachen" untersagt ist. Der Entwurf des UWG von 1909[10] verwendete in seinem § 11 den alten Wortlaut. Der Gebrauch des Begriffs „Behauptungen tatsächlicher Art" anstelle von „Tatsachenbehauptungen" wurde damit begründet, daß irreführende oder anschwärzende Angaben von der Rechtsprechung nicht nur dann untersagt würden, wenn sie reine Tatsachen enthielten, sondern auch, wenn es sich im Urteile handelte, die auf bestimmten Tatsachen beruhten; das Reichsgericht habe das Gesetz auch auf Angaben angewendet, die sich in die Form subjektiver Urteile kleiden, wenn sich die Richtigkeit oder Unrichtigkeit des Behaupteten objektiv feststellen lasse (Begründung des Gesetzentwurfs vom 8. Januar 1909, aaO S. 10). Diese Formulierung wurde bis zur dritten Lesung des Gesetzesentwurfs zugunsten des heutigen Wortlauts aufgegeben, weil die durch sie nahegelegte Unterscheidung zwischen Angaben tatsächlicher Natur 9

[5] BVerfGE 7, 198, 212 – *Lüth*; BVerfGE 54, 129, 139 – *Kunstkritik*.

[6] BGHZ 45, 296, 308 = GRUR 1966, 693 – *Höllenfeuer; Adolf Arndt* NJW 1964, 1310, 1313.

[7] BGHZ 45, 296, 302 – *Höllenfeuer*; BGH 1982, 234, 235 – *Großbanken-Restquoten*; BGH GRUR 1983, 379, 380 – *Geldmafiosi*; BGH GRUR 1986, 898, 899 – *Frank der Tat*; OLG München BB 1963, 746; *v. Gamm* § 48 Rdn. 5; *Baumbach/Hefermehl* Einl. UWG Rdn. 237 ff.

[8] BGH GRUR 1981, 658, 660 – *Preisvergleich*; zustimmend *v. Gamm* § 48 Rdn. 5.

[9] Kritisch zur Rechtsprechung des BGH *Schulze zur Wiesche* GRUR 1981, 661 ff; *Reifner* WRP 1987, 421.

[10] Entwurf eines Gesetzes gegen den unlauteren Wettbewerb vom 8. 1. 1909, stenographische Berichte des Reichstags XII. Legislaturperiode I. Session 1907/1909, Anlageband 252 Anlage Nr. 1109.

und Angaben urteilenden Charakters allzu subtil sei[11]. Nach § 6 Abs. 2 des Gesetzes von 1896 waren der in Abs. 1 gewährte Schadensersatz- und Unterlassungsanspruch ausgeschlossen, wenn der Mitteilende oder der Empfänger der Mitteilung an ihr ein besonderes Interesse hatte. Diese hauptsächlich zugunsten der kaufmännischen Kreditauskunft vorgesehene Ausnahme[12] erfuhr im UWG von 1909 die noch heute geltende Einschränkung, weil ein Ausschluß des Unterlassungsanspruchs bei objektiver Unwahrhaftigkeit der zu Zwecken des Wettbewerbs gemachten Behauptung nicht angebracht sei (Begründung des Gesetzesentwurfs v. 8. 1. 1909, aaO S 20). Die Vorschrift gilt mit seit 1909 unverändertem Inhalt. Die Änderung des Wortlautes des Abs. 3 durch das Gesetz vom 25. 7. 1986 (BGBl. I S 1169) ist nur redaktioneller Natur.

II. Grundgedanke der Vorschrift

10 Das Verbot der **„Anschwärzung"**, mit dem der Inhalt der §§ 14 und 15 UWG schlagwortartig bezeichnet wird, bezweckt die Erstreckung des strafrechtlichen Kredit- und Ehrenschutzes der §§ 186, 187 StGB auf den geschäftlichen Bereich mit den Mitteln des Zivilrechts[13]. Schutzobjekte sind der Betrieb des Erwerbsgeschäfts eines anderen oder der Kredit seines Inhabers. Insbesondere im Schutz des Geschäftsbetriebs sah der historische Gesetzgeber die bezweckte Erweiterung des strafgesetzlichen Kreditschutzes, da „Behauptungen wie, eine Fabrik sei durch Feuer zerstört, eine Kohlengrube von eindringenden Wassermassen betroffen, die Herstellung oder der Betrieb eines bestimmten Erzeugnisses habe eine Anklage oder eine Verurteilung wegen Patentverletzung hervorgerufen, ein Färber benutze giftige Stoffe, eine Konservenfabrik bleihaltige Gefäße", den Kredit des verleumdeten Geschäfts unberührt lassen, die bisherigen Abnehmer aber bestimmen könnten, ihre Aufträge anderen Geschäften zuzuwenden, weshalb solche Behauptungen nicht minder als kreditgefährdende Verleumdungen geahndet zu werden verdienten (Gesetzesbegründung aaO S. 106). Traditioneller Schutzgegenstand des Verbots sind mit geschäftlicher Ehre, gutem Ruf, Ansehen, Kredit und Erwerb individuelle Rechtsgüter des Betroffenen[14]. Die auf den Schutz bestimmter Interessen betroffener Geschäftsinhaber – auch von Freiberuflern (OLG Celle GRUR 1952, 523) oder der öffentlichen Hand, soweit sie am Wettbewerb teilnimmt (hierzu näheres in der Kommentierung des § 1) – gerichtete individualrechtliche Betrachtungsweise steht in einem Gegensatz zur sozialrechtlichen Konzeption des Wettbewerbsrechts, die Interessen der Mitbewerber wie der Verbraucher oder auch der Arbeitnehmer in Betracht zieht. Das wird daran deutlich, daß die Klagebefugnis auf die Betroffenen beschränkt und nicht auf Gewerbetreibende, die Waren oder gewerbliche Leistungen gleicher oder verwandter Art vertreiben, auf Verbände zur Förderung gewerblicher Interessen, Verbraucherverbände oder Kammern erweitert ist. Diese Beschrän-

[11] Diskussionsbeitrag *Roeren* bei der 1. Lesung des Entwurfs, stenographische Berichte des Reichstags XII. Legislaturperiode Bd. 234, 193. Sitzung am 25. 1. 1909 Bl. 6529; Entwurf des Gesetzes nach der 3. Lesung, stenographische Berichte – Anlageband 255 Nr. 1431.

[12] Begründung des Gesetzentwurfs v. 3. 12. 1895, stenographische Berichte des Reichstags IV. Legislaturperiode 1895/1897 1. Anlageband Nr. 35 Bl. 106.

[13] Begründung zu den §§ 6 und 7 des UWG v. 1896, stenographische Berichte des Reichstags, IV. Legislaturperiode 1895/1897 1. Anlageband S 105/106.

[14] *Eugen Ulmer* Das Recht des unlauteren Wettbewerbs in den Mitgliedsstaaten der EWG Bd. I Anm. 185, 189; *Schricker* AcP 172, 203, 219; *Tilmann* GRUR Int 1983, 598, 599.

kung von Schutzzweck und Schutzobjekt auf die Abwehr der Beeinträchtigung oder auch Gefährdung individueller Rechtsgüter muß bewirken, daß nicht betroffenen Gewerbetreibenden, Verbänden und Kammern, die sonst nach § 13 UWG klagebefugt sind, die Befugnis zur Verfolgung von Ansprüchen aus § 14 fehlt, auch wenn man (z. B. mit *Schricker* aaO S 204 ff) anzunehmen hätte, die gemäß § 14 verbotene Anschwärzung erfülle als Maßnahme des Behinderungswettbewerbs regelmäßig auch den Tatbestand des § 1 UWG. Wo die nach § 1 zu beurteilende Hinderungsmaßnahme allein in einer dem § 14 unterfallenden Anschwärzung besteht, sollte wegen des durch § 14 bezweckten Schutzes ausschließlich individueller Rechte die Klagebefugnis nicht betroffener Gewerbetreibender sowie der Verbände und Kammern nicht gemäß § 13 aus der auf der Anschwärzung beruhenden Mit-Verwirklichung eines Tatbestandes nach § 1 hergeleitet werden können[15]. Im Rahmen seiner Satzungsbefugnis kann ein Verband sich allerdings zur Verfolgung auch von Ansprüchen aus Anschwärzungstatbeständen ermächtigen lassen (BGH GRUR 1983, 379, 381 – *Geldmafiosi*).

C. Verhältnis von Geschäftsehrverletzung, § 14 UWG, zu Kredit- und Erwerbschädigung, §§ 823, 824 BGB

I. Grundzüge der Haftung aus § 14 UWG

1. Strafbar sind nach den §§ 185, 186 und 187 StGB **Beleidigung, üble Nachrede und Verleumdung.** Beleidigung ist Angriff auf die Ehre eines anderen durch Äußerung der Mißachtung oder Nichtachtung[16]. Üble Nachrede ist die Behauptung oder Verbreitung einer nicht erweislich wahren Tatsache in Beziehung auf einen anderen, welche den Betroffenen verächtlich machen oder in der öffentlichen Meinung herabsetzen kann. Verleumdung besteht in der wider besseres Wissen in Beziehung auf einen anderen erfolgenden Behauptung oder Verbreitung einer unwahren Tatsache, die den Betroffenen verächtlich machen, herabwürdigen oder seinen Kredit gefährden kann. Die Äußerungen müssen über einen engen Freiraum (des Familienkreises, möglicherweise des engsten Freundeskreises), in dem der Bürger sich unbehindert soll aussprechen können, hinausgedrungen sein (BGHZ 89, 198, 203 f; BGH NJW 1993, 626, 526 – *Ketten-Mafia*, je mwN). Sind diese Straftatbestände objektiv und rechtswidrig verwirklicht, so kann der Verletzte den Täter auch, wenn diesem kein Verschulden anzulasten ist, mit Hilfe der aus dem Grundgedanken des § 1004 BGB hergeleiteten vorbeugenden Unterlassungsklage auf Unterlassung weiteren Tuns (seit RGZ 60, 5, 7/8 ständige Rechtsprechung) und auf Widerruf der bereits erfolgten Ehrkränkung[17] in Anspruch nehmen. Im Falle schuldhafter Verwirklichung steht dem Verletzten der Schadensersatzanspruch aus § 823 Abs. 2 BGB zu. Dieser über das Strafrecht in das Zivilrecht transponierte Schutz gegen Nachteile aus Angriffen auf Ehre und Kredit ist jedoch unzulänglich, weil Schutzobjekte der §§ 185, 186 und 187 StGB vorrangig die gesellschaftliche Wertschätzung 11

[15] Wie die Klagebefugnis eines solchen Verbandes für Ansprüche aus § 823 Abs. 2 BGB sich auch nicht daraus ergeben kann, daß § 1 UWG Schutzgesetz im Sinne des § 823 Abs. 2 BGB ist, BGHZ 41, 314, 317 = GRUR 1964, 567 – *Lavamat*; BGHZ 48, 12, 14, 15 – *Wirtschaftsprüfer; Teplitzky*[6] Kap. 13 Rdn. 17; Großkomm/*Erdmann* § 13 Rdn. 11, mwN; abweichend *Baumbach/Hefermehl* § 14 Rdn. 29: Klagerecht der Verbände auf dem Weg über § 1 UWG.

[16] RGSt. 40, 416; BGHSt. 1, 289; näher zum Ehrbegriff *Mackeprang* S 160 ff.

[17] RGZ 163, 210, 216; BGHZ 34, 99, 102, 103 mwN, st. Rspr., vgl. BGHZ 99, 133, 136, 137 = GRUR 1987, 189 – *Veröffentlichungsbefugnis beim Ehrenschutz*.

des Betroffenen in der Gemeinschaft ist. Der geschäftliche Ruf eines Gewerbetreibenden kommt dabei zu kurz, weil er des Schutzes auch gegen Angriffe bedarf, die das soziale Ansehen unangetastet lassen, und weil er auch unabhängig von einem Verschulden des Täters Restitution verdient, wo der Täter zu Wettbewerbszwecken, also um seines eigenen Vorteils oder desjenigen eines Dritten willen, den Angriff geführt hat. Den durch die Strafgesetze nur ungenügend gewährleisteten Schutz der Geschäftsehre und des Geschäftsbetriebs gegen Anschwärzungen zu verbessern ist § 14 UWG geschaffen (s. o. Rdn. 10). Wie es in der Begründung seines Vorgängers, des § 6 des Gesetzes gegen den unlauteren Wettbewerb von 1896, ausdrücklich heißt, sollte die Vorschrift, da sie die Voraussetzungen und Folgen der üblen Nachrede nur unter dem Gesichtspunkt der Bekämpfung des unlauteren Wettbewerbs regelte, als besondere Rechtsnorm auch fortgelten für den Fall, daß in das BGB eine Bestimmung allgemeiner Art über die Aufstellung und Verbreitung unwahrer Angaben Aufnahme fände (Gesetzesbegründung aaO – Fn. 13 – S. 106). Es ist ihr Verhältnis der Spezialität zu § 824 BGB daher vom historischen Gesetzgeber vorbestimmt.

12 2. Wärend für die Erörterung des § 824 BGB die Abgrenzung des Tatbestandes der unerlaubten Kreditschädigung durch unwahre **Tatsachenbehauptung** gegenüber der durch Art. 5 Abs. 1 Satz 1 GG gewährleisteten **Meinungsäußerungsfreiheit** im Vordergrund steht und schon die Definition des Begriffs der Tatsache maßgeblich beeinflußt[18], setzt das Merkmal eines Handelns zu Zwecken des Wettbewerbes für § 14 UWG einen anderen Akzent.

13 Das Erwerbsgeschäft des Mitbewerbers, seine Person, seine Waren oder Leistungen herabsetzende unwahre Behauptung oder Verbreitung von Tatsachen sind individuell gezielte Maßnahmen des Behinderungswettbewerbs (*v. Gamm* UWG § 14 Rdn. 2; *v. Godin*² (1974) § 14 Rdn. 1). Kriterium seiner Unlauterkeit ist die Ausschaltung des Leistungsvergleichs, die Verlagerung des Leistungswettbewerbs auf die Ebene eines Angriffs gegen den Konkurrenten (*v. Gamm* UWG § 1 Rdn. 202). Als Angriffsmittel, deren Einsatz zu Zwecken des Wettbewerbs unlauter ist, nennt § 14 unwahre Äußerungen über geschäftliche Verhältnisse eines Konkurrenten, die dessen Geschäftsbetrieb oder Kredit zu schädigen geeignet sind. Damit entscheidet der Wettbewerbszweck über die Unzulässigkeit der in § 14 aufgeführten anschwärzenden Tatsachenäußerungen. Die Güter- und Interessenabwägung zwischen der Geschäftsehre und dem Interesse am ungestörten Geschäftsbetrieb einerseits sowie der durch Art. 5 Abs. 1 Satz 1 GG gewährleisteten Kritikfreiheit, die für den Bereich des § 823 Abs. 2 BGB (Schutz des eingerichteten Gewerbebetriebs) und des § 824 BGB über die Tatbestandmäßigkeit einer haftungsbegründenden herabsetzenden Äußerung bestimmt[19], ist für § 14 durch den wettbewerblichen Bezug der zu beanstandenden Tatsachenbehauptung oder Tatsachenverbreitung im wesentlichen bereits getroffen. Der Wettbewerbszweck unterscheidet zwischen der bürgerlichrechtlichen Beurteilung und der wettbewerbsrechtlichen. Wer sich im Wettbewerbsverhältnis bewegt, hat ein strengeres Urteil zu gewärtigen (*Schricker* AcP 172, 203, 204). Diese größere Strenge kommt auch darin zum Ausdruck, daß den Täter die Beweislast für die Wahrheit seiner Tatsachenbehauptung oder Tatsachenverbreitung

---

[18] *Kübler* AcP 1972, 177, 187 ff; *Steffen* AfP 1979, 284 f; RGRK/*Steffen*¹² (1981) § 824 Rdn. 20.

[19] BGH GRUR 1963, 277, 278 – *Maris*; BGH GRUR 1984, 684, 685 f – *Mordoro*, m. zust. Anm. v. *Schulze zur Wiesche*; BGH GRUR 1986, 759, 761 – *BMW*, m. krit. Anm. v. *Bollack und Friehe*.

trifft, seine Schadensersatzverpflichtung unabhängig von einem Verschulden eintritt und § 14 Abs. 2 für die Anspruchsbeschränkung im Falle berechtigten Interesses des Mitteilenden oder des Empfängers der Mitteilung auch noch Vertraulichkeit der Mitteilung fordert.

II. Grundzüge der Haftung aus § 823 Abs. I BGB

1. Allgemeines Persönlichkeitsrecht

Das **allgemeine Persönlichkeitsrecht** ist als sonstiges Recht im Sinne von § 823 14
Abs. 1 BGB aufgrund der Rechtsprechung des BGH allgemein anerkannt. Es ist als verfassungsmäßig gewährleistetes Grundrecht aus den Art. 1 und 2 GG herzuleiten, dem auch im Privatrechtsverkehr wie den anderen in § 823 Abs. 1 BGB aufgeführten Schutzgütern Schutz gegenüber jedermann gebührt[20]. Sein Wesen besteht in dem gegenüber jedermann geltenden Anspruch des Menschen auf Achtung seiner Würde und Respektierung seines Rechts auf freie Entfaltung seiner Persönlichkeit (BGHZ 24, 72, 78). Wegen seiner generalklauselartigen Weite und Unbestimmtkeit bedarf es der Konturierung durch die Bildung von Fallgruppen. Diese zeigen, daß es dazu bestimmt ist, die Persönlichkeit in erster Linie in ihrem unantastbaren privaten Bereich, der Geheim- und Intimsphäre zu schützen, gegen Indiskretion und Eingriffe von außen (BGHZ 13, 334, 338; BGHZ 24, 72, 76), durch Verbot heimlicher Fixierung des nicht öffentlich gesprochenen Wortes[21], unerlaubter Weitergabe (BGH GRUR 1987, 464, 465 – *BND-Interna*), unerlaubter Datenaufnahme (BGHZ 80, 311, 319 – *Datenaufnahme*; BVerfGE 65, 1, 41 ff – *Volkszählungsurteil*) und deren Weitergabe (BGHZ 91, 233, 237–239 = GRUR 1984, 688 – *AEG-Aktionär*), Einschleichen in eine Pressekonferenz[22]. Auch soweit als Träger des allgemeinen Persönlichkeitsrechts juristische Personen, z. B. Kapitalgesellschaften in Betracht kommen, sind wegen einer seinem Entstehungsgrund zu entnehmenden Beschränkung seiner Wirkungskraft durch das allgemeine Persönlichkeitsrecht nicht die Geschäftsehre im Konkurrenzkampf, die Freiheit geschäftlicher Betätigung geschützt, sondern nur der soziale Geltungsanspruch des Rechtsträgers etwas als Arbeitgeber oder Wirtschaftsunternehmen[23]. Überschneidungen mit der Anschwärzung zu Zwecken des Wettbewerbs, § 14 UWG, sind daher selten. Am ehesten ist eine Konkurrenz zwischen § 14 UWG und § 823 Abs. 1 BGB unter dem Blickpunkt des allgemeinen Persönlichkeitsrechts im Falle der Weitergabe unrichtiger ehrenrühriger oder kreditschädigender Daten denkbar, da das die Tatbestände der Datensammlung und Datenweitergabe grundsätzlich abschließend regelnde BDSG diese Fälle nicht erfaßt, so daß der Schutz des allgemeinen Persönlichkeitsrechts als sonstiges Recht hier als Auffangtatbestand wirksam werden kann (BGHZ 80, 311, 319; BGHZ 91, 233, 237).

---

[20] BGHZ 13, 334, 338 = GRUR 195, 197 – *Persönlichkeitsrecht*; BGHZ 24, 72, 76 ff – *Krankenpapiere*; BGHZ 50, 133, 136 ff = GRUR 1968, 552 – *Mephisto*; umfassende Literatur- und Rechtsprechungsnachweise bei *Staudinger/Schäfer*[12] (1986) § 823 Rdn. 195 ff.

[21] BVerfGE 34, 238, 245 ff – *Tonbandprotokoll*; BVerfGE 35, 203, 220 GRUR 1973, 571 – *Lebach*; BGHZ 27, 284, 285, 286 = GRUR 1958, 615 – *Tonbandaufnahmen*; BGHZ 33, 20, 22, 23 = GRUR 1960, 614 – *Figaros Hochzeit*; BGHZ 73, 120, 123 = GRUR 1979, 418 – *Telefongespräch*.

[22] BVerfGE 66, 116, 133 ff – *Der Aufmacher*; weitere Fallgruppen bei BVerfGE 54, 148, 154 f – *Der Fall Eppler*.

[23] BGH GRUR 1976, 210, 211, 212 – *Der Geist von Oberzell*, m. zust. Anm. v. *Fischötter*; BGH GRUR 1986, 759, 761 – *BMW*; *Staudinger/Schäfer* § 823 Rdn. 203.

2. Recht am Unternehmen

15 Enger ist die Verknüpfung der Anschwärzung, § 14 UWG, mit dem aus § 823 Abs. 1 BGB herzuleitenden Schutz des **„Rechts am Unternehmen"** oder **„eingerichteten und ausgeübten Gewerbebetriebs"**.

16 Es handelt sich um ein Recht von **generalklauselartiger Weite**, dessen Anerkennung als „sonstiges Recht" nicht in das System des typisierten Rechtsgüterschutzes des § 823 Abs. 1 BGB paßt, weil ein „Recht am Unternehmen" den in § 823 Abs. 1 BGB herausgehobenen Rechtsgütern und Rechten weder an Bedeutung, noch an sozialtypischer Offenkundigkeit gleicht[24]. Richtig gesehen geht es um einen **erweiterten Vermögensschutz**, da der eingerichtete und ausgeübte Gewerbebetrieb als organisatorische Zusammenfassung von persönlichen, sachlichen und immateriellen Gütern das geschützte Rechtsgut darstellt[25]. Ein dem Eigentum vergleichbarer Schutz der unter der organisatorischen Einheit des Unternehmens zusammengefaßten gewerblichen Betätigung gegen Beeinträchtigungen jeder Art müßte notwendig die Freiheit aller anderen Gewerbetreibenden unerträglich beschränken. Deshalb können nur bestimmte Beeinträchtigungen als tatbestandsmäßig angesehen werden aufgrund einer am Einzelfall orientierten Wertung, die über das der Betätigungsfreiheit des Schädigers oder der gewerblichen Tätigkeit des Geschädigten zukommende Übergewicht entscheidet. Es indiziert daher noch nicht die Beeinträchtigung des Gewerbebetriebs das Rechtswidrigkeitsurteil, das vielmehr von der am Einzelfall orientierten Bewertung der betroffenen Interessen abhängig ist. Richtiger Ansicht entsprechend läßt sich das „Recht am Unternehmen" daher als Zusammenfassung eines Katalogs von Verhaltenspflichten begreifen[26].

17 a) Diese Anspruchsgrundlage hat der Bundesgerichtshofs für den Bereich des Äußerungsrechts neu erschlossen mit der „Constanze"-Entscheidung vom 26. 1. 1951[27]. Der Ausgangspunkt ist bekannt: in einer Beilage eines Kirchenblattes wurde vor *„Constanze"* gewarnt, sie sei eine „Blüte aus dem Sumpf der fragwürdigen Kulturerzeugnisse nach der Art der Magazine"; die „Verleger machten mit dem scheinbaren Zusammenbruch der Begriffe von Anstand und Würde ihr Geschäftchen"; zugleich wurde eine im Verlag des Kirchenblattes erscheinende Lesemappe angepriesen. Der BGH dehnte die vom RG begründete Rechtsprechung zum Recht am eingerichteten und ausgeübten Gewerbebetrieb dahin aus, daß das Unternehmen nicht nur in seinem Bestand, sondern in seinen einzelnen Ausstrahlungen geschützt sei, wozu der gesamte gewerbliche Tätigkeitskreis rechne. Als unmittelbaren Eingriff in das geschützte Recht einer störungsfreien Entfaltung des gewerblichen Tätigkeitskreises wertete der BGH gewerbestörende Werturteile, die den „Boden der sachlichen Kritik" verlassen und nicht nach Inhalt, Form und Begleitumständen zur Wahrnehmung rechtlich gebilligter Interessen „objektiv erforderlich sind" (BGHZ 3, 280 – *Constanze I*). Der Formel vom Schutz des Rechtes einer störungsfreien

---

[24] *Canaris* FS Larenz 1983, 27, 31; *Fabricius* AcP 160, 273, 289 ff, 304.

[25] *Fabricius* aaO S. 304; *Larenz* Schuldrecht Bd. II[12] (1981) § 72 III 7 b; vgl. zum Begriff im Wettbewerbsrecht auch näher *Baumbach/Hefermehl* Allg. Rdn. 104–109, bes. 108.

[26] *Fikentscher* FS *Kronstein* 1967, 261, 287; MK/*Mertens*[2] (1986) § 823 Rdn. 485; *Larenz* aaO S. 632, 633 zu Fn. 7; BGHZ 45, 296, 306 ff = GRUR 1966, 693 – *Höllenfeuer.*

[27] BGHZ 3, 270 ff; ferner BGH GRUR 1955, 342 ff – *Baumschulen*; BGH GRUR 1958, 448 ff – *Blanko-Verordnungen*; BGH GRUR 1959, 31 ff – *Feuerzeug als Werbegeschenk*, m. zust. Anm. v. *Klaka*; BGH GRUR 1960, 331 ff – *Schleuderpreise*; BGH GRUR 1964, 392 ff – *Weizenkeimöl; Schricker* AcP 172, 203, 208 ff.

Entfaltung des gewerblichen Tätigkeitskreises gegen unsachliche Kritik wurde in der Folgezeit eine Reichweite bis zum Verbot der Mitteilung wahrer kreditschädigender Werturteile oder auch Tatsachen zugemessen, wenn die Kritik nur den Boden objektiver Sachlichkeit verlassen hatte. Ein Eingriff galt als generell rechtwidrig, wenn nicht das geringste Rechtsübel, das schonendste Mittel gewählt war[28].

b) Dieser übersteigerte Unternehmensschutz wurde in seiner Bedeutung maßgeblich zurückgenommen, seit der BGH mit dem Urteil vom 23. 12. 1961 (BGHZ 36, 252, 254 ff – *Gründerbildnis*) dem Schutz des Unternehmens nach § 823 Abs. 1 BGB nur noch lückenausfüllende Funktion zubilligt, im Falle der Überschneidung der unter § 823 Abs. 1 BGB gezählten Tatbestände mit Handlungen zu Zwecken des Wettbewerbs die Rechtsfolge auf sachlich-rechtlichem Gebiet aber grundsätzlich nur noch den wettbewerbsrechtlichen Sondervorschriften entnimmt (BGHZ 36, 252, 257 unter ausdrücklicher Abweichung von BGH GRUR 1959, 31 ff – *Feuerzeug als Werbegeschenk*). Die seitdem durchgehaltene Reduzierung des Unternehmensschutzes nach § 823 Abs. 1 BGB auf die Funktion des Lückenfüllers, dem die Tatbestände der §§ 824 BGB, 1 und 14 UWG grundsätzlich vorgehen[29], hat die Möglichkeit von Überschneidungen des deliktsrechtlichen Unternehmensschutzes mit Anschwärzungstatbeständen nahezu ausgeschlossen. 18

c) Eine weitere gravierende Veränderung ist durch die schon vom I. ZS des BGH eingeleitete und vom VI. ZS forcierte Wandelung in der Einstellung zum Rang der Kritikfreiheit einerseits und der Freiheit gewerblicher Betätigung andererseits eingetreten. Der Kritikfreiheit wird zunehmend ein Übergewicht zuerkannt; es gilt der Grundsatz „im Zweifel für die Freiheit der Rede" (*Adolf Arndt* NJW 1964, 1310). Ein Gewerbetreibender, der angeblich der Volksgesundheit dienende Geräte (Erdstrahlenabwehrapparate) vertreibt, muß sich scharfe Pressekritik gefallen lassen (BGH GRUR 1957, 360, 362 – *Phylax-Apparate*). Ein in Waffenhandel involviertes Bankhaus darf sich wegen des vorrangigen Aufklärungsinteresses der Öffentlichkeit auch gegen namentliche Nennung in einem zutreffenden Pressebericht nicht wehren; die Entscheidung enthält den Hinweis, daß schon aus allgemeinen Gründen Zurückhaltung in der Annahme einer rechtswidrigen Beeinträchtigung der persönlichen Sphäre des durch eine wahre Berichterstattung betroffenen Gewerbeinhabers geboten sei (BGHZ 36, 77, 80 ff = GRUR 1962, 108 – *Waffenhandel*). Ausdrücklich abgerückt von dem im *Constanze*-Urteil aufgestellten Gebot zu sachlicher Kritik und der Verwendung des schonendsten Mittels ist der VI. ZS in der *Höllenfeuer*-Entscheidung vom 21. 6. 1966 (BGHZ 45, 296, 306, 307 = GRUR 1966, 693). Er gründet seine gewandelte Auffassung auf die vom BVerfG beeinflußte Rechtsentwicklung zur Reichweite des Art. 5 GG und seines Einflusses auf die Auslegung privatrechtlicher Normen[30]. Als Grundsatz ist danach von einer Vermutung für die Zulässigkeit der freien Rede auszugehen, wenn es sich um einen Beitrag zum geistigen Meinungskampf in einer die Öffentlichkeit wesentlich berührenden Frage durch 19

---

[28] S. die Rechtsprechungsnachweise oben bei Fn. 27; ferner BGHZ 8, 143, 144, 145 = GRUR 1953, 130 – *Schwarze Listen*; BGHZ 24, 200, 205 = GRUR 1957, 494 – *Spätheimkehrer*; BGH MDR 1956, 734 – *Tagespresse; Baumbach/Hefermehl* Vor § 14, 15 Rdn. 21; *Kübler* S 185 ff.

[29] BGH GRUR 1975, 89, 91 – *Brüning-Memoiren*; BGHZ 59, 30, 34 (Haftung für Demonstrationsschäden); BGHZ 69, 129, 138, 139 (Haftung für Fluglotsenstreik); BGHZ 90, 113, 122 = GRUR 1984, 474 – *Bundesbahnplanungsvorhaben*; BGH NJW 1992, 1312 – *Fernsehbericht über Korruptionsprozeß; Baumbach/Hefermehl* Allg. Rdn. 129.

[30] BGHZ 45, 307, 308 mit Verweisung auf BVerfGE 7, 198 – *Lüth* und BVerfGE 12, 113 – *Schmid/Spiegel*.

einen dazu Legitimierten handelt. Die Frage nach der Unzulässigkeit von Eingriffen in den eingerichteten und ausgeübten Gewerbebetrieb läßt sich nur noch aufgrund einer Güter- und Pflichtenabwägung beantworten, die bedenkt, daß der Gewerbetreibende sich einer Kritik seiner Leistung stellen muß, weshalb außerhalb von Wettbewerbsverhältnissen eine gewerbeschädigende Kritik nicht schon grundsätzlich nach § 823 Abs. 1 BGB unzulässig ist[31].

20 d) Als neben §§ 824 BGB, 1, 14 UWG belangvoller Anwendungsbereich für einen Schutz des Unternehmens aus § 823 Abs. 1 BGB verbleiben daher die Fallgruppen der unberechtigten Schutzrechtsverwarnung (vgl. dazu die Kommentierung zu § 1 und nachfolgend Rdn. 221 ff) und Boykottaufrufe (BGH GRUR 1960, 331, 334, 335 – *Preisschleuderrei*) sowie Aufforderung zum Vertragsbruch (Aufforderung zum Mietboykott, BGH GRUR 1985, 470, 471 – *Mietboykott*), in denen der gegen den betrieblichen Organismus oder die unternehmerische Entscheidungsfreiheit gerichtete Angriff sich nicht auf eine Tatsachen- oder Meinungswiedergabe beschränkt, die den Adressaten der Äußerungen aufgrund seiner eigenen intellektuellen Verarbeitung der empfangenen Nachricht zu einem dem Betroffenen ungünstigen Verhalten (Kaufenthaltung, Kreditkündigung, Belieferungsstopp) veranlassen kann, sondern solche Schlüsse selbst zieht und in die Form einer Aufforderung, einer Anstiftung oder Beihilfe kleidet. Dabei sind für die Beurteilung der Tatbestandsmäßigkeit und Rechtswidrigkeit der Äußerung deren Motive, Ziel und Zweck der Aufforderung wesentlich, die, wenn sie nicht in eigenen wirtschaftlichen Interessen, sondern in der Sorge um politische, wirtschaftliche, soziale oder kulturelle Belange der Allgemeinheit gegründet sind, den Schutz des Art. 5 Abs. 1 Satz 1 GG genießen können[32]. Geht der Boykott-Aufruf von einem Unternehmen oder einer Unternehmensvereinigung aus, so tritt der Schutz des Gewerbebetriebs nach § 823 Abs. 1 BGB wegen seiner Subsidiarität hinter die Spezialtatbestände des § 26 Abs. 1 GWB und/oder § 1 UWG zurück[33]. Die Grenze von der grundgesetzlich geschützten Meinungsäußerungsfreiheit zum unerlaubten Boykottaufruf ist dort überschritten, wo Verhaltensvorschläge formuliert werden, die primär zur Erreichung erwerbswirtschaftlicher Ziele bestimmt sind[34]. Insofern verläuft die Wertung parallel der des § 14 UWG, der zu Zwecken des Wettbewerbs artikulierte geschäftsschädigende Äußerungen einer – verglichen mit §§ 823, 824 BGB – strengeren Beurteilung unterwirft.

21 e) Äußerungen, deren objektive Unrichtigkeit feststeht, können nicht unter Bezug auf Art. 5 Abs. 1 Satz 1 GG gerechtfertigt werden. Sie erfüllen den Verbotstatbestand ohne Rücksicht auf die Wertschätzung, die ihrer Motivation zukommt[35].

---

31 BGH GRUR 1969, 304, 305 – *Kredithaie*; BGH GRUR 1969, 624, 627 – *Hormoncreme*; BGH GRUR 1976, 268, 269, 270 – *Warentest II*; BGH GRUR 1987, 187, 188 – *ANTISEPTICA*; umfassend *Schricker* AcP 172, 203 ff; *Wenzel* AfP 1979, 276, 280, 281; *Steffen* AfP 1979, 284; *Baumbach/Hefermehl* Allg. Rdn. 132.

32 Vgl. einerseits BVerfGE 7, 98, 212, 215 – *Lüth*; andererseits BVerfGE 25, 256, 264 – *Blinkfuer* und BVerfGE 62, 230, 244 = GRUR 1984, 357 – *markt-intern*.

33 Fälle: BGH GRUR 1980, 242 ff – *Denkzettel-Aktion*; BGH GRUR 1984, 214 ff – *Copy-Charge*; BGH GRUR 1984, 461 ff – *Kundenboykott*; BGH GRUR 1985, 468 ff – *Ideal-Standard*.

34 S. den im Grenzbereich liegenden Fall OLG Frankfurt am Main NJW 69, 2095 ff – *Die Wahrheit über den Robbenfang*: Aus den Gründen des Tierschutzes von einer Tierschutzvereinigung verbreiteter Aufruf zum Boykott der Verwendung von Seehundfellen; dazu *Kübler* AcP 1972, 178 und 200, 201.

35 BGHZ 31, 308, 318 = GRUR 1960, 449 – *Alte Herren*; BGH GRUR 1976, 210, 211 – *Der Geist von Oberzell*, m. zust. Anm. v. *Fischötter*; BGH GRUR 1984, 474, 477 – *Bundesbahnplanungsvorhaben*; *Kübler* aaO S. 200, 201 zu Fn. 44; *Baumbach/Hefermehl* Vor §§ 14, 15 Rdn. 22.

Zweifel erweckt allerdings die Auffassung des BGH (GRUR 1975, 36, 38 – *Arbeits-Realitäten*, m. zust. Anm. v. *v. Falck*), beeinträchtigende Tatsachenbehauptungen könnten ohne Rücksicht auf die Beweislast schon dann als unrichtig angesehen werden, wenn ihr Urheber im Rechtsstreit eine nähere Substantiierung verweigert, obwohl sie ihm nach seiner eigenen Darstellung ohne weiteres möglich sein müßte. Der Entscheidung sollte nur eine auf den Einzelfall bezogene Aussage über die Verteilung der in § 138 Abs. 1 ZPO verankerten Erklärungslast entnommen werden und kein generelles Urteil über die Beweislast in Fällen von Äußerungsdelikten, welches den Grundsatz „im Zweifel für die Freiheit der Rede" bedenklich einschränken könnte. Eine Klarstellung in diesem Sinne liefert das Urteil des BGH vom 17. 2. 1987[36], das ausspricht, daß der im Prozeß mit detailliertem Vortrag konfrontierte Schädiger sich nicht auf einfaches Bestreiten beschränken dürfe, wenn er die Geständnisfiktion des § 138 Abs. 3 ZPO vermeiden wolle.

III. Grundzüge der Haftung aus § 823 Abs. 2 BGB in Verbindung mit §§ 185–187 StGB

Die §§ 185, 186 StGB sind Gesetze, welche im Sinne des § 823 Abs. 2 BGB den Schutz eines anderen bezwecken[37]. **22**

1. Tatbestand

Beleidigung ist der Angriff auf die Ehre eines anderen durch Kundgabe der Nichtachtung oder Mißachtung[38]. Sie kann durch Kundgabe von Werturteilen gegenüber dem Beleidigten oder Dritten, ferner durch Behauptung von Tatsachen[39] (der in § 186 StGB gekennzeichneten Art) gegenüber dem Beleidigten selbst geschehen (*Schönke/Schröder/Lenckner* § 185 Rdn. 3). Die Beleidigung kann auch durch sonstige Tätigkeiten oder Unterlassungen begangen werden, z. B. spöttischen Gruß, Weglassen von Grußformen im Brief, Gesten. **23**

Üble Nachrede begeht, wer in Bezug auf einen anderen nicht selbst seine Mißachtung ausdrückt, sondern die tatsächlichen Grundlagen mitteilt, die andere zur Mißachtung veranlassen können (*Schönke/Schröder/Lenckner* § 186 Rdn. 1). Daher können Gegenstand der üblen Nachrede nur Tatsachen sein, deren Weitergabe die Gefahr der Mißachtung eines anderen durch den Adressaten der Mitteilung schafft. Der Beleidiger verletzt die Ehre des Betroffenen; wer üble Nachrede begeht, gefährdet sie, indem er fremde Mißachtung durch Kundgabe ehrenrühriger Tatsachen ermöglicht. Tathandlungen sind die Behauptung oder Verbreitung von Tatsachen. Behauptung ist die Äußerung der eigenen Überzeugung von einer Tatsache. Sie kann in verschleierter Form geschehen, z. B. durch Äußerung eines Verdachts, Aufwerfen einer Frage, Weitergabe der Äußerung eines Dritten, die der Behauptende sich zu eigen macht[40]. Verbreiten ist die Weitergabe der Tatsachenbehauptung eines Dritten **24**

---

[36] GRUR 1987, 397, 398, 399 – *Insiderwissen*; auch BVerfGE 54, 148, 157, 158 – *Der Fall Eppler*; strenger wiederum BGH GRUR 1981, 297, 300 – *Anne Frank*.

[37] RGZ 51, 369, 375; 60, 12, 16; 156, 372, 374; BGH VersR 1956, 493, 494; BGH NJW 1983, 1183, 1184 – *Vetternwirtschaft*; BGH GRUR 1986, 188, 190 – *Türkeiflug*.

[38] RGSt. 71, 160; BGHSt. 1, 289; *Schönke/Schröder/Lenckner*[24] (1991) § 185 Rdn. 1.

[39] Zur Unterscheidung zwischen Werturteil und Tatsachenbehauptung s. u. Rdn. 85 ff.

[40] BGH GRUR 1975, 89, 91 – *Brüning-Memoiren*; BGH GRUR 1969, 624, 627 – *Hormoncreme*; BGH GRUR 1980, 1090, 1093 – *Das Medizin-Syndikat I*; OLG Köln NJW 1962, 1121, 1122; OLG Hamm NJW 1971, 853; RGRK/*Steffen* § 824 Rdn. 23; *Schönke/Schröder/Lenckner* § 186, Rdn. 6.

ohne eigene Identifikation, auch als bloßes Gerücht oder sogar unter Distanzierung von der Behauptung[41].

25 Auch bei der **Verleumdung** besteht die Tathandlung in dem Behaupten oder Verbreiten einer Tatsache in Bezug auf einen anderen. Von der üblen Nachrede unterscheidet sich die Verleumdung darin, daß bei der üblen Nachrede die behauptete oder verbreitete Tatsache nicht erweislich wahr sein darf, während sie bei der Verleumdung unwahr sein muß. Tatbestandsmerkmal ist also dort die Ehrenrührigkeit der Tatsache, hier die Unwahrheit (*Schönke/Schröder/Lenckner* § 186 Rdn. 10, § 187 Rdn. 1).

2. Rechtsgut, Rechtsträger

26 Geschütztes Rechtsgut ist die **Ehre.** Das ist der auf die Menschenwürde gegründete jedermann zustehende sittliche und soziale Geltungswert[42]. Durch § 187 StGB geschützt ist ferner der **Kredit**, d. h. das Vertrauen in die Zahlungsfähigkeit oder Zahlungswilligkeit, das jemand genießt (RGRK/*Steffen* § 824 Rdn. 27; *Schönke/Schröder/Lenckner* § 187 Rdn. 6). Diskutiert wird, inwieweit Personenmehrheiten, juristische Personen oder auch Körperschaften des öffentlichen Rechts diese Rechtsgüter besitzen und daher zu dem nach §§ 185–187 StGB geschützten und nach § 823 Abs. 2 BGB anspruchsberechtigten Personenkreis zählen können.

27 Die Rechtsprechung und die heute ganz überwiegende Meinung in der Literatur stehen auf dem Standpunkt, daß Personengesamtheiten, die eine rechtlich anerkannte gesellschaftliche – auch wirtschaftliche, nicht notwendig öffentliche – Aufgabe erfüllen und einen einheitlichen Willen bilden können, unabhängig von ihrer Rechtsform beleidigungsfähig seien[43]. In diesem Sinne als beleidigungsfähig anerkannt sind Kapitalgesellschaften, Stiftungen (BGHSt. 6, 186; OLG Köln NJW 1979, 1723), Gewerkschaften (BGHZ 42, 210, 217 – *ÖTV/GdP*; BGH NJW 1971, 1655, 1656), juristische Personen des öffentlichen Rechts schlechthin (BGH NJW 1983, 1183: die Bundesanstalt für Arbeit), die Deutsche Bundesbahn (BGH GRUR 1984, 474, 475, 476 – *Bundesbahnplanungsvorhaben*), die Bundeswehr (OLG Hamm NZWehrR 1977, 70), eine offene Handelsgesellschaft, eine Kommanditgesellschaft innerhalb ihres Gesellschaftszwecks[44]. Es kommt darauf an, ob ihr sozialer Geltungsanspruch innerhalb ihres Aufgabengebietes betroffen ist[45].

3. Rechtfertigungsgrund der Wahrnehmung berechtigter Interessen

28 Nach § 193 StGB sind tadelnde Urteile über wissenschaftliche, künstlerische oder gewerbliche Leistungen und zur Ausführung oder Verteidigung von Rechten

---

[41] BGH GRUR 1969, 624, 627 – *Hormoncreme*; RGRK/*Steffen* § 824 Rdn. 24; *Schönke/Schröder/Lenckner* § 186 Rdn. 7.

[42] BGHSt. 1, 289; BGH-GrS-St. 11, 67; BGHSt. 16, 62; *Schönke/Schröder/Lenckner* Vorbem. zu §§ 185 ff Rdn. 1 („Normativer Ehrbegriff").

[43] BGHSt. 6, 186, 191; *Schönke/Schröder/Lenckner* Vorbem. zu §§ 185 ff Rdn. 4; *Dreher/Tröndle*[45] (1991) § 185 Rdn. 18–21; MK/*Schwerdtner*[2] (1984) § 12 Rdn. 250; *Mackeprang* S. 38, 39 – je mwN.

[44] OLG Stuttgart NJW 1976, 628, 630 – *Siemens/Delius*; BGH GRUR 1980, 1090, 1092 – *Das Medizin-Syndikat I.*

[45] BGH GRUR 1976, 379, 380 f – *KSB*; BGHZ 81, 75, 78 = GRUR 1981, 846 – *Carrera/Rennsportgemeinschaft*; BGH GRUR 1986, 759, 761 – *BMW*; krit. zum Persönlichkeitsschutz juristischer Personen: *Wieacker* FS Rudolf Huber 1973, 339, 374; ablehnend mit Rücksicht auf Art. 10 EMRK: Court of Appeal, London, EuGRZ 1992, 107, 108.

oder zur **Wahrnehmung berechtigter Interessen** gemachte Äußerungen nur strafbar, soweit aus ihrer Form oder den Umständen ihrer Vornahme eine Beleidigung hervorgeht. Es handelt sich kurzgefaßt um die Wahrnehmung berechtigter Interessen, die über die Abgrenzung der erlaubten von der unerlaubten Kritik und damit über den Schutz der einander gegenübertretenden Rechtsgüter „Ehre" und „Meinungsäußerungsfreiheit" entscheidet (*Helle* S. 20). Der Begriff kehrt in § 824 Abs. 2 BGB und 14 Abs. 2 UWG mit unterschiedlichem Wortlaut und andersartiger Bedeutung wieder. Ihm ist das Gebot der Interessenabwägung zu entnehmen (*Hubmann* Grundsätze der Interessenabwägung, AcP 155, 85, 86, 87; *Mackeprang* S. 42), über deren Ergebnis als Rechtsfertigungs- oder Schuldausschließungsgrund gestritten wird[46]. Die Streitfrage ist von Bedeutung für die Reichweite des Ehrenschutzes; sie ist für § 823 Abs. 2 BGB in Verbindung mit §§ 185–187 StGB anders als für die Tatbestände der §§ 824 BGB und 14 UWG zu beantworten.

a) Die hM sieht in der Wahrnehmung berechtigter Interessen einen **besonderen Rechtfertigungsgrund** für das Gebiet der Ehrverletzung[47]. Die Rechtsprechung spricht von einem Unterfall der Güter- und Interessenabwägung[48]. Nach einer Mindermeinung handelt es sich um einen bloßen Schuldausschließungsgrund[49]. In der neueren Literatur ist von dem Gedanken des „erlaubten Risikos" die Rede[50], eine Terminologie, wie sie auch in einer neueren Entscheidung des BGH begegnet (BGH GRUR 1986, 188, 190 – *Türkeiflug*). Schließlich findet sich die Ansicht, § 193 StGB habe seine für die Rechtfertigung konstitutive Funktion überhaupt an Art. 5 GG abgegeben (*Schönke/Schröder/Lenckner* § 193 Rdn. 1). Die Streitfrage ist nicht für alle Tatbestände der Ehrverletzung gleich zu beantworten, sondern abhängig von der Funktion, die der Wahrnehmung berechtigter Interessen für die einzelnen Verletzungstatbestände zukommt. 29

aa) **Allgemeines Persönlichkeitsrecht und Recht am Unternehmen** sind Rechte von generalklauselartiger Weite, deren Anerkennung als „sonstiges Recht" nicht in das System des typisierten Rechtsgüterschutzes des § 823 Abs. 1 BGB paßt (vgl. oben Rdn. 16). Auf sie wirkt sich § 193 StGB als „Einbruchstelle" der Grundrechte in das bürgerliche Recht in der Weise aus, daß ihre Reichweite, ihr Schutzumfang grundrechtlich beeinflußt werden[51]. Wo allgemeines Persönlichkeitsrecht oder Recht am Unternehmen und allgemeine Meinungsfreiheit aufeinandertreffen, bezeichnet der Satz „im Zweifel für die Freiheit der Rede"[52] bereits eine tatbestandsbegrenzende Funktion der Wahrnehmung des Rechts zur Meinungsäußerung[53]. 30

---

[46] *Helle* S. 20; *Wenzel* AfP 1979, 238 ff; wN bei *Mackeprang* S. 37 zu Fn. 97.

[47] RGSt. 59, 415; RGSt. 65, 335; BVerfGE 12, 113, 125, 126 – *Schmid/Spiegel*; BGHSt. 18, 184; BGHZ 3, 270, 281 – *Constanze I*; BGHZ 31, 308, 313 = GRUR 1960, 449 – *Alte Herren* sowie BGH in st. Rspr.; BayObLGStr. 1961, 46; 1962, 93; OLG Braunschweig SJZ 1948, 768; *Hubmann* JZ 57, 753, 755 (Anm. zu BGH JZ 1957, 751 = GRUR 1957, 494 – *Spätheimkehrer*); *Mackeprang* S 37.

[48] BGHZ 13, 334, 338 = GRUR 1955, 197 – *Leserbriefe*; BGHZ 24, 200, 206 = GRUR 1957, 494 – *Spätheimkehrer*; BGH GRUR 1986, 188, 190 – *Türkeiflug*, zuerst BGH NJW 1993, 525, 527 – *Ketten-Mafia; Baumbach/Hefermehl* Vor §§ 14, 15 Rdn. 20–22.

[49] RGSt, 64, 23; *Erdsiek* JZ 1969, 311, 314 ff; *Erdsiek* FS für R. Reinhardt 1972, S. 69, 71; *Eike Schmidt* JZ 1970, 8, 9 ff; MK/*Schwerdtner*[2] (1984) § 12 Rdn. 259.

[50] *Schönke/Schröder/Lenckner* Vorbem. §§ 32 ff Rdn. 11; *Wenzel* Rdn. 6.28–6.32.

[51] BVerfGE 7, 198, 205 f – *Lüth*; BVerfGE 42, 163, 169, 170 – *Deutschland-Magazin*.

[52] BGHZ 45, 296, 308 = GRUR 1966, 693 – *Höllenfeuer; Adolf Arndt* NJW 1964, 1312, 1313.

[53] Ebenso *Helle* JZ 1988, 309 (Urteilsanmerkung zu OLG Hamm JZ 1988, 308); ähnlich *Schönke/Schröder/Lenckner* § 193 Rdn. 1; offengelassen bei *Eser* 1969, S. 20 f.

31 Als Norm, die die Abwägung der im Einzelfall einander gegenüberstehenden konkreten Interessen gebietet, ist § 193 StGB Rechtfertigungsgrund. Wo die Abwägung zwischen der angegriffenen persönlichen Ehre oder dem geschäftlichen Ansehen eines Betroffenen und dem von der Meinungsfreiheit gedeckten Anliegen des Angreifers zum Überwiegen des Interesses des Angreifers oder auch nur zu dessen Gleichwertigkeit gelangt, ist der Angriff gerechtfertigt (BGHZ 45, 296, 308 = GRUR 1966, 693 – *Höllenfeuer*). Für das allgemeine Persönlichkeitsrecht und das Recht am Unternehmen als gegenüber ehrverletzenden Angriffen geschützten Rechtsgütern kommt der Wahrnehmung berechtigter Interessen daher sowohl tatbestandsbegrenzende als auch rechtfertigende Funktion zu.

32 bb) In den Fällen der **strafbaren Ehrverletzung,** §§ 185–187 StGB mit § 823 Abs. 2 BGB, **der Kreditgefährdung,** § 824 BGB, und der wettbewerblichen **Anschwärzung,** § 14 UWG, gewinnt die Unwahrheit der ehrverletzenden Mitteilung ausschlaggebende Bedeutung.

33 **Üble Nachrede,** also die Äußerung nicht erweislich wahrer ehrverletzender Tatsachen, ist das ursprüngliche Anwendungsgebiet des § 193 StGB (*Wenzel* Rdn. 6.30). Bei erwiesener Unwahrheit der behaupteten oder verbreiteten Tatsache kann die Wahrnehmung berechtigter Interessen weder den Unterlassungs- noch den Beseitigungsanspruch antasten. An der Wiederholung oder Aufrechterhaltung einer erwiesenermaßen falschen Tatsachenbehauptung kann kein berechtigtes Interesse bestehen[54]. Für die wettbewerbliche Anschwärzung ist das ausdrücklich im Gesetz ausgesprochen. Nach § 14 Abs. 2 Satz 1 UWG ist der Anspruch auf Unterlassung wahrheitswidriger Tatsachenbehauptungen oder -verbreitung auch dann gegeben, wenn es sich um vertrauliche Mitteilungen handelt, an denen der Mitteilende oder der Empfänger ein berechtigtes Interesse hat. Für die Tatbestände der Kreditgefährdung, § 824 BGB, und der nach § 823 Abs. 2 BGB zivilrechtlich relevanten Verleumdung gilt nichts anderes. In der strafrechtlichen Literatur findet sich zwar die Ansicht, die Wahrnehmung berechtigter Interessen komme auch in Fällen bewußt wahrheitswidriger Mitteilungen in Betracht, wenn es sich dabei um ein „nicht angriffsweises Vorgehen" handele[55]. Richtiger Ansicht nach handelt es sich um einen Fall rechtfertigenden Notstandes im Sinne des § 34 StGB. Es ist schwerlich ein Sachverhalt denkbar, bei dem im Zivilrecht die Rechtfertigung einer „Abwehrlüge" in Betracht kommen könnte[56].

34 Nun zieht allerdings die Mitteilung einer erwiesenermaßen unwahren Tatsache gemäß § 824 Abs. 2 BGB keine Schadensersatzpflicht nach sich, wenn der Mitteilende die Unwahrheit nicht kannte und entweder er oder der Empfänger der Mitteilung an dieser ein berechtigtes Interesse hat. Bei nachgewiesener Unwahrheit der behaupteten oder verbreiteten Tatsache hat die Berufung auf berechtigte Interessen

---

[54] BGHZ 31, 308, 318 = GRUR 1960, 449 – *Alte Herren*; BGH GRUR 1975, 89, 91 – *Brüning-Memoiren*; BGH GRUR 1975, 208, 209 – *Deutschland-Stiftung*; BGH GRUR 1976, 210, 211 – *Der Geist von Oberzell*; BGH VersR 1979, 53, 54 – *BND*; BGH GRUR 1978, 551, 552, 553 – *Terroranschlag*; BVerfGE 54, 208, 219 = GRUR 1980, 1087 – *Heinrich Böll* – es handelt sich um den Beschluß des BVerfG, der das Urteil des BGH GRUR 1978, 551 – *Terroranschlag* – aufgehoben hat; OLG Düsseldorf WRP 1985, 156, 157 – *Vereinsinterne Anschwärzung; Baumbach/Hefermehl* Vor §§ 14, 15 Rdn. 22; *v. Gamm* Kap. 49 Rdn. 28; *RGRK/Steffen* § 824 Rdn. 38; *Helle* S. 14 mwN, S. 43 zu Rdn. 40, S. 52 zu Fn. 15; *Reinhardt* FS Heinrich Lange 1970, 195, 205, 206; allgemeine Meinung.

[55] RGSt. 34, 222, 48, 414; 58, 39; 63, 94; BGHSt. 14, 48; *LK/Herdegen*[10] (1988) § 187 Rdn. 4; *Dreher/Tröndle*[46] (1993) § 193 Rdn. 3.

[56] Abweichend *Wenzel* Rdn. 6.25 unter dem Blickpunkt des Rechts zum Gegenschlag.

also die Wirkung, den Täter im Falle eines unterhalb vorsätzlicher Begehung liegenden Verschuldens zu entlasten. Fahrlässige Unkenntnis wird noch nicht als eine zum Schadensersatz verpflichtende Rechtsverletzung gewertet. **Für § 824 Abs. 2 BGB wirkt die Wahrnehmung berechtigter Interessen daher entschuldigend, nicht als Rechtfertigungsgrund**, denn die dem Täter zuteil werdende Erleichterung berührt nur dessen Schadensersatzpflicht, nicht negatorische Abwehransprüche des Betroffenen (*Reinhardt* aaO S. 206). Für § 14 UWG gilt ähnliches. Der Schadensersatzanspruch ist ausgeschlossen, wenn an vertraulichen unwahren Mitteilungen ein berechtigtes Interesse bestand und der Mitteilende die Unrichtigkeit der Tatsachen weder kannte noch kennen mußte, § 14 Abs. 2 Satz 2. Es ist daher ebenfalls der Ausschluß der Schadensersatzpflicht an das Fehlen eines Schuldvorwurfs geknüpft, nicht an das Ergebnis der Interessenabwägung. Für den Schadensersatzanspruch aus §§ 824 BGB und 14 UWG ist die Wahrnehmung berechtigter Interessen daher Schuldausschließungsgrund. Das hat auch für den Schadensersatzanspruch aus § 823 Abs. 2 BGB in Verbindung mit § 186 StGB zu gelten (*Reinhardt* aaO S. 205).

cc) Ist die ehrverletzende oder kreditschädigende **Tatsachenbehauptung** oder Tatsachenverbreitung **nicht erweislich wahr**, ist also weder dem Verletzer der Wahrheitsbeweis noch dem Betroffenen der Beweis der Unwahrheit gelungen, so steht die Qualifikation der Wahrnehmung berechtigter Interessen als Schuldausschließungsgrund oder als Rechtfertigungsgrund in unmittelbarem Zusammenhang mit der Frage, ob berechtigte Interessenwahrnehmung den Verletzer nur von der Verpflichtung zum Schadensersatz befreit oder ob sie dem Betroffenen auch die negatorischen Abwehransprüche aus der Hand nimmt. Als bloßer Schuldausschließungsgrund, der nach §§ 14 Abs. 2 UWG, 824 Abs. 2 BGB die schuldabhängigen Schadensersatzansprüche ausschließt, könnte die Wahrnehmung berechtigter Interessen dem Verletzten doch Ansprüche auf Unterlassung und auf Widerruf der nicht erweislich wahren Tatsachenbehauptungen belassen. Diese negatorischen Abwehransprüche sind nämlich allein an die Rechtswidrigkeit der Tatsachenmitteilung geknüpft, erfordern aber kein Verschulden. Hätte man die Wahrnehmung berechtigter Interessen als Rechtfertigungsgrund zu qualifizieren, so wären im Falle des non liquet hingegen auch der Unterlassungs- und der Widerrufsanspruch ausgeschlossen. **35**

Die Frage beantwortet § 14 Abs. 2 Satz 1 UWG, der bei vertraulichen Mitteilungen, an denen der Mitteilende oder der Empfänger der Mitteilung ein berechtigtes Interesse hat, den Unterlassungsanspruch nur gewährt, wenn die Tatsachen der Wahrheit zuwider behauptet oder verbreitet sind. Für die strengerer Beurteilung unterliegende Anschwärzung, die zu Zwecken des Wettbewerbs begangen ist, hat der Gesetzgeber im Falle des non liquet die Wahrnehmung berechtigter Interessen als Rechtfertigungsgrund ausgestaltet, da er sie zum Ausschluß schon des Unterlassungsanspruchs genügen läßt. Dieselbe Qualifikation ist dann auch (erst recht) für die Ansprüche aus §§ 823 Abs. 2 BGB mit 186 StGB und 824 BGB geboten (*Reinhardt* aaO S. 206–209), wobei auch für § 193 StGB zwischen den berechtigten Interessen des Mitteilenden und des Mitteilungsempfängers nicht mehr unterschieden wird[57]. **36**

b) aa) Die Unterscheidung zwischen **unwahrer** und **nicht erweislich wahrer Tatsachenbehauptung** ist von einer doppelten Wertung abhängig: davon, wie der Verletzer einen von ihm geschilderten Sachverhalt bewertet, und von der Bewertung **37**

[57] RGSt. 38, 131; *Dreher/Tröndle* § 193 Rdn. 13; *Schönke/Schröder/Lenckner* § 193 Rdn. 13; LK/*Herdegen* § 193 Rdn. 28; *Jäger* NJW 1956, 1224 f.

seiner Äußerung durch deren Empfänger. Was ein Verletzer für wahr hält, kann der objektiv zutreffenden Ansicht widersprechen. Dann entscheidet nicht die subjektive Ansicht des Verletzers, sondern das Verständnis eines objektiven Betrachters. Es gibt keine „freie" Meinungsäußerung in dem Sinne, daß dem Kritiker das fehlerhafte Verständnis eines Vorganges, mit dem er sich kritisch befassen will, freigestellt wäre. Wer einem anderen eine Lüge vorwirft, hat eine unwahre Tatsachenbehauptung aufgestellt, wenn die Äußerung des Kritisierten für einen objektiven Betrachter in einer Weise zu verstehen war, die den Vorwurf der Lüge nicht rechtfertigte, gleichgültig, wie der Kritiker sie auch mißverstanden habe. Wer einem anderen ein Zitat in den Mund legt, um sich damit kritisch zu befassen, muß richtig zitieren, wobei der Maßstab des Richtigen nicht einmal das vertretbare Verständnis eines Durchschnittslesers oder Durchschnittshörers ist, weil dem Zitierten die Entscheidung über sein eigenes Wort sonst weitgehend genommen und durch eine mögliche Beurteilung Dritter ersetzt würde (BVerfGE 54, 208, 217, 218 = GRUR 1980, 1087 – *Heinrich Böll*).

38 **Derselbe Maßstab** eines objektiven Hörers, Lesers, Betrachters entscheidet auch darüber, wie eine Tatsachenbehauptung des Verletzers von ihrem Empfänger zu verstehen war, wobei es auf deren Gesamtzusammenhang ankommt[58]. Besondere Schwierigkeiten bereitet die Ehrverletzung durch verdeckte Tatsachenbehauptungen. Solche verdeckten Tatsachenbehauptungen können darin bestehen, daß offene Behauptungen in einen Zusammenhang gestellt, unter Überschriften zusammengefaßt, durch Auslassungen, mißverständliche Formulierungen, die Kombination falscher Sinnzusammenhänge einen weitergehenden, zusätzlichen Sinngehalt erlangen[59]. Gerade gegenüber versteckten, „zwischen den Zeilen stehenden" belastenden Aussagen kann der Betroffene besonders schutzwürdig sein, weil die Möglichkeit des Mißverständnisses erhöht ist, wo Aussagen dazu bestimmt sind, Schlußfolgerungen des Lesers anzuregen; auch zwingen versteckte Äußerungen den Betroffenen häufig im Unterlassungs- oder Schadensersatzprozeß erst zu Offenbarungen aus seiner Persönlichkeitssphäre, deren fehlende Kenntnis den Angreifer gerade von einer offenen Beschuldigung abgehalten haben mag.

39 Andererseits zieht die durch Art. 5 Abs. 1 GG geschützte **Äußerungsfreiheit** einer **weiteren Sinninterpretation Schranken**, damit der Kritiker nicht für Äußerungen in Anspruch genommen wird, die nicht er selbst, sondern erst der seine Aussage interpretierende Hörer, Leser zu verantworten hat. Die Gleichwertigkeit von Persönlichkeitsschutz und Kritikfreiheit erfordert, daß die Interpretation eines kritischen Beitrags sich an den Text und die durch ihn festgelegte Gedankenführung hält und nicht allgemeine Eindrücke, Tendenzen für Tatsachenbehauptungen nimmt. Wo der Leser, Hörer Schlußfolgerungen zieht, zu denen die Kritik nur Anregungen gegeben hat, sind diese Schlußfolgerungen noch nicht Bestandteile der kritischen Äußerung. Das angeregte Weiterdenken des Lesers ist nicht dem Autor zuzurechnen. Dagegen hat der Autor zu verantworten, was er mit offenen Einzelaussagen an

[58] BGH VersR 1979, 53, 54 – *BND* – eine mißverständliche Äußerung im Urteil BGH GRUR 1978, 551 – *Terroranschlag* – klarstellend; BVerfGE 54, 208, 217 f – *Heinrich Böll*; BGH GRUR 1975, 89, 91 – *Brüning-Memoiren I*; BGH GRUR 1986, 188, 189 – *Türkeiflug*; BVerfG AfP 1989, 532 – *Rasterfahndung*.

[59] Anschauliches Beispiel in den Urteil BGH GRUR 1980, 1090 ff – *Das Medizin-Syndikat I* und BGHZ 78, 9 ff = GRUR 1980, 1105 – *Das Medizin-Syndikat II*.

zusätzlichem Sachverhalt verdeckt mit unterbreitet, worauf er – Schlußfolgerungen des Lesers vorwegnehmend – hinweist (ebenso *Wenzel* Rdn. 4.11–4.26).

bb) **Nicht erweislich wahr** ist nach der über § 823 Abs. 2 BGB in das Zivilrecht **40** transponierten Beweisregel des § 186 StGB (BGH GRUR 1986, 188, 189 – *Türkeiflug*; BGH GRUR 1986, 190, 192 – *Wehrmachtsoffizier*) die Tatsachenbehauptung, deren Tatsachenkern sich im wesentlichen nicht bestätigt hat[60], ohne daß die Unwahrheit bewiesen wäre. Dabei ist auf die Identität der behaupteten mit der zu beweisenden Tatsache zu achten. Beweisanträge, die den Angegriffenen aus anderen Gründen als tadelnswert erscheinen lassen, sind unerheblich[61]. Im Zivilrecht gilt auch die Beweisregel des § 190 StGB, nach der der Wahrheitsbeweis als erbracht zu erachten ist, wenn dem Beleidigten eine Straftat nachgesagt wird und er wegen dieser Tat rechtskräftig verurteilt ist, wie umgekehrt der Wahrheitsbeweis ausgeschlossen ist, wenn der Beleidigte rechtskräftig freigesprochen wurde[62].

c) **Rechtfertigende Interessen.** Als Rechtfertigungsgrund wirkt die **Wahrnehmung** **41** **anerkannter konkreter Interessen**, die bei einer Abwägung am Schutz der Ehre des Angegriffenen standhalten (BGHSt. 18, 182). Ausgangspunkt der Abwägung muß der Gedanke sein, daß die verfassungsrechtliche Bedeutung des Ehrenschutzes und die verfassungsrechtliche Gewährleistung der Meinungsfreiheit, der Freiheit von Presse, Rundfunk und Fernsehen einander gleichen Rang genießen[63]. Jeder Interessenbereich kann deshalb vom anderen Rücksicht erwarten; wann Kritik zur rechtswidrigen Ehrverletzung wird, ist aufgrund einer Güter- und Interessenabwägung zu beantworten, die sich am Verfassungsprinzip der Verhältnismäßigkeit orientiert[64]. Nach ihm ist zu bestimmen, ob das vom Verletzer verfolgte Interesse höher oder wenigstens gleich hoch zu bewerten ist wie das des Betroffenen an der Vermeidung der konkreten Ehrverletzung. Dabei ist von Bedeutung, welcher Bereich der Persönlichkeit des Betroffenen von ehrverletzenden Tatsachenbehauptungen berührt wird.
Ist der Intimbereich betroffen, so genießt der Verletzte absoluten Schutz (BGHZ 73, **42** 120, 124 = GRUR 1979, 418 – *Telefongespräch*). Berühren die Tatsachenbehauptungen dagegen die Sozialsphäre, etwa den Bereich gewerblicher oder politischer Betätigung, so kommt einem Informationsinteresse der Öffentlichkeit erheblicher Rang zu. Wer sich aktiv im Wirtschaftsleben oder in der Politik betätigt, muß sich in weitem Umfange der Kritik aussetzen[65].

Nach dem Verhältnismäßigkeitsgrundsatz ist auch die Art und Weise der Interes- **43** senwahrnehmung zu beurteilen. Den Verletzer trifft eine je nach dem Gewicht des von ihm verfolgten Interesses mehr oder weniger weitgehende Informationspflicht[66]. Eine leichtfertig – ohne Einholung möglicher Information – aufgestellte ehrverletzende Tatsachenbehauptung läßt sich schwerlich rechtfertigen (BayObLG

---

[60] BGHSt. 18, 182; *Schönke/Schröder/Lenckner* § 186 Rdn. 15; *Dreher/Tröndle* § 186 Rdn. 10.

[61] RGSt. 162, 95; 64 296; BGH GRUR 1966, 453, 454 – *Luxemburger Wort; Schönke/Schröder/Lenckner* § 186 Rdn. 15; *Dreher/Tröndle* § 186 Rdn. 9.

[62] Als beachtliches Strafurteil kam auch ein solches der ehemaligen DDR in Betracht; BGH GRUR 1986, 190, 192 – *Wehrmachtsoffizier.*

[63] BVerfGE 41, 130, 139 – *Deutsche Friedensunion*; BGHZ 78, 9, 14 = GRUR 1980, 1105 – *Das Medizin-Syndikat III; Mackeprang* S. 210, 211.

[64] BGH GRUR 1966, 453, 454 – *Luxemburger Wort; Mackeprang* S. 211, 212; RGRK/*Steffen* § 824 Rdn. 35, 37; *Dreher/Tröndle* § 193 Rdn. 8.

[65] BGHZ 36, 77, 80, 81 = GRUR 1962, 108 – *Waffenhandel*; BVerfGE 12, 113, 131 – *Schmid/Spiegel*; BVerfGE 54, 129, 138 – *Römerberggespräche.*

[66] RGSt. 74, 257; BGHSt. 14, 51; *Dreher/Tröndle* 193 Rdn. 8.

NJW 1962, 1120, 1121). Gibt es Anlaß für Verdachtsmomente, so kann deren Äußerung in einem zum nur internen Gebrauch bestimmten Rundschreiben einer Bank an ihre Geschäftsstellen gerechtfertigt sein, wenn bei Begründetheit des Verdachts hoher Schaden gedroht hätte; die Notwendigkeit zu schnellem Handeln kann bei einem nicht für die Öffentlichkeit bestimmten warnenden Schreiben eine Lockerung der Pflicht zur Recherche rechtfertigen (BGH NJW 1993, 525, 527 – *Ketten-Mafia*). Der Angreifer muß seine Interessen auf möglichst schonende Weise wahrnehmen, sich auf den notwendigen Angriff beschränken[67]. Wegen der Art und Weise der Verbreitung nicht zu rechtfertigen ist die anonyme Versendung ehrkränkender Behauptungen (BGH GRUR 1966, 452, 454 – *Luxemburger Wort*).

44 aa) Handelt es sich um ein **privates Interesse**, so muß es ein solches des Angreifers selbst oder eines Personenkreises sein, für den der Angreifer Verantwortung trägt, dessen Interessen ihm anvertraut sind oder dem er wenigstens so nahe steht, daß es nach vernünftigem Ermessen gerechtfertigt erscheint, wenn er sich als sein Interessenvertreter geriert (*Dreher/Tröndle* § 193 Rdn. 10). Das kann der Fall sein bei naher Verwandtschaft, enger Freundschaft, im Verhältnis von Arbeitgeber zu Arbeitnehmer oder auch unter Arbeitskollegen (RGSt. 30, 41; 63, 231; BayObLG NJW 1965, 58, 59). In einer nicht-ehelichen Lebensgemeinschaft ist ein Partner zur Wahrnehmung der Interessen des anderen berufen.

45 Ein **häufig vorkommender Fall der gerechtfertigten Wahrnehmung eigener Interessen** liegt darin, daß bei einem Bauvorhaben der Nachunternehmer sich gegenüber Bauherren, Architekten und anderen Baubeteiligten kritisch über die Leistung von Vorunternehmern äußert (pflichtgemäß, § 4 Nr. 2 und 3 VOB/B). Es handelt sich um den in § 193 StGB neben der Äußerung zur Wahrnehmung berechtigter Interessen gesondert aufgeführten Tatbestand der tadelnden Urteile über wissenschaftliche, künstlerische oder gewerbliche Leistungen, unter den auch Kunst- oder Theaterkritik, die Benotung an Schulen, Hochschulen, die Benotung der Teilnehmer an Wettbewerben, Ausschreibungen, die kritische Befassung mit Gerichtsurteilen, Rechtsansichten in Urteilsanmerkungen, Anwaltsschriftsätzen fallen.

46 bb) **Allgemeine Interessen**, die jeden Staatsbürger angehen oder durch Gemeindeangehörigkeit, Religionszugehörigkeit, politische Gesinnung verbundene Gruppen von Bürgern berühren, sind ebenfalls geeignet, ehrverletzende Tatsachenbehauptungen zu rechtfertigen. Das gilt für das Interesse von Gemeindeangehörigen, Zweifel an der Lauterkeit eines städtischen Polizeibeamten oder eines Bürgermeisters aufzuklären[68], für gewerbliche Schutzverbände bezüglich des Schutzes ihrer Mitglieder gegen unlauteren Wettbewerb (RGSt. 44, 148), Parteimitglieder in Bezug auf Handlungen anderer Parteiangehöriger (KG JZ 1953, 91, 92; wN bei *Wenzel* Rdn. 6.42).

47 Dient die ehrkränkende Äußerung nicht der Verfolgung eigennütziger Ziele, sondern soll sie einen Beitrag des Erklärenden zur Bildung der öffentlichen Meinung in einer die Öffentlichkeit wesentlich berührenden Frage leisten, spricht die **Vermutung** für die Zulässigkeit der freien Rede und daher für die Eignung der Verfolgung des allgemeinen Informationsinteresses als Rechtfertigungsgrund. Das ist die Aussage des „*Lüth*"-Urteils des Bundesverfassungsgerichts (BVerfGE 7, 198, 212), dem zu entnehmen ist, daß die Äußerungsfreiheit nicht länger als Privileg der Presse verstan-

---

[67] *Mackeprang* S. 237, 238; *Dreher/Tröndle* § 193 Rdn. 8; *RGRK/Steffen* § 824 Rdn. 37, 42; *Baumbach/Hefermehl* § 14 Rdn. 25.

[68] RGSt. 59, 172; RG LZ 1916, 1559; BayObLGE 55, 158.

den werden kann[69]. Die Wendung im Beschluß des BVerfG vom 22. 6. 1982 (BVerfGE 61, 1, 11 – *NPD Europas*), der Schutz der Ehre müsse vor allem dann zurücktreten, wenn es sich nicht um einen zur Verfolgung eigennütziger Ziele unternommenen Angriff handele, sondern um einen Beitrag zum geistigen Meinungskampf in einer die Öffentlichkeit wesentlich berührenden Frage „durch einen dazu Legitimierten", sollte nicht dahin mißverstanden werden, daß eine berufliche Legitimation (als Journalist oder – wie im Falle des „*Lüth*"-Urteils – als Leiter einer Senats-Pressestelle) oder gesellschaftlich-politische Stellung (als Mitglied einer politischen Partei, einer Gewerkschaft, Angehöriger einer näher definierten Minderheit) dafür benötigt werden, die ehrverletzende Tatsachenbehauptung, die im Zusammenhang mit einem Beitrag zum geistigen Meinungskampf geäußert wird, zu rechtfertigen. Über die Einbruchstelle des § 193 StGB muß vielmehr das Grundrecht auf freie Meinungsäußerung jedermann dazu legitimieren, Allgemeininteressen in einer die ehrverletzende Tatsachenbehauptung rechtfertigenden Weise wahrzunehmen, wenn der Grundsatz der Verhältnismäßigkeit beachtet ist (*Wenzel* Rdn. 6.43–6.54; *Baumbach/Hefermehl* Vor §§ 14, 15 Rdn. 23).

Die Wahrnehmung **allgemeiner Interessen** durch Private oder die Presse ist der **48**
in der Rechtsprechung im Vordergrund stehende Anwendungsfall des § 193 StGB. So wurde das berechtigte Interesse der Presse anerkannt, über die Majorisierung der aktiven Burschenschaft durch alte Herren mit nazistischer Vergangenheit kritisch zu berichten (BGHZ 31, 308 ff = GRUR 1960, 449 – *Alte Herren*), bei einer die nachlassende Qualität deutscher Waren betreffenden Fernsehsendung Teppichkehrmaschinen in einer den Ruf der erkennbaren Herstellerfirma herabsetzenden Weise zu kritisieren (BGH GRUR 1966, 633, 635 – *Teppichkehrmaschine*), in einer Fernsehsendung kritische Stimmen gegenüber hormonhaltigen Kosmetika zu Wort kommen zu lassen (BGH GRUR 1969, 624, 627, 628 – *Hormoncreme*).

cc) **An Gerichte und Verwaltungsbehörden gerichtete Schriftsätze** der Parteien **49**
oder ihrer Prozeßbevollmächtigten, die nicht erweislich wahre ehrenrührige Tatsachenbehauptungen enthalten, wurden in der älteren Rechtsprechung des BGH in einem über den Rechtfertigungsgrund der Wahrnehmung berechtigter Interessen hinausgehenden Umfang als materiell gerechtfertigt angesehen (BGH JZ 1962, 486, 487 m. Anm. v. *Weitnauer*; BGH GRUR 1965, 381, 385 – *Weinbrand*). Ihre Rechtmäßigkeit wurde daher nicht erst vom Ergebnis einer Interessenabwägung abhängig gemacht. Die Auffassung wurde damit begründet, daß solche Schriftsätze der einseitigen Wahrung der Interessen einer Partei dienten, ausschließlich deren Auffassungen und Behauptungen wiedergäben und an Behörden gerichtet seien, die die Pflicht hätten, auch dem Gegner rechtliches Gehör zu gewähren und den Sachverhalt aufgrund des beiderseitigen Parteivorbringens gewissenhaft aufzuklären, weshalb von solchen Streitschriften keine objektive Darstellung des Für und Wider erwartet werden könne. Diese Begründung hat seit der Entscheidung vom 13. 7. 1965 (NJW 1965, 1803) gewechselt. Seitdem vertritt der BGH in ständiger Rechtsprechung die Auffassung, für die Geltungmachung von Unterlassungs- oder Widerrufsansprüchen gegen Sachvortrag, der der Rechtsverfolgung oder Rechtsverteidigung in einem gerichtlichen Verfahren dient, fehle es schon am Rechtsschutzinteresse[70].

---

[69] Zur Abgrenzung von Meinungsfreiheit und Pressefreiheit neuerdings BVerfG AfP 1992, 53, 55 – *Kritische Bayer-Aktionäre*.

[70] BGH NJW 1965, 1803; BGH NJW 1969, 236, 237 – *Ostflüchtlinge*; BGH GRUR 1971, 175, 176 – *Steuerhinterziehung*; BGH GRUR 1977, 745, 747 – *Heimstättengemeinschaft*; BGH GRUR 1984, 301, 304 – *Aktionärsversammlung*; BGH NJW 1986, 3502; BGH GRUR 1987, 568, 569 – *Gegenangriff*; BGH GRUR 1988, 399, 400 – *Tonbandmitschnitt*; LG Oldenburg GRUR 1987, 650 – *Behördeneingabe*;

50 **Dieser Ansicht ist zu folgen.** Es würde in der Tat zu einer unerwünschten Störung gerichtlicher Verfahren führen, wenn Tatsachenvorbringen, das nach der dort geltenden Prozeßordnung je nach Einlassung des Gegners als unbestritten zu behandeln (§ 138 Abs. 3 und 4 ZPO) oder – weil zugestanden – gar als zutreffend hinzunehmen wäre, zugleich der Beurteilung eines anderen Gremiums in einem Unterlassungs-Widerrufs- oder Schadensersatzverfahren unterläge, für das möglicherweise andere Verfahrensprinzipien gelten.

51 Deshalb sollte man nicht erweislich wahre Tatsachenbehauptungen in Partei- oder Anwaltsschriftsätzen im gerichtlichen Verfahren oder auch in solchen behördlichen Verfahren, die von verfahrensmäßigen Regeln der Sachverhaltsaufklärung und Wahrheitsfindung regiert werden, schon **nicht als tatbestandsmäßige üble Nachrede** bewerten. Solche Angriffs- und Verteidigungsmittel sollten als Prozeßerklärung einer am materiellen Recht orientierten Bewertung entzogen sein. Dies gilt nicht für ehrenrührige Tatsachenbehauptungen in Aktionärsversammlungen, Gesellschafterversammlungen, Vereins-Mitgliederversammlungen[71].

52 Eine **Grenze** ist dort zu ziehen, wo die Tatsachenbehauptung erwiesenermaßen unwahr und wider besseres Wissen aufgestellt, tatbestandlich also eine Verleumdung im Sinne des § 187 StGB ist. Das folgt aus der Strafbarkeit der falschen Verdächtigung, § 184 StGB (*Staudinger/Schäfer* § 824 Rdn. 61).

4. Verschulden

53 Eine Haftung nach § 823 Abs. 2 erfordert **die Schuldform, die das Schutzgesetz vorschreibt** (BGHZ 46, 17, 21). Das gilt auch für sogenannte objektive Bedingungen der Strafbarkeit, also Umstände, auf die der Vorsatz sich nicht zu erstrecken braucht, die aber materielle Voraussetzungen des staatlichen Strafanspruches sind (*Dreher/Tröndle* § 16 Rdn. 32; *Staudinger/Schäfer* § 823 Rdn. 617).

54 a) Für die **üble Nachrede,** § 186 StGB, ist nach hM **Vorsatz** erforderlich in Bezug auf die Eignung der behaupteten oder verbreiteten Tatsache, den anderen verächtlich zu machen, also ihre Ehrenrührigkeit, ferner in Bezug auf die Behauptung oder Verbreitung und die Kenntnisnahme Dritter von der Äußerung. Dagegen ist die Kenntnis von der Nichterweislichkeit nicht erforderlich[72]. Nichterweislichkeit ist vielmehr objektive Bedingung der Strafbarkeit, die Beweisbarkeit Strafausschließungsgrund, so daß selbst guter Glaube an die Wahrheit der Behauptung nicht entlastet[73]. Es soll dem, der ehrenrührige Behauptungen aufstellt oder verbreitet, das Risiko überbürdet sein, daß sich ihre Wahrheit nicht beweisen läßt (*Staudinger/Schäfer* § 823 Rdn. 621).

55 Aus der Anknüpfung des § 823 Abs. 2 BGB an die Schuldform, die das Schutzgesetz vorschreibt, folgt die **Anwendbarkeit des strafrechtlichen Vorsatzbegriffs.** Zwar gilt im Zivilrecht grundsätzlich die sogenannte Vorsatztheorie, wonach zum Vorsatz auch das Bewußtsein der Rechtswidrigkeit gehört, so daß bei einem Verbotsirrtum

---

Helle NJW 1961, 1896, 1899; *Helle* GRUR 1982, 207, 219; RGRK/*Steffen* § 824 Rdn. 43; Staudinger/*Schäfer* § 824 Rdn. 61; *Baumbach/Hefermehl* Einl. Rdn. 320; ausführlich *Teplitzky*[6]. Kap. 19 Rdn. 16–18; Kap. 26 Rdn. 9; Kap. 51 Rdn. 55.

[71] BGH GRUR 1984, 301, 304 – *Aktionärsversammlung*; OLG Düsseldorf WRP 1985, 156, 157 – *Vereinsinterne Anschwärzung.*

[72] RGZ 115, 74, 78; BGH GRUR 1966, 453, 454 – *Luxemburger Wort; Dreher/Tröndle* § 186 Rdn. 17.

[73] RGZ 115, 74, 83; BGHSt. 11, 274; *Dreher/Tröndle* § 186 Rdn. 12.

eine Haftung entfällt[74]. Wo jedoch das Schutzgesetz eine Norm des Strafrechts ist, entlastet nur der unvermeidbare Verbotsirrtum[75].

Als unvermeidbar wird ein **Verbotsirrtum** nicht schon dann angesehen, wenn die irrige Rechtsauffassung des Verletzers über die Grenzen zulässiger Kritik von einem Kollegialgericht gebilligt worden ist. Für die Amtshaftung hat die Rechtsprechung den Grundsatz entwickelt, es sei der Rechtsirrtum eines Beamten, eines Notars entschuldigt, die infolge fehlerhafter rechtlicher Beurteilung des Sachverhalts eine falsche Ermessensentscheidung getroffen haben, wenn ein Kollegialgericht, das die Entscheidung zu überprüfen hatte, die ihr zugrunde liegende Rechtsauffassung zu Unrecht gebilligt hat[76]. Dabei handelt es sich jedoch um eine nur für die Amtshaftung geltende Besonderheit, die sich nicht auf andere Bereiche der unerlaubten Handlung übertragen läßt. Grundsätzlich fordert der Geltungsanspruch des Rechts, daß der Verpflichtete das Risiko seines Irrtums über die Rechtslage selbst trägt, wovon auch ein Richterkollegium ihn nicht entlasten kann. Das gilt gerade dann, wenn der Verletzer das Risiko eines Verbotsirrtums bewußt eingegangen ist, indem er sich zu den geschützten Gütern und Interessen eines anderen in eine scharfe Spannungslage gebracht, er sich wissentlich in den Grenzbereich zwischen zulässiger und unzulässiger Verfolgung eigener Interessen begeben hat[77]. Es handelt sich um eine Frage angemessener Risikoverteilung zwischen Verletztem und Angegriffenem, die nicht dahin beantwortet werden darf, daß ein Rechtsmittelverfahren nur dann bis zum Ende durchgeführt werden kann, wenn alle Vorinstanzen einheitlich eine objektive Pflichtverletzung des Angreifers bejaht haben. Als bedenklich muß die Entscheidung des BGH vom 1. 12. 1981 (GRUR 1982, 183 ff – *Rudimente der Fäulnis*) aber deshalb erscheinen, weil es gerade ein Urteil des Bundesgerichtshofs war, welches zuvor die objektive Pflichtwidrigkeit verneint hatte, vom Bundesverfassungsgericht aber aufgehoben worden war. Dem Bundesgerichtshof hätte das Selbstbewußtsein des Reichsgerichts gut zu Gesicht gestanden, welches in einem Fall der Anwaltshaftung entschieden hat, es fehle an einem Verschulden des Beklagten, wenn ein Urteil des Reichsgerichts zu Unrecht ergangen sei, denn „die Verantwortung für eine zutreffende Beurteilung trägt allein das Revisionsgericht" (RGZ 142, 394, 396). 56

Fraglich ist, inwieweit die Einschaltung eines auf dem Gebiet des Ehrenschutzes erfahrenen Rechtsanwaltes, der die vorgesehene Tatsachenbehauptung für unbedenklich erklärt hat, den Verletzer zu entlasten vermag. Für einen Fall, in dem ein „heißes Eisen" angerührt war, durch dessen Veröffentlichung ehr- und persönlichkeitsverletzende Eingriffe in besonderem Maße drohten, hat die Rechtsprechung zur Gewährleistung eines gesicherten Haftungsschutzes gefordert, daß der Herausgeber und Verleger der Veröffentlichung einen besonders gefährlichen Beitrag entweder selbst überprüfen oder dem mit der Prüfung Beauftragten Organstellung im Sinne der §§ 30, 31 BGB verschaffen mußte, damit er für dessen Verschulden ohne Entla- 57

[74] BGHZ 69, 128, 142 f (Haftung für Fluglotsenstreik); BGH NJW 1985, 134, 135 – je mwN; vgl. auch *Baumbach/Hefermehl* Einl. UWG Rdn. 368.

[75] § 17 StGB – sogenannte Schuldtheorie; vgl. BGH NJW 1985, 134, 135; *Staudinger/Schäfer* § 823 Rdn. 616.

[76] BGH NJW 1980, 1679; BGH VersR 1981, 851; RGRK/*Kreft*[12] (1980) § 839 Rdn. 296 ff.

[77] BGH GRUR 1982, 183, 187 – *Rudimente der Fäulnis* – es handelt sich um die zweite Revisionsentscheidung, die nach Aufhebung des Urteils BGH GRUR 1978, 591 ff – *Terroranschlag* – durch den Beschluß des BVerfGE 54, 208 ff = GRUR 1980, 1787 – *Heinrich Böll* – erforderlich geworden war.

stungsmöglichkeit einzustehen hat; die Versäumung solcher Organisation begründet dann die sogenannte Fiktionshaftung (BGH GRUR 1980, 1099, 1104 – *Das Medizin-Syndikat II*). Allgemein dürfte es angemessener Risikoverteilung zwischen Angreifer und Angegriffenem nicht entsprechen, wenn man den Angreifer für entschuldigt hielte, der sich auf die unrichtige Rechtsauskunft eines spezialisierten Rechtsanwaltes verlassen hat.

58 b) Im Falle der **Verleumdung,** § 187 StGB, entspricht die Schuldform zunächst der bei übler Nachrede. Es muß das bestimmte Wissen von der Unwahrheit der ehrenrührigen Behauptung hinzukommen, wogegen eine Beleidigungsabsicht nicht erforderlich ist (*Dreher/Tröndle* § 187 Rdn. 4).

5. Rechtsfolgen

59 a) Die primäre Rechtsfolge, die sich an die nach §§ 185–187 StGB strafbare Ehrverletzung knüpft, ist der **Unterlassungsanspruch.** Für das Wettbewerbsrecht ist er die wichtigste Sanktion, wogegen er im BGB nur in den §§ 12 Satz 2, 862 Abs. 1 Satz 2, 1004 Abs. 1 Satz 2 erwähnt und als Mittel des zivilrechtlichen Ehrenschutzes nicht geregelt wird. Das RG hat es schon 1905 als Gebot der Gerechtigkeit bezeichnet, daß jeder objektiv widerrechtliche Eingriff in ein vom Gesetz geschütztes Recht oder Interesse einen Unterlassunganspruch auslöse, wenn weitere Eingriffe zu befürchten sind (RGZ 60, 6, 7). Dem rechtswidrig in seiner Ehre Gekränkten steht daher der Unterlassungsanspruch zu, der zur Unterscheidung von den in §§ 12 Satz 2, 862 Abs. 1 Satz 2, 1004 Abs. 1 Satz 2 BGB geregelten Unterlassungsansprüchen als quasi-negatorischer bezeichnet und bei rechtswidriger Verletzung aller von der Rechtsordnung geschützter Rechte und Interessen gewährt wird (*Teplitzky*[6] Kap. 2 Rdn. 4–8). Der Unterlassungsanspruch erfordert kein Verschulden, sondern nur den objektiv rechtswidrigen Eingriff (RGZ 60, 6, 7).

60 Er setzt eine **Wiederholungsgefahr** als materiell-rechtliches Tatbestandsmerkmal (s. *Köhler* Vor § 13 B Rdn. 27) voraus, die aus der Befürchtung resultiert, eine einmal begangene rechtswidrige Handlung werde erneut rechtswidrig begangen. Wie im Bereich wettbewerblicher Betätigung (*Köhler* aaO Rdn. 29) begründet die erste Rechtsverletzung regelmäßig die Gefahr ihrer rechtswidrigen Wiederholung. Wo die Rechtsprechung sich mit der Wiederholungsgefahr bei Ehrkränkungen innerhalb wettbewerblicher Betätigung befaßt, stellt sie regelmäßig nur die Frage, ob die Wiederholungsgefahr ausgeräumt sei (BGHZ 3, 270, 278 – *Constanze I*; BGHZ 14, 163, 167 = GRUR 1955, 95 – *Constanze II*). Der Fragestellung liegt die zutreffende Vorstellung zugrunde, daß die Wiederholungsgefahr aus der Wiederholungsmöglichkeit und der Widerholungsabsicht des Verletzers resultiert und es sich bei der Feststellung der Wiederholungsabsicht um eine innere Tatsache in der Person des Verletzers handelt; die Schwierigkeit, diese innere Tatsache darzutun, darf wegen der einmal vorgekommenen Verletzungshandlung nicht dem Verletzten zugemu-
61 tet werden (*Pastor* in Reimer S. 57; *Teplitzky*[6] Kap. 6 Rdn. 9; *Baumbach/Hefermehl* Einl. Rdn. 263 f). Diese Wertung ist für den aus einer Ehrverletzung resultierenden Unterlassungsanspruch auch außerhalb wettbewerblicher Betätigung angebracht. Wiederholungsgefahr wird ferner dadurch begründet, daß der Verletzer sich – sei es innerhalb, sei es außerhalb des Rechtsstreits – seines (vermeintlichen) Rechtes zur Vornahme der Verletzungshandlung berühmt, seinen Antrag auf Abweisung der Unterlassungsklage etwa mit der Darlegung seines vermeintlichen Rechts begrün-

det[78]. Das gilt dann nicht, wenn der Beklagte seinen Klageabweisungsantrag nur auf das Fehlen einer Wiederholungsgefahr stützt oder sonst klarstellt, die Verteidigung des vergangenen Verhaltens diene ausschließlich dem Prozeßzweck (BGH GRUR 1992, 404, 405 – *Systemunterschiede*; krit. dazu *Köhler* zu BGH LM UWG § 1 Nr. 598 – *Pressehaftung* unter Nr. 4 der Anmerkung).

Im Wettbewerbsrecht werden an die Ausräumung der Wiederholungsgefahr **strenge Anforderungen** gestellt. Regelmäßig beseitigt nur ein strafbewehrtes Unterlassungsversprechen die Wiederholungsgefahr (*Köhler* Vor § 13 B Rdn. 34; *Teplitzky*[6] Kap. 7 Rdn. 4 ff mwN). 62

Die für das Wettbewerbsverhältnis geltenden strengen Anforderungen sollten für die **außerwettbewerbliche Ehrverletzung gelockert** werden. Sie rechtfertigen sich im wettbewerblichen Bereich aus der Erfahrung, daß dem für das Handeln zu Wettbewerbszwecken eigentümlichen Gewinnstreben am ehesten mit dem Risiko finanzieller Einbußen zu begegnen ist und es Rechtssicherheit und Rechtsklarheit am meisten dient, wenn dem Unterlassungsgläubiger ein dem gerichtlichen Unterlassungstitel gleichwertiger vertraglicher Anspruch gewährt wird (*Pastor* bei Reimer S. 67), Diese Erwägungen können für Unterlassungsansprüche aus Anlaß der Verletzung der persönlichen oder geschäftlichen Ehre außerhalb des wettbewerblichen Bereichs nicht im selben Maße Geltung beanspruchen. Es fehlt regelmäßig das Bedürfnis, der aus einem Gewinnstreben resultierenden Verlockung zur Wiederholung des Eingriffs durch das Risiko wirtschaftlicher Nachteile zu begegnen. Deshalb sollten je nach den Umständen des Einzelfalles, etwa der Seriosität des Verletzers, dem Motiv seines Handelns, auch unbewehrte Unterlassungsversprechen, denen ein ernsthafter Abkehrwille zugrunde liegt, zur Ausräumung der Wiederholungsgefahr genügen[79]. Es kommt auf die Umstände an, unter denen die ehrverletzende Mitteilung gemacht wurde. Bestand ein enger Zusammenhang zu einem bestimmten Verfahren, so kann die Wiederholungsgefahr entfallen sein, wenn dessen Aktualität geschwunden ist (BGH GRUR 1969, 236, 238 – *Ostflüchtlinge*). Bei Presseveröffentlichungen, Rundfunk- und Fernsehsendungen kommt es darauf an, ob der Gegenstand der Mitteilung eine Wiederholung erwarten läßt, wobei allerdings auch bei aktuellen Reportagen an die Möglichkeit zusammenfassender Übersichten zu denken ist[80]. 63

Wenn der rechtswidrige Eingriff noch nicht vorgenommen ist, aber drohend bevorsteht, kommt zu seiner Abwehr die **vorbeugende Unterlassungsklage** in Betracht (vgl. dazu näher *Köhler* Vor § 13 B Rdn. 75–85). Ihre materielle Tatbestandsvoraussetzung ist die Begehungsgefahr, das ist die aufgrund konkreter Umstände gerechtfertigte Befürchtung zukünftiger Rechtsverletzung. Sie gewährt den Unterlassungsanspruch auch in den Fällen, in denen die erste Äußerung einer unrichtigen ehrkränkenden Tatsachenbehauptung durch Wahrnehmung berechtigter Interessen gerechtfertigt war, jedoch ihre Wiederholung nach Aufdeckung der Unwahrheit zu besorgen ist (RGRK/*Steffen* § 824 Rdn. 53), da es ein berechtigtes Interesse an der Wiederholung einer als unwahr erkannten ehrkränkenden Tatsachenbehauptung 64

[78] BGH 3, 270, 278 – *Constanze I*; BGH GRUR 1953, 37, 40 – *Ein- und Verkaufsgenossenschaft*; BGHZ 14, 163, 167 = GRUR 1955, 95 – *Constanze II*; BGH GRUR 1992, 404, 405 – *Systemunterschiede* – st. Rspr.

[79] So das OLG Köln, GRUR 1964, 560 – *Goldmünzen* – schon für das unbewehrte Unterlassungsversprechen einer bundesdeutschen Großbank im wettbewerblichen Bereich; bedenklich; vgl. dazu auch – krit. – *Teplitzky*[6] Kap. 7 Rdn. 7–9.

[80] BGH GRUR 1961, 138, 140 – *Familie Schölermann*; BGH GRUR 1966, 157, 159 – *Wo ist mein Kind?*, *v. Gamm* § 48 Rdn. 32 zu Fn. 129–131.

nicht gibt; „unrichtige Information ist unter dem Blickwinkel der Meinungsfreiheit kein schützenswertes Gut“[81].

65 Es besteht ein Anspruch auf Unterlassung auch solcher ehrkränkender Tatsachenbehauptungen, deren Unwahrheit zwar nicht bewiesen, deren Wahrheit aber ebensowenig nachgewiesen ist (nicht erweislich wahre ehrverletzende Tatsachen, s. o. Rdn. 35). Allerdings sind Entstehung und Reichweite des Unterlassungsanspruchs in diesem Fall an der Wertung des Art. 5 Abs. 1 Satz 1 GG auszurichten, die dem Kritiker in Fragen von politischer Bedeutung, an deren Erörterung die Allgemeinheit ein Interesse hat, auch solche ehrenrührige Beschuldigungen erlauben kann, die er mit den ihm zur Verfügung stehenden Mitteln nicht beweisen kann, wenn er nur auf die Zweifel, die seiner Behauptung innewohnen, die Beschränktheit seiner Verifizierungsmittel, hinweist[82].

66 Das Gebot der umfassenden Güter- und Interessenabwägung gibt dem über den Unterlassungsanspruch entscheidenden Richter einen weiten Spielraum abgestufter Möglichkeiten zu Äußerungsverboten und Auflagen für klarstellende Zusätze, ohne daß darin ein unzulässiger Eingriff in die Gestaltungsfreiheit eines Autors läge (BGH GRUR 1980, 1099, 1102 – *Das Medizin-Syndikat II*). Jedoch kommt ein **Feststellungsurteil** als minus an Stelle eines einzuschränkenden Unterlassungsanspruchs nicht in Betracht (BGH NJW 1977 1288, 1290 – *Abgeordnetenbestechung*), denn es vertrüge sich nicht mit der Aufgabe des Zivilrichters, sich in den Konflikt der Parteien dahin einspannen zu lassen, daß er an Stelle der Parteien eine zwischen diesen umstrittene Tatsachenfeststellung zu treffen hätte.

67 Für den außerwettbewerblichen Ehrenschutz gilt wie für den wettbewerblichen Unterlassungsanspruch der Grundsatz, daß er sich an der konkreten Verletzungsform orientieren, die Frage, welches Verhalten dem Verbot unterfällt, für die Parteien und das Vollstreckungsgericht eindeutig beantworten und das zu untersagende Verhalten deshalb so konkret beschreiben muß, wie dies erforderlich ist, um bei künftigen Verstößen die Entscheidung, ob eine Zuwiderhandlung vorliegt, nicht erst dem Vollstreckungsgericht zu überlassen[83].

68 b) Eine scharfe Waffe gegen den Ehrverletzer bildet der **Beseitigungsanspruch.** Er kommt als quasi-negatorischer in entsprechender Anwendung des § 1004 BGB in Betracht und als schadensersatzrechtlicher, gerichtet auf Wiederherstellung des störungsfreien Zustandes durch Naturalleistung (BGHZ 34, 99, 102). Entsprechend der unterschiedlichen rechtlichen Grundlage haben beide Ansprüche unterschiedliche Voraussetzungen und Reichweite.

69 Der Beseitigungsanspruch ist auf einen **Widerruf** der ehrkränkenden Behauptung ausgerichtet. Als quasi-negatorischer setzt er lediglich voraus, daß die ehrkränkende Behauptung einen fortdauernden Zustand geschaffen hat, der sich für den Verletzten als eine stetig neu fließende und fortwirkende Quelle der Schädigung und Ehr-

---

[81] BVerfGE 12, 113, 130 – *Schmid/Spiegel*; BVerfGE 54, 208, 219 = GRUR 1980, 1087 – *Heinrich Böll*; BGH NJW 1979, 266, 267 – *Palamentarischer Untersuchungsausschuß*; BGH GRUR 1980, 1099, 1101 – *Medizin-Syndikat II*; s. ferner oben Rdn. 33 und Fn. 54.

[82] BGHZ 31, 308, 318 = GRUR 1960, 449 – *Alte Herren*; BGH NJW 1977, 1288, 1289 – *Abgeordnetenbestechung*; BGH NJW 1979, 266, 267 – *Palamentarischer Untersuchungsausschuß*.

[83] BGH GRUR 1986, 898, 900 – *Frank der Tat; Köhler* aaO Rdn. 25; ferner unten Rdn. 285, 286 und zu Fragen der Unterlassungsantragsformulierung allgemein *Jacobs* Vor § 13 D Rdn. 96–164.

verletzung darstellt[84]. Ein Verschulden ist nicht erforderlich. Neben dem Unterlassungsanspruch besteht er als selbständiger Anspruch (RGZ 148, 114, 123), der deshalb auch einer eigenen Verjährungsfrist unterliegt (s. *Messer* § 21 Rdn. 77). Vom Unterlassungsanspruch unterscheidet der Widerrufsanspruch sich darin, daß jener nach § 890 ZPO, dieser nach §§ 887, 888 ZPO durchzusetzen ist. Auch wenn beide parallel laufen, wo die Nichtbeseitigung gleichbedeutend mit der Fortsetzung der Verletzungshandlung ist (*Baumbach/Hefermehl* Einl. Rdn. 307), decken beide sich nicht[85].

Der Widerruf ist die Erklärung, daß die Äußerung des Widerrufenden unrichtig, unwahr gewesen sei (*Teplitzky*[6] Kap. 26 Rdn. 4). Der Anspruch auf Abgabe dieser Erklärung setzt voraus, daß die Unwahrheit der zu widerrufenden Behauptung feststeht (BGHZ 37, 187, 189 = GRUR 1962, 652 – *Eheversprechen*). Mit der Erklärung, eine Äußerung sei unwahr gewesen, ist regelmäßig eine Demütigung verbunden; die Verurteilung zu ihrer Abgabe enthält einen gravierenden Eingriff in die Willensfreiheit des Verurteilten. Deshalb erfordern die Zubilligung dieses Anspruchs und die Fassung der Widerrufserklärung eine besonders sorgfältige Güter- und Interessenabwägung[86]. 70

In **eingeschränkten Umfange** kommt der Widerrufsanspruch indessen auch in Betracht, wo Wahrheit oder Unwahrheit der ehrkränkenden Behauptung nicht zu klären sind oder wo eine wahre Behauptung sich nur als unvollständig erweist, wie etwa der Bericht über eine strafrechtliche Verurteilung, wenn später im Rechtsmittelverfahren ein Freispruch erfolgt. Ebenso kann ein eingeschränkter Beseitigungsanspruch bestehen, wenn die Aufstellung der ehrkränkenden Behauptung durch ein berechtigtes Interesse des Verletzers gerechtfertigt war, die Aufrechterhaltung des Störungszustandes aber wegen inzwischen erwiesener Unwahrheit der Behauptung oder ihrer Nichterweislichkeit nicht mehr berechtigt ist (BGH JZ 1960, 701, 702 – *La Chatte*; BGHZ 37, 187, 190 – *Eheversprechen*; BGHZ 57, 325, 328). Der beschränkte Beseitigungsanspruch darf bei nicht feststehender Unwahrheit der ehrkränkenden Behauptung dem Verletzer nicht eine Erklärung abverlangen, die der ungeklärten Beweislage nicht entspricht, also nicht den Widerruf, die Zurücknahme der Behauptung fordern, sondern nur deren Einschränkung, Richtigstellung nach Maßgabe der ungeklärten Beweislage, etwa dahin, daß die Behauptung nicht aufrecht erhalten werde. Ebenso einzuschränken ist der Richtigstellungsanspruch im Falle ursprünglich gerechtfertigter, nachträglich aber als unrichtig erkannter und deshalb nicht mehr zu rechtfertigender ehrkränkenden Tatsachenbehauptungen. Dem Pressebericht über eine Verurteilung muß der über den späteren Freispruch folgen. Wo es um eine aus dem persönlichen Verhältnis zwischen Angreifer und Angegriffenem stammende Tatsachenbehauptung geht, deren Richtigkeit oder Unrichtigkeit unaufgeklärt bleibt, kann auch ein eingeschränkter Widerrufsanspruch, weil übermäßig belastend, abzulehnen sein, wenn eben wegen des persönlichen Bezugs der Ehrkränkung die Öffentlichkeit, in der der eingeschränkte Widerruf zu 71

---

[84] RGZ 148, 114, 123; RGZ 163, 210, 215; BGHZ 3, 270, 275 – *Constanze I*; BGHZ 14, 163, 173 – *Constanze II*; grundlegend *Eugen Ulmer* ZAKDR 1936, 538; Einzelheiten bei *Köhler* Vor 13 B Rdn. 125 ff und *Teplitzky*[6] Kap. 26 Rdn. 3–19.

[85] *Köhler* Vor § 13 B Rdn. 127; näher dazu *Jacobs* Vor § 13 D Rdn. 202 ff und *Teplitzky*[6] Kap. 22 Rdn. 3–6 sowie BGH GRUR 1992, 527, 528 – *Plagiatsvorwurf II*.

[86] BGHZ 31, 308, 313 = GRUR 1960, 449 – *Alte Herren*; BGH GRUR 1992, 527, 528 – *Plagiatsvorwurf II; Kübler* AcP 172, 171, 181; näher dazu *Teplitzky*[6] Kap. 26 Rdn. 17–19 und *Köhler* Vor § 13 B Rdn. 170 f.

erklären wäre, darin doch nur die Zurücknahme der angegriffenen Behauptung verstünde (BGHZ 37, 187, 189, 190 = GRUR 1962, 652 – *Eheversprechen*).

72 Immer sind dem Beseitigungsanspruch zugänglich nur ehrkränkende **Tatsachenbehauptungen**, nicht Meinungsäußerungen und Werturteile[87]. Die Rechtsprechung, die Sachverständigengutachten als Werturteile ansieht, auch soweit ihr Zweck die Feststellung von Tatsachen ist (s. o. Rdn. 5 zu Fn. 3 und ausführlich unten Rdn. 93, 206), würde den Widerrufsanspruch ausnahmsweise gewähren, wenn die der Schlußfolgerung des Sachverständigen vorausgehende methodische Untersuchung oder die zum Ergebnis führende Anwendung spezieller Kenntnisse und Fähigkeiten nur vorgetäuscht oder grob leichtfertig vorgenommen worden sind. Nach Ansicht des BGH verliert das Gutachten durch solche Mängel seinen Charakter als Werturteil[88]. Ausgeschlossen ist der Widerruf solcher ehrkränkender Behauptungen, die gegenüber keinem anderen als dem Verletzten erfolgt sind (BGHZ 10, 104, 105; *Kübler* aaO S. 181). Hat die Ehrkränkung nur im kleinen Kreis, etwa einer Aktionärsversammlung, stattgefunden, so ist sie auch nur dort zu widerrufen[89].

73 Das **BVerfG** billigt dem zum Widerruf Verurteilten zu, in seiner Widerrufserklärung auszusprechen, daß er den Widerruf (nur) in Erfüllung des gegen ihn ergangenen rechtskräftigen Urteils erkläre[90]. *Schwerdtner* (MK § 12 Rdn. 352) und *Mackeprang* (aaO S 252 ff) warnen mit Recht davor, daß es dann in bedenklichem Maße der Formulierungskunst des Widerrufenden überlassen bleibt, die Beleidigung in seiner Widerrufserklärung verdeckt zu wiederholen. Als Bestandteil des Beseitigungsanspruchs kann dem Verletzten zugebilligt werden, das Unterlassungsurteil auf Kosten des Verletzers zu veröffentlichen[91]. Als unnötige Konzession an die Gefühle des Verletzers erscheint die Erwägung des BGH, es könne die Veröffentlichung des Unterlassungsurteils zur Abwendung des Beseitigungsanspruchs ausreichen (BGH GRUR 1966, 272, 274 – *Arztschreiber*; BGH GRUR 1992, 527, 529 f – *Plagiatsvorwurf II*).

74 Dem **schadensersatzrechtlichen Beseitigungsanspruch** wird nachgesagt, daß ihm neben dem negatorischen Anspruch auf Beseitigung der rechtswidrigen Rufstörung keine Bedeutung mehr zukomme, weil dieser von wesentlich geringeren Voraussetzungen abhängig ist als die deliktsrechtliche Begründung (MK/*Schwerdtner* § 12 Rdn. 337). Das ist nur bedingt richtig. Zwar erfordert der deliktische Beseitigungsanspruch außer der Feststellung einer fortwirkenden Störung auch die Bewertung des Eingriffs als rechtswidrig und schuldhaft. Hat jedoch bei dieser Wertung die gebotene Güter- und Interessenabwägung bereits stattgefunden, so ist der Umfang

---

[87] BGHZ 10, 104, 105; BGH LM Nr. 36 zu § 823 BGB (Ah); BGH GRUR 1978, 258, 259 – *Schriftsachverständiger*; BGH GRUR 1988, 402, 403 – *Mit Verlogenheit zum Geld*; BGH GRUR 1989, 536, 537 – *Ärztliche Diagnose*; BGH GRUR 1992, 527, 529 – *Plagiatsvorwurf II*.

[88] BGH GRUR 1978, 258, 260 – *Schriftsachverständiger*, m. zust. Anm. v. *Bielenberg* (krit. allerdings *Teplitzky*[6] Kap. 26 Rdn. 8 mit Fn. 8); ebenso für den Fall der wissenschaftlichen Abhandlung BGH NJW 1966, 647, 648 – *Reichstagsbrand*.

[89] OLG Dresden JW 1928, 2098; BGHZ 98 198, 202 = GRUR 1984, 301 – *Aktionärsversammlung*; *v. Gamm* § 48 Rdn. 38 zu Fn. 157; *Eugen Ulmer* ZAKDR 1936, 539.

[90] BVerfGE 28, 1, 9, 10 – *Strauß/Spiegel*; ebenso BGHZ 68, 331, 333 = GRUR 1977, 674 – *Abgeordnetenbestechung*.

[91] RG HRR 1931, 1307; BGH GRUR 1957, 231, 237 – *Pertussin/Taeschner*; BGH GRUR 1966, 272, 274 – *Arztschreiber*; BGHZ 99, 133, 136 = GRUR 1987, 189 – *Veröffentlichungsbefugnis beim Ehrenschutz*; *v. Gamm* § 48 Rdn. 36; *Köhler* Vor § 13 B Rdn. 189–191; *Teplitzky*[6] Kap. 26 Rdn. 23–35 krit. dazu MK/*Schwerdtner* § 12 Rdn. 353.

des Beseitigungsanspruchs danach nur noch an den Bedürfnissen des Verletzten auszurichten (§ 249 BGB). Eine neuerliche Berücksichtigung der Interessen des Verletzers bei der Wahl des Beseitigungsmittels ist unangebracht. Darin liegt die Rechtfertigung für die Ansicht des BGH, es seien auch wissenschaftliche Abhandlungen und Sachverständigengutachten – obwohl grundsätzlich als Werturteile zu behandeln – dem Widerrufsanspruch zugänglich, wenn die der Schlußfolgerung vorausgehende methodische Untersuchung oder die zum Ergebnis führende Anwendung nur vorgetäuscht oder grob leichtfertig falsch vorgenommen worden sind (vgl. oben Rdn. 72 und Fn. 88).

Die **Zubilligung der Veröffentlichungsbefugnis** setzt nicht voraus, daß der Verletzer zur Unterlassung verurteilt sei. Es kann vielmehr auch die Veröffentlichung einer vertraglich (durch strafbewehrte Unterlassungserklärung) übernommenen Unterlassungsverpflichtung zur Beseitigung der Störungsquelle geboten sein[92]. 75

c) **Schadensersatz in Geld** ist im Falle rechtswidriger und schuldhafter Ehrverletzung zu leisten. An einen Vermögensschaden, der durch Geldleistung auszugleichen ist, läßt sich in erster Linie bei betriebsbezogenen und kreditschädigenden Äußerungen denken, also im Anwendungsbereich der §§ 14 UWG, 824 BGB. Erstattungsfähige Vermögensschäden können die Aufwendungen sein, die der Beleidigte zur Aufklärung, zur Richtigstellung oder zur Wiederherstellung seines Rufs gemacht hat, etwa durch Rundschreiben, Zeitungsanzeigen, Werbebemühungen[93]. Der erstattungsfähige Aufwand wird begrenzt durch seine Erforderlichkeit, also das, was ein vernünftiger, wirtschaftlich denkender Mensch nach den Umständen des Falles zur Beseitigung der Störung oder zur Schadensverhütung als erforderlich getan hätte (BGHZ 66, 182, 192 = GRUR 1976, 651 – *Der Fall Bittenbinder*). Der Anspruch wird auch als sogenannte „Ersparnisbereicherung" bezeichnet und – auf §§ 812, 818 BGB gestützt – dem gleichgesetzt, was der Verletzer selbst zur Beseitigung der von ihm verursachten Störung hätte aufwenden müssen. 76

Schadensersatz in Geld zum Ausgleich eines immateriellen, nur in der Verletzung des Persönlichkeitsrechts bestehenden Schadens kann außer auf § 823 Abs. 1 BGB auch auf §§ 823 Abs. 2 in Verbindung mit 186 StGB gestützt werden (BGH GRUR 1986, 190, 192 – *Wehrmachtsoffizier*). Der Entschädigungsanspruch kann neben dem Widerrufsanspruch bestehen (BGH NJW-RR 1988, 733). Einer Personengesellschaft steht eine Geldentschädigung zum Ausgleich immaterieller Nachteile nicht zu (BGHZ 78, 24, 27 = GRUR 1980, 1090 – *Das Medizin-Syndikat I*, m.zust.Anm. v. *Gisela Wild* aaO § 1011, 1012). 77

d) Gegenüber in Presse, Rundfunk und Fernsehen aufgestellten Tatsachenbehauptungen, durch die Personen betroffen werden, gewähren die Landespressegesetze sowie Rundfunkgesetze und Rundfunkstaatsverträge den **Gegendarstellungsanspruch**, der dazu bestimmt ist, Waffengleichheit zwischen Medien und Betroffenen zu schaffen. Demjenigen, dessen Angelegenheiten in den Medien öffentlich erörtert worden sind, wird ein Anspruch gewährt, an gleicher Stelle, mit derselben Reichweite mit seiner eigenen Darstellung zu Wort zu kommen. Der Anspruch ist besonders wertvoll wegen seiner leichten Durchsetzbarkeit[94]. 78

---

[92] BGHZ 99, 133, 137 = GRUR 1987, 189 – *Veröffentlichungsbefugnis beim Ehrenschutz; Stürner* GutA S 75; näher dazu – jeweils mwN – *Köhler* Vor § 13 B Rdn. 189 und *Teplitzky*[6] Kap. 26 Rdn. 22 mit Fn. 39.

[93] RG HRR 1929, 1093; BGHZ 66, 182, 191 = GRUR 1976, 651 – *Der Fall Bittenbinder*; BGHZ 70, 39, 42 = GRUR 1978, 187 – *Alkoholtest*; BGH GRUR 1979, 804, 805 – *Falschmeldung*, näher dazu *Köhler* Vor § 13 B Rdn. 193–198 und 312 ff sowie *Teplitzky*[6] Kap. 26 Rdn. 36 ff und Kap. 34 Rdn. 5 ff.

[94] BVerfGE 63, 131, 142 = GRUR 1983 316 – *Gegendarstellung*; vgl. aber auch – krit. gegen-

6. Beweislasten

79 Der Verletzte trägt die **Beweislast für die Unwahrheit** der Tatsachen-Aussage und deren Erkennbarkeit für den Verletzer (zu Beweislastfragen allgemein *Hoffmann NJW 1966, 1200ff). Nach der Rechtsprechung des BGH (GRUR 1975, 36, 38 – Arbeitsrealitäten*) soll den Verletzer eine erweiterte Darlegungslast treffen, die zum Ergebnis hat, daß beeinträchtigende Tatsachenbehauptungen ohne Rücksicht auf die Beweislast schon dann als unrichtig angesehen werden können, wenn der Verletzer im Rechtsstreit eine nähere Substantiierung verweigert, die ihm möglich sein müßte. Zur Kritik daran und zur Einschränkung dieser Ansicht im späteren Urteil des BGH vom 17. 2. 1987 (GRUR 1987, 397 – *Insiderwissen*) s. o. Rdn. 21.

80 Für den **Unterlassungsanspruch** kommt dem Verletzten die in das Zivilrecht transponierte **Beweisregel** des § 186 StGB zugute (vgl. zuletzt BGH NJW 1993, 930, 931). Ebenso wirkt sich im Zivilrecht die Beweisregel des § 190 StGB aus (s. o. Rdn. 40). Für den **Widerrufsanspruch gilt die Beweiserleichterung aus § 186 StGB nicht;** das ist eine Folge der gebotenen Abwägung des zivilrechtlichen Ehrenschutzes gegenüber den persönlichkeitsrechtlichen Belangen des Verletzers (BGHZ 69, 181, 183). Es ist folgerichtig, diese Beweiserleichterung dann auch für den Anspruch auf Ersparnisbereicherung, Ersatz eigener Beseitigungskosten und den deliktischen Beseitigungsanspruch zu versagen.

81 Ist der Verletzte das Opfer ehrverletzender Behauptungen geworden, die sich teilweise als wahr, teilweise als unwahr darstellen, so muß er beweisen, daß gerade der unwahre Teil ihm Schaden zugefügt hat (BGH GRUR 1987, 316, 318 – *Türkeiflug II*). Da es sich um den Nachweis der schadensbegründenden Kausalität handelt, gilt nicht das dem Richter in § 287 ZPO eingeräumte Schätzungsermessen.

82 Beruft sich der Verletzer auf die **Wahrnehmung berechtigter Interessen**, so ist für die gebotene Güterabwägung die Wahrheit der behaupteten Tatsache solange zu unterstellen, als die Unwahrheit nicht festgestellt ist. Wird auf der Grundlage dieser Unterstellung ein berechtigtes Interesse an der Äußerung bejaht, so trifft den Verletzten die Beweislast für die Unwahrheit der Behauptung, soweit er Schadensersatz oder Widerruf verlangt[95].

IV. Grundzüge der Haftung aus § 824 BGB

83 Die Norm bezweckt den **deliktischen Schutz der wirtschaftlichen Interessen Einzelner gegenüber der Beeinträchtigung durch falsche Tatsachenbehauptung.** Ihre Aufnahme in das BGB als selbständiger Deliktstatbestand verdankt sie der Erkenntnis, daß nach der Abkehr von der ursprünglichen Absicht, die Ehre in den Katalog der besonders geschützten Rechtsgüter (§ 823 Abs. 1 BGB) aufzunehmen, der durch Transponierung des strafrechtlichen Ehrenschutzes über § 823 Abs. 2 in das BGB erreichte zivilrechtliche Ehrenschutz lückenhaft bleibe, weil er die Geltung des Beleidigten im Wirtschaftsleben nicht erfasse (zur Entstehungsgeschichte BGH GRUR 1964, 162, 164 – *E-Orgeln*, m.Anm. v. *Reimer*). Mit § 14 UWG hat die Vorschrift das Schutzobjekt – Geschäftsehre, Kredit – gemein; abweichend von § 14 UWG

über seinem Wert – *Teplitzky*[6] Kap. 26 Rdn. 20f sowie näher *Köhler* Vor § 13B Rdn. 186–188.

[95] BGH GRUR 1986, 188, 190 – *Türkeiflug I*; BGH VersR 1987, 1016, 1017 – *Chemiegift einfach weggekippt*; BGH GRUR 1989, 781, 783 – *Wassersuche*.

verlangt sie kein Handeln des Verletzers zu Zwecken des Wettbewerbs. Damit Hand in Hand geht – verglichen mit § 14 UWG – eine deutliche Verbesserung der Verteidigungsmöglichkeiten des Verletzers (*Brinkmann* WRP 1979, 265).

1. Tatbestand

Tatbestand ist die wahrheitswidrige Behauptung oder Verbreitung von Tatsachen mit objektiver Eignung zur Kreditgefährdung oder zur sonstigen nachteiligen Beeinflussung von Erwerb oder Fortkommen eines anderen. 84

a) Damit stellt sich die Aufgabe einer Definition des Begriffs der **Tatsache**. Diese Definition wird seit jeher vorgenommen, indem man den Begriff der Tatsache dem des **Werturteils** (oder gleichbedeutend der **Meinungsäußerung**) gegenüberstellt und den einen mittels der Bedeutung des anderen zu erklären versucht[96]. Als Tatsache im Sinne des § 824 BGB (wie der §§ 186 StGB, 14 UWG) wurde vom Reichsgericht etwas Geschehenes oder Bestehendes, in Vergangenheit oder Gegenwart in der Wirklichkeit zutage Getretenes bezeichnet, das dem Wahrheitsbeweis oder Unwahrheitsbeweis zugänglich ist. Die an Beweisbarkeit anknüpfende Definition wird wesentlich beeinflußt von der Aufgabe, den Begriff der Tatsachen so zu bestimmen, daß er mit den Adjektiven „wahr" oder „unwahr" in Verbindung gebracht werden kann[97]. *Wenzel* (aaO Rdn. 4.32) will in der Rechtsprechung des BGH seit einigen Jahren eine vorsichtige Abkehr vom Kriterium der Beweisbarkeit für die Definition des Begriffs der Tatsache beobachtet haben, an deren Stelle die Unterscheidung zwischen Wahrheit und bloßer Richtigkeit getreten sei. Was sich dem Begriffspaar wahr/unwahr zuordnen lasse, sei Tatsachenäußerung; das Begriffspaar richtig/falsch qualifiziere Meinungen, Werturteile. In der Tat verwendet der BGH diese Gegensatzpaare (z. B. BGH GRUR 1978, 258, 259 – *Schriftsachverständiger*), allerdings nur, um daran aufzuzeigen, daß Wahrheit oder Unwahrheit einer Behauptung dem Wahrheitsbeweis zugänglich, die Richtigkeit oder Unrichtigkeit einer Wertung dagegen nicht exakt feststellbar seien (BGH GRUR 1978, 258, 259 – *Schriftsachverständiger*; BGH GRUR 1988, 402, 403 – *Mit Verlogenheit zum Geld*). Für die Rechtsprechung ist daher nach wie vor die Möglichkeit des exakten Nachweises ein wesentliches Merkmal zur Abgrenzung der Tatsachen vom Werturteil, der Meinung (vgl. dazu auch schon näher – mwN – *Köhler* Vor § 13 B Rdn. 151). 85

Die **Literatur** steht dieser Definition kritisch gegenüber. *Wenzel* hält das Kriterium der Beweisbarkeit für ungeeignet, weil es in der Praxis, in der Sachverhalte sich oft nicht einwandfrei beweisen, sondern nur bis zu einem gewissen Grade wahrscheinlich machen lassen, häufig versage (aaO Rdn. 4.32 ff; so auch schon RGZ 156, 1, 11 und jetzt *Köhler* aaO Rdn. 152). Die Unterscheidung zwischen Wahrheit und Richtigkeit kritisiert *Wenzel*, weil im Bereich des Äußerungsrechts, wo es um eine sprachliche Darstellung einer Erkenntnis gehe, die durch Subsumtion von Sachverhalten und Empfindungen unter sprachliche Begriffe erfolge, Äußerungen unvermeidlich Wertungen enthielten (aaO Rdn. 4.34). *Steffen* erachtet die Unterscheidung zwischen Tatsachenbehauptung und Meinungsäußerung als erkenntnis- 86

---

[96] MK/*Mertens* § 824 Rdn. 12; MK/*Schwerdtner* § 12 Rdn. 343; RGRK/*Steffen* § 824 Rdn. 12; *Staudinger/Schäfer* § 824 Rdn. 14; *Dreher/Tröndle* § 186 Rdn. 1, 2; *Schönke/Schröder/Lenckner* § 186 Rdn. 4; umfassend *Wenzel* Rdn. 4.29 ff.

[97] RGSt. 24, 301; 31, 281; 41, 139; RGZ 58, 207, 209; RGZ 101, 135, 138; BGHZ 3, 270, 273 – *Constanze I*; BGH GRUR 1988, 402, 403 – *Mit Verlogenheit zum Geld*, st. Rspr.; ebenso *Helle* S. 13; *Ulmer/Reimer* Rdn. 394.

theoretisch unhaltbar, da keine Tatsachenaussage ohne Wertung möglich sei, die schon bei der Auswahl der Fakten einsetze. Nach *Steffens* Ansicht ist die Unterscheidung nur funktional begründbar anhand der haftungsrechtlichen Aufgaben, die das Gesetz dem Begriff der Tatsachenbehauptungen zum Zwecke der Ausgrenzung von Haftungsfolgen zuweise (RGRK/*Steffen* § 824 Rdn. 12). Die funktionale Bedeutung der Unterscheidung zwischen Tatsachenbehauptung und Meinungsäußerung für die Grenzziehung zwischen Meinungsfreiheit und Ehrenschutz betont auch *Mackeprang* (aaO S. 221, 222 und zu Fn. 350). Nach *Kübler* (AcP 172, 177, 199) handelt es sich um ein linguistisches Konsensproblem: Tatsachenbehauptung sei, was sich nach dem herrschenden Sprachgebrauch als eindeutig richtig oder falsch erweise, sobald der Sachverhalt feststehe, wogegen Meinungsurteil oder Werturteil sei, worüber dann noch gestritten werden könne. *Pärn* (NJW 1979, 2544 f) kritisiert die Unterscheidung zwischen Tatsachenbehauptung und Werturteil, spricht dem Begriff des Werturteils die Berechtigung ab und hält für maßgebend die Differenzierung zwischen Tatsachenmitteilung und Tatsachenbehauptung, wobei er unter der dem § 824 Abs. 1 BGB unterfallenden Tatsachenbehauptung die bekräftigte, besonders qualifizierte, mit gesteigertem Richtigkeitsanspruch auftretende Tatsachenmitteilung versteht. *Baumbach/Hefermehl* (§ 14 Rdn. 3 f) erachten den Unterschied zwischen Tatsache und Werturteil für schlechthin unbrauchbar, weil alle Tatsachen – als objektive Vorgänge verstanden – dem Richter nur in der Form einer mehr oder weniger subjektiven Wertung des Berichtenden entgegenträten; sie knüpfen deshalb allein an die Beweisbarkeit an. *Köhler* (Vor § 13 B Rdn. 152) hält die Abgrenzung von Tatsachenbehauptung und Werturteil im Einzelfall für schwierig, manchmal spitzfindig und selbst wertungsabhängig, weshalb er je von dem Ergebnis einer Interessenabwägung abhängig machen will, ob man den Widerrufsanspruch zubilligt oder versagt.

Gegen die Kritik an der üblichen, vom Reichsgericht überkommenen und an Beweisbarkeit anknüpfenden Definition wendet sich *Schäfer* mit der Erwägung, diese habe sich in der Praxis als brauchbar erwiesen, und es gehe nicht an, zunächst dem Richter den Beurteilungsspielraum festzulegen, ihm also die Entscheidung zu überlassen, bis zu welcher Grenze über die Richtigkeit der Bewertung eines bestimmten Verhaltens noch diskutiert werden könne und wann diese Grenze überschritten sei (*Staudinger/Schäfer* § 824 Rdn. 17).

87 In der Tat sollte der Begriff des **Werturteils** zur Bezeichnung des Gegenpols der **Tatsachenbehauptung** unterbleiben, weil er verschleiert, daß auch Tatsachenurteile nicht Tatsachenbehauptungen, sondern von Meinungsfreiheit gedeckte Wertungen sind. Das ist indessen nur eine Frage der zweckmäßigen Terminologie. Eine brauchbare Definition muß (mit *Steffen*, aaO) davon ausgehen, daß es die Aufgabe der Bestimmung des Begriffs „Tatsache" ist, den Gegenstand einer solchen Äußerung zu bezeichnen, die dem Unterlassungs –, Widerrufs- oder auch Schadensersatzanspruch ausgesetzt sein kann im Gegensatz zur Meinungsäußerung, die den Schutz des Art. 5 Abs. 1 S 1 GG und des Art. 10 EMRK (die selbst zwischen Tatsachenbehauptung und Meinungsäußerung nicht differenziert) genießt und deshalb dem Äußernden diese möglichen Sanktionen erspart. Die Grenzziehung hat sich danach zu orientieren, welche Wertung dahinter steht, unwahre Tatsachenbehauptungen den genannten Sanktionen auszusetzen, die Äußerung unrichtiger Meinungen dagegen zu privilegieren.

88 Mit dem **Grundrecht der Meinungsfreiheit** ist jedermann die Berechtigung gewährt, frei zu sagen, was er denkt, auch wenn er keine nachprüfbaren Gründe für sein Urteil angibt, mit seiner Meinungsäußerung geistige Wirkung auf seine Umgebung zu üben, sich meinungsbildend zu betätigen. Meinungsäußerung ist Überzeugungsversuch, gerichtet auf die Beeinflussung des Denkens, der Überzeugung ihrer Adressaten[98]. Meinungsäußerungen wirken auf Hörer oder Leser daher in dem Sinne ein, Zustimmung zu finden oder auf Ablehnung zu stoßen. Indem sie an die Überzeugung appellieren, regen sie beim Adressaten eine eigene Abwägung an. Die Privilegierung des Art. 5 Abs. 1 S 1 GG gebührt Meinungsäußerungen, weil sie sich im Bereich der Gedanken des Äußernden und Adressaten bewegen, Zustimmung erheischen, aber die Möglichkeit offen lassen, auf Ablehnung zu stoßen.

Die **Tatsachenbehauptung** dagegen nimmt eigenen Nachdenkens nicht bedürfende Geltung in Anspruch. Sie berichtet vom Wissen, nicht vom Dafürhalten, und ist bestimmt, Wissen zu bereichern, nicht Überzeugung zu bilden. Ihr absoluter Geltungsanspruch erhöht ihre Gefahr für den Betroffenen und rechtfertigt die Sanktion. Weil die Tatsachenbehauptung mit dem Anspruch der Beweisbarkeit auftritt, ist es gerechtfertigt, diesen Anspruch zum Abgrenzungsmerkmal von der Meinungsäußerung zu erheben, wie Unbeweisbarkeit äußerliches Merkmal der Meinungsäußerung ist (EGMR NJW 1987, 2183, 2144 – *Fall Linges gegen Österreich*). **89**

Darüber, ob eine Tatsachenbehauptung vorliegt, ist aus der **Sicht des objektiven unbefangenen Empfängers** der Mitteilung und nicht aus der des Äußernden zu entscheiden. Nicht maßgebend ist daher, was der Verletzer zum Ausdruck bringen wollte, sondern wie dem unbefangenen durchschnittlichen Hörer oder Leser seine Äußerung erschien[99]. Bei gemischten Aussagen, bei denen Tatsachenvorbringen nur dazu dient, eine Meinungsäußerung zu begründen oder eine Tatsachenaussage in eine Meinungsäußerung eingekleidet ist, entscheidet über die Einordnung der Äußerung als Tatsachenbehauptung oder Meinungsäußerung der Gesamteindruck (vgl. BGH VersR 1989, 1048; BGH NJW 1993, 930, 931 mwN; BGH NJW 1993, 525, 526 f – *Ketten-Mafia*) nach dem Verständnis des durchschnittlichen Hörers oder Lesers, an den die Äußerung sich wendet (BGHZ 45, 296, 303, 304 = GRUR 1966, 693 – *Höllenfeuer*). Kommen dem Tatsachengehalt wie der Meinungsäußerung in einer zusammengesetzten Erklärung je selbständige Bedeutung zu, dann ist die Äußerung nach beiden Aspekten zu beurteilen[100]. Generell läßt sich sagen, daß die Unterscheidung zwischen Meinungsäußerung und Tatsachenbehauptung vom gewählten Maß an Substantiierung abhängig ist (BGH NJW 1993, 930, 931); je substanzreicher, desto eher ist eine Tatsachenbehauptung anzunehmen; je unbestimmter, dann tatsachenärmer, desto eher liegt eine Meinungsäußerung vor, wobei die Gleichwertigkeit von Ehrenschutz und Meinungsfreiheit es (anders als noch in BGHZ 3, 270, 273 – *Constanze I* angenommen) nicht mehr rechtfertigt, die Grenze zwischen Tatsachenbehauptungen und Meinungsäußerungen zugunsten der Tatsachenbehauptungen möglichst weit zu ziehen. Vielmehr wird im Zweifel Meinungscharakter anzunehmen sein (BVerfG AfP 1992, 53, 55). **90**

Nicht in die Kategorien von Tatsachenbehauptung oder Meinungsäußerung passen **Fragen**, da sie keine Aussage machen, sondern eine solche herbeiführen wollen. **91**

---

[98] BVerfGE 7, 198, 210 – *Lüth*; BVerfGE 42, 163, 170; *Deutschland-Stiftung*; BVerfGE 60, 234, 240, 241 = GRUR 1982, 498 – *Kredithaie*; BVerfGE 61, 1, 11 – *NPD Europas*; BVerfG AfP 1992, 53, 55 – *Kritische Bayer-Aktionäre.*

[99] RG JW 1926, 1185; BGH GRUR 1970, 254, 255 – *Remington*; BGH NJW 1981, 1089, 1095 – *Der Aufmacher I* (insoweit nicht in GRUR 1981, 437); *Baumbach/Hefermehl* § 14 Rdn. 3.

[100] BGH GRUR 1968, 314, 316 – *Fix und clever*; BVerfG AfP 1992, 53, 55 – *Kritische Bayer-Aktionäre; v. Gamm* § 49 Rdn. 12.

Da Fragen im Unterschied zu Tatsachenbehauptungen nicht falsch sein können, sind sie unter dem Blickpunkt der Meinungsfreiheit regelmäßig Werturteilen gleichzuachten. Allerdings können auch Aussagesätze in Frageform gekleidet werden (rhetorische Frage); sie sind wie Tatsachenbehauptungen zu behandeln. Im Zweifel ist im Interesse eines wirksamen Grundrechtschutzes von einem weiten Fragebegriff auszugehen (BVerfG AfP 1992, 51, 52 – *Arbeitskreis Umwelt und Frieden*).

92 Aus der Rechtsprechung sind als **Beispielsfälle** für die Abgrenzung von Tatsachenbehauptung und Meinungsäußerung anzuführen:

Es ist bedenklich, die Bezeichnung „rechtsradikales Hetzblatt" für eine politische Zeitschrift nicht ausschließlich als Meinungsäußerung aufzufassen (BVerfGE 42, 143, 152 – *Deutschland-Magazin*). Die Äußerung von Rechtsauffassungen wie der Vorwurf strafbarer Handlungen (BGH GRUR 1965, 206, 207 – *Volkacher Madonna*), die Bezeichnung der Männer des 20. Juli 1944 als Mörder, Verbrecher (BGH VersR 1974, 1080, 1081), die Erhebung des Vorwurfs illegaler Kassenarztpraxis (BGH GRUR 1982, 631 – *Klinikdirektoren*) ist Meinungsäußerung. Meinungsäußerung ist auch der in Rundschreiben gegenüber der Kundschaft des Angegriffenen erhobene Vorwurf, mit der Herstellung und dem Vertrieb eines bestimmten Produkts greife der Angesprochene rechtswidrig in Patente des Äußernden ein (RGZ 88, 437, 438). Für den Vorwurf wettbewerbswidrigen Verhaltens durch den Verkauf unter gebundenen Endpreisen hat der BGH (GRUR 1970, 254, 256 – *Remington*) die Einordnung offen gelassen. In der Äußerung, ein Geschäftsführer „betrüge Landesbeamte", liegt eine Tatsachenbehauptung (BGH GRUR 1982, 633, 634 – *Geschäftsführer*), ebenso in derjenigen, eine Patentverletzung sei urteilsmäßig festgestellt (RG GRUR 1936, 807, 810). Tatsachenbehauptung ist auch die Erhebung des Plagiatsvorwurfs gegenüber einem Verleger (BGH GRUR 1960, 500, 503 – *Plagiatsvorwurf I*) oder Designer (BGH GRUR 1992, 527 – *Plagiatsvorwurf II*).

Wegen völliger Substanzlosigkeit wurden als Meinungsäußerungen gewertet, eine Stiftung sei „von Alt- und Neufaschisten durchsetzt" (BGH GRUR 1975, 208, 209 – *Deutschland-Stiftung*); in Bezug auf bestimmte Hormonpräparate bestehe „Unklarheit über mögliche Gefahren" und würden „täuschende Versprechungen abgegeben" (BGH GRUR 1969, 624 – *Hormoncreme*); Pharmazeuten „verhökerten wertlose Stoffe mit beträchtlichem Gewinn" (BGH GRUR 1969, 555, 557f – *Cellulitis*); es handele sich nicht um „Verantwortungsbewußte am Teppichreinigungsproblem mitarbeitende Fachbetriebe" (BGH GRUR 1968, 205, 208 – *Teppichreinigung*); ein Restaurant habe seinen guten Ruf „in mühevoller Kleinarbeit zerstört" (OLG Nürnberg OLGZ 1981, 118, 119), Buchgemeinschaften betrieben „unlautere Vertreterwerbung" (BGH GRUR 1987, 397, 399 – *Insiderwissen*). Während der Vorwurf, es habe jemand wissentlich grob fehlerhafte Statistiken erstellt, weil beweisbar, Tatsachenbehauptung ist, fällt die Anschuldigung eines Mißbrauchs von Dienstfunktionen und grob unkollegialen Verhaltens, weil jeder Konkretisierung entbehrend, unter den Begriff der Meinungsäußerung (BGH VersR 1992, 443 f). Wegen ihres Bezugs zu einem konkreten – mitgeteilten – Lebenssachverhalt, nämlich der Beauftragung eines Wünschelrutengängers durch eine Gemeinde mit der Wassersuche, hat der BGH die Abqualifizierung dieser Tätigkeit als „Betrugsmasche" und „Taschenspielertrick, zu dem nur Fingerfertigkeit nötig ist", als Tatsachenbehauptung gewertet (BGH GRUR 1989, 781, 782 – *Wassersuche*), ebenso den Zeitschriftenbericht, ein Unternehmen der chemischen Industrie habe „Chemiegift einfach weggekippt" (BGH VersR 1987, 1016, 1017). Ebenso ist wegen ihrer Einkleidung in die Schilderung tatsächlicher Vorkommnisse die Qualifizierung einer Ärztezeitschrift durch einen Ärztebund, es sei die Masche der Zeitschrift „mit Verlogenheit zum Geld" zu kommen, Tatsachenbehauptung (BGH GRUR 1988, 402, 403). Die Aussage, ein Fellhändler habe Felle geschützter Arten illegal von Hamburg nach Spanien transportieren lassen, ist trotz der rechtlichen Kennzeichnung Tatsachenbehauptung (BGH NJW 1993, 930, 931). Offen blieb die Zuordnung für die Bezeichnung von Zucker als „Schadstoff" in einer Verbraucherrundschau (OLG Hamburg GRUR 1988, 480 – *Schadstoff Zucker*).

Sachverständigengutachten können Tatsachenbehauptungen wie Meinungsäuße- **93**
rungen enthalten. Aufgabe des Sachverständigen ist es häufig, aufgrund seiner Sachkunde Untersuchungsmethoden auszuwählen und anzuwenden, die nach wissenschaftlich gesicherten oder anerkannten Erfahrungssätzen Schlußfolgerungen über das Vorliegen konkreter Tatsachen ermöglichen. Die Auswahl der Untersuchungsmethode, ihre Anwendung, die Schlußfolgerung und die Mitteilung ihres Ergebnisses wenden sich dann an den Adressaten der Mitteilung in der Absicht, von eigener Überzeugung zu berichten, um ihn zu überzeugen. Das ist von Art. 5 Abs. 1 S 1 GG privilegierte Meinungsäußerung, nicht Tatsachenbehauptung[101]. Aus demselben Grund gibt es keinen Anspruch auf Widerruf einer ärztlichen Diagnose (BGH GRUR 1989, 536, 537 – *Ärztliche Diagnose*).

Abzulehnen ist die Ansicht von *Mertens*, der bei Anwendung des Kriteriums **94**
der Beweisbarkeit Sachverständigengutachten als Tatsachenbehauptungen ansehen, ihnen aber ein Wissenschaftsprivileg zubilligen will (MK/*Mertens* § 824 Rdn. 24). Die in Art. 5 Abs. 3 GG verbürgte Freiheit von Wissenschaft, Forschung und Lehre gewährt keinen Vorrang vor dem unter Art. 2 GG fallenden Ehrenschutz und enthebt daher nicht der Aufgabe, Gutachten, wissenschaftliche Abhandlungen nach den für den straf- und zivilrechtlichen Ehrenschutz geltenden Vorschriften zu beurteilen (BGH NJW 1966, 647, 648 – *Reichstagsbrand*).

Wie Sachverständigengutachten bewegen sich **Testberichte, Warentests** in der Re- **95**
gel im Bereich der privilegierten Meinungsäußerung. Das gilt vor allem für die Mitteilung des Testergebnisses, die Benotung, bei denen es sich um Urteile und daher dem Wesen nach um Meinungen handelt[102]. Als Tatsachenbehauptungen sind Testberichte, Warentests dagegen einzuordnen, wenn und soweit sie sich auf die Mitteilung von Meßergebnissen, Preisvergleichen beschränken oder diese als Zwischenergebnisse, Wertungsschritte mitpublizieren[103]. Keine Privilegierung als Meinungsäußerung verdienen Sachverständigengutachten, Testberichte, Warentests dann, wenn die der Schlußfolgerung vorausgehende methodische Untersuchung oder die zum Ergebnis führende Anwendung spezieller Kenntnisse und Fähigkeiten nur vorgetäuscht oder grob leichtfertig vorgenommen worden sind (BGH GRUR 1978, 258, 260 – *Schriftsachverständiger*). Das ist nicht etwa das Ergebnis einer kritischen Bewertung solcher Gutachten, die ihren Charakter als Meinungsäußerung grund-

[101] So RGZ 84, 294, 296, 297; RG JW 1928, 2090; BGH GRUR 1969 624, 627 – *Hormoncreme*; BGH GRUR 1978, 258, 259 – *Schriftsachverständiger*; ebenso RGRK/*Steffen* § 824 Rdn. 13; *Staudinger/Schäfer* § 824 Rdn. 20; *Baumbach/Hefermehl* Einl. UWG Rdn. 317; krit. *Teplitzky*[6] Kap. 26 Rdn. 8 in Fn. 8.

[102] BGHZ 65, 325, 330 = GRUR 1976, 268 – *Warentest II*; m. krit. Anm. v. *Schricker*; BGH GRUR 1987, 468, 469 – *Warentest IV*; näher dazu *Brinkmann* WRP 1979, 265, 267; *Brinkmann* GRUR 1988, 516, 518.

[103] KG WRP 1979, 202, 203 – *Preisvergleich*; BGH GRUR 1986, 330, 331 – *Warentest III*; BGH GRUR 1989, 539 – *Warentest V*; anderer Ansicht OLG Köln WRP 1979, 230, 231 – *Preisvergleich*.

sätzlich auch dann nicht verlieren, wenn sie auf gravierendem Irrtum beruhen, unhaltbare Thesen verkünden. Maßgebend für die Einteilung ist nach der oben (Rdn. 87–89) vorgenommenen Definition, daß die Meinungsäußerung als Mitteilung eigener Überzeugung und Mittel der Überzeugungsbildung hervortritt, die Tatsachenbehauptung als Bericht vom Wissen mit dem Anspruch der Beweisbarkeit. Den Anspruch, überzeugungsbildend unter dem Schutz des Art. 5 Abs. 1 S 1 GG zu wirken, darf nicht erheben, wer die Anwendung anerkannter Forschungsmittel zur Gewinnung seiner Überzeugung nur vortäuscht. Diese Täuschung verlagert den Schwerpunkt der Äußerung auf die der Beweisbarkeit zugängliche, unter die Kategorien der Wahrheit oder der Unwahrheit einzuordnende Tatsachenbehauptung, es seien anerkannte Forschungsmittel dazu eingesetzt worden, das Untersuchungsergebnis zu gewinnen.

96 **Theater-, Literatur- und Kunstkritik** sind Meinungsäußerungen, soweit sie nicht (ausnahmsweise – vgl. BVerfG NJW 1993, 1462) selbst den Rang eines Sprachkunstwerks erlangen und deshalb besonderen Schutz nach Art. 5 Abs. 3 S 1 GG genießen, der gegenüber Art. 5 Abs. 1 S 1 GG eine lex specialis bildet (BVerfGE 30, 173, 191, 200 = GRUR 1971, 461 – *Mephisto*).

97 b) **Unwahr** („der Wahrheit zuwider") ist eine Tatsachenbehauptung, wenn sie im wesentlichen, in ihrem Kern unzutreffend ist; Übertreibungen, Ausschmückungen sowie Weglassungen machen die Behauptung nicht unwahr, solange sie das Gesamtbild nicht verfälschen, entstellen[104]. So ist der Vorwurf des Plagiats unwahr, wenn entweder eine nur unbewußte Entlehnung vorliegt oder der Angegriffene die Erlaubnis zur Benutzung der Vorlage, deren geistiger Diebstahl ihm vorgeworfen wird, erhalten hatte (BGH LM § 1004 BGB Nr. 49 = JZ 1960, 701, 702 – *La Chatte*). Unwahr ist die Mitteilung von Moratorium oder Zahlungsunfähigkeit eines Unternehmens, wenn verschwiegen wird, daß das Unternehmen inzwischen von einem anderen übernommen wurde, welches zahlungsfähig ist[105], wogegen die Mitteilung vom Konkurs eines „Filmverleihes X" nicht als unzutreffend erachtet wurde, wenn das Konkursverfahren nur über das Unternehmen der Handelsgesellschaft, nicht aber über die Einzelhandelsfirma ihres Inhabers eröffnet worden ist (BGH NJW 1957, 1149 – *Haftung des Zeitungsverlegers*, m. Anm. v. *Löffler*).

98 Maßstab der Wahrheitsprüfung ist das Verständnis, das sich dem unbefangenen Leser, Hörer als nächstliegendes aufdrängt[106]. Dabei kommt es auf das Verständnis bestimmter Gesellschafts- oder Berufsgruppen an, wenn die kritisierende Mitteilung sich an diese richtete. So bedeutet ein gegenüber Schriftstellern, Verlegern geäußerter Plagiatsverdacht den Vorwurf des Diebstahls geistigen Eigentums, der bei einer Erlaubnis des „Bestohlenen" unwahr ist (BGH LM § 1004 BGB Nr. 49 = JZ 1960, 701, 702 – *La Chatte*); die Mitteilung von der „Entlassung" eines Geschäftsführers wird in Kaufmannskreisen als fristlose Kündigung aufgefaßt und ist daher bei vereinbartem Ausscheiden unwahr (BGH LM Nr. 13a zu § 824 BGB). Maßgebender **Beurteilungszeitpunkt** ist der der Abgabe der Äußerung (RGZ 66, 227, 231). Doch kann die Aufstellung einer im Zeitpunkt ihrer Abgabe wahren – wenn auch unvoll-

---

[104] RG JW 1932, 3060, 3061 m. Anm. v. *Eugen Ulmer*; BGH WM 1958, 325; BGHSt. 18, 182 = NJW 1963, 665 m. Anm. v. *Schneider*; BGH GRUR 1969, 555, 558 – *Cellulitis*, m. Anm. v. *Micheli*.

[105] RGZ 75, 61, 63; dazu daß der Konkursverwalter, wenn er das Unternehmen des Gemeinschuldners fortführt, nicht verpflichtet ist, in Werbeanzeigen für das laufende Geschäft auf die Konkurseröffnung hinzuweisen, s. BGH GRUR 1989, 682 – *Konkursvermerk*.

[106] BGH NJW 1951, 352; BGH NJW 1957, 1149 – *Haftung des Zeitungsverlegers*; BGH GRUR 1975, 89, 91 – *Brüning-Memoiren*.

ständigen – Tatsachenbehauptung zu einer Richtigstellung verpflichten, wenn spätere Ereignisse die Behauptung unwahr machen; der Bericht über eine noch nicht rechtskräftige strafgerichtliche Verurteilung verpflichtet das berichtende Presseorgan zur Meldung vom späteren Freispruch (BGHZ 57, 325; s. o. Rdn. 71).

Lücken, Auslassungen können eine sonst wahrheitsgemäße Tatsachenbehauptung verfälschen und daher unwahr machen; die dadurch aufgeworfene Problematik überschneidet sich mit der Frage, ob der Tatbestand des § 824 BGB durch **Unterlassung** begangen werden könne (s. dazu unten Rdn. 106). Wer (außerhalb des Wettbewerbsrecht, wo diese Frage gesondert zu erörtern ist – s. unten zu Rdn. 276–278) einen Leistungsvergleich anstellt, indem er eigene Leistungen denen eines anderen gegenüberstellt, kann ein verfälschtes Bild zeichnen und damit unwahre Tatsachenbehauptungen aufstellen, wenn er den eigenen Leistungen vergleichbare oder sie kompensierende des Betroffenen verschweigt (BGHZ 42, 210, 219, 220 – *Mitgliederwerbung der Gewerkschaften*). Als wegen Unvollständigkeit unwahr kann ein Testbericht anzusehen sein, der – mit dem Anspruch auf Vollständigkeit auftretend – zur getesteten Unternehmens- oder Warengruppe gehörende Wettbewerber oder Waren ausläßt (*Brinkmann* GRUR 1988, 516, 519). Die Unwahrheit liegt darin, daß der selbst errichtete Anspruch auf Vollständigkeit nicht erfüllt wird. Zum angesprochenen Problemkreis gehört auch die Werbung mit guten Testergebnissen unter Verschweigung des Umstandes, daß die Mehrheit der Mitbewerber sehr gut bewertet wurde (BGH GRUR 1982, 437 – *Test gut*). 99

c) Mittel der Kreditgefährdung sind das **Behaupten** oder **Verbreiten** einer Tatsache der Wahrheit zuwider. Eine Tatsache behauptet, wer die unwahre Tatsachenbehauptung in der Weise aufstellt, daß er sie als Ausdruck seiner eigenen Ansicht vorbringt oder sich die Behauptung eines Dritten zu eigen macht (BGH GRUR 1969, 624, 627 – *Hormoncreme*). Das muß nicht notwendig dadurch geschehen, daß eine Tatsache als Gegenstand eigenen Wissens oder eigener Überzeugung hingestellt wird. Es genügen die Äußerung eines Verdachts, das Aufwerfen einer Frage so, daß deren Bejahung durch den Fragesteller erkennbar wird (BGH GRUR 1969, 624, 627; BGH GRUR 1975, 89, 91 – *Brüning-Memoiren*). 100

Eine Behauptung kann offen oder verdeckt aufgestellt sein. Als verdeckte Behauptung erfüllt den Tatbestand des § 824 BGB die Äußerung, die den Schluß auf einen Sachverhalt nicht dem Leser überläßt, sondern als eigenen dem Leser unterbreitet; andernfalls liefe der Äußernde Gefahr, nicht mehr an seinem Text, sondern an dessen eventuellem Mißverständnis bei Hörern, Lesern gemessen zu werden[107]. Gegenüber der Annahme einer verdeckten Äußerung ist deshalb wegen des Schutzes der Äußerungsfreiheit besondere Zurückhaltung geboten (BGH GRUR 1992, 201, 202 – *Bezirksleiter Straßenbauamt*). 101

Allerdings gehen Mißverständnisse zu Lasten des Äußernden, wenn sie auf seiner mißverständlichen Formulierung beruhen (BGH GRUR 1980, 1199, 1101 – *Das Medizinsyndikat II*); nicht genügend ist jedoch bloße Mehrdeutigkeit[108]. Entscheidender Maßstab ist der dem unbefangenen Hörer sich aufdrängende Sinn (BGH GRUR 1975, 89, 91 – *Brüning-Memoiren*; BGH GRUR 1992, 201, 202 – *Bezirksleiter Straßenbauamt*). Aufgrund dieser Interpretation ist dem BGH (NJW 1978, 2151, 2152 – *SCHUFA-Falschmeldung*) zuzustimmen, es liege keine Falschbehaup- 102

[107] BGHZ 78, 9, 15, 16 = GRUR 1980, 1105, 1106 – *Das Medizin-Syndikat III*, m. Anm. v. *Gisela Wild*.

[108] BVerfGE 54, 208, 221 = GRUR 1980, 1087 – *Heinrich Böll*; BVerfG AfP 1989, 532 – *Rasterfahndung*.

tung vor, wenn die SCHUFA über eine nach Namen und Anschrift richtig bezeichnete Person Vollstreckungsmaßnahmen meldet zu Konten, die bei den Empfängerbanken für einen gleichnamigen, jedoch unter anderer Straßenanschrift wohnenden Inhaber geführt werden: es handelte sich um eine mehrdeutige Angabe, die vom Nachrichtenempfänger zu prüfen und zutreffend zuzuordnen gewesen wäre (aA *Simon* NJW 1979, 265; *Deutsch* JZ 1979, 104).

103 **Verbreiten** einer Tatsache ist die Weitergabe fremden Wissens. Ein wahrheitswidriges Verbreiten liegt auch in der Weitergabe eines Gerüchts, selbst wenn es als zweifelhaft hingestellt wird, solange der Weitergebende sich von seinem Inhalt nur nicht eindeutig distanziert[109]. Vertrautlichkeit schützt den Verbreiter nicht; das zeigt § 14 Abs. 2 S 2 UWG, der bei Fahrlässigkeit auch in diesem Fall die Schadensersatzpflicht bestehen läßt (*Staudinger/Schäfer* § 824 Rdn. 28). Ebensowenig hilft es dem Verbreiter, daß er die Quelle seiner (vermeintlichen) Kenntnis angibt (BGH GRUR 1958, 448, 449 – *Blanko-Verordnungen; Baumbach/Hefermehl* § 14 Rdn. 16). Anders ist es nur dann, wenn der Verbreiter die Quelle selbst zu Wort kommen läßt, ihr nur das technische Hilfsmittel zur Verbreitung leiht wie bei einer life ausgestrahlten Rundfunk- oder Fernsehdiskussion oder der Ausstrahlung einer solchen Aufzeichnung, die – wie eine life-Sendung – den Äußernden selbst und ohne Bearbeitung seiner Äußerung erkennbar zu Wort kommen läßt[110]. Werden Äußerungen Dritter jedoch derart in einer Rundfunk- oder Fernsehsendung integriert, daß die Fernsehsendung den Eindruck eines Spieles mit verteilten Rollen und nicht mehr den der bloßen Überlassung eines Mitteilungsmediums macht, so liegt ein der Rundfunk- oder Fernsehanstalt zuzurechnendes Verbreiten vor (BGHZ 66, 190).

104 Für die **Presse** gelten wegen deren Prüfungsmöglichkeit und Prüfungspflicht strengere Anforderungen. Auch im Abdruck eines Leserbriefs liegt ein dem Verlag und der Redaktion zuzurechnendes Verbreiten, wenn der Leserbrief-Teil nicht den üblichen Hinweis enthält, Leserbriefe gäben nur die Ansicht der Einsender wieder, die mit der Auffassung der Redaktion nicht übereinstimme (*Wenzel* Rdn. 10.170). Mit dem Abdruck von Inseraten, die wahrheitswidrige Tatsachenbehauptungen aufweisen, nehmen Verlag und Redaktion ihnen zuzurechnende Verbreitungsakte
105 vor[111]). Da die Verbreitung keine intellektuelle Beziehung des Verbreiters zum weitergegebenen Gedankeninhalt erfordert (vgl. RGRK/*Steffen* § 824 Rdn. 25), lassen sich auch untergeordnete Verbreitungsakte wie die Teilnahme am Druck und am Vertrieb dem § 824 BGB subsumieren. Nach dieser Vorschrift zu beurteilen sind daher außer der Tätigkeit des Herausgebers, des Schriftleiters, des verantwortlichen Redakteurs auch die sonstiger Verlagsmitarbeiter, Grossisten, Importeure (BGH GRUR 1976, 114 – *VUS*), Inhaber von Vertriebsstellen, Buchhandlungen, möglicherweise auch der Bibliothekare (weitere Einzelheiten bei *Köhler* Vor § 13 B Rdn. 200 ff, 204). Sie haften freilich nur für ihren konkreten Beitrag zur Verbreitung, können also nur auf Unterlassung einer Wiederholung ihrer Druck- oder Vertriebshandlung in Anspruch genommen werden, nicht auf Unterlassung der weiteren Behauptung, deren Widerruf, Zurücknahme oder Richtigstellung; vor ihrer Schadensersatzpflicht bewahrt sie in der Regel fehlendes Verschulden. Wo dem An-

---

[109] RGSt. 22, 221; RGSt. 38, 368; BGH GRUR 1969, 624 627 – *Hormoncreme*.

[110] BGHZ 66, 182, 188 = GRUR 1976, 651, 653 – *Der Fall Bittenbinder*; OLG Celle GRUR 1980, 103 – *Pressebericht*.

[111] BGH GRUR 1972, 722, 723 – *Geschäftsaufgabe*, m. Anm. v. *Hoth*; BGH GRUR 1990, 1012, 1013 – *Pressehaftung*; BGH GRUR 1992, 618 – *Pressehaftung II*; KG GRUR 1991, 562 (nur LS).

gegriffenen mit einem Anspruch auf Unterlassung der Behauptung oder ihrer Verbreitung gegen einen Hauptbeteiligten zu helfen ist, stellt sich die Frage, ob für die Inanspruchnahme eines untergeordnet Beteiligten auf Unterlassung seiner konkreten Vertriebshandlung ein Rechtsschutzinteresse besteht[112].

Die Frage, ob das wahrheitswidrige Behaupten und Verbreiten kreditschädigen- **106**
der Tatsachen durch **Unterlassen** begangen werden kann, mag auf den ersten Blick befremden. Sie ist jedoch berechtigt im Zusammenhang mit dem Behaupten oder Verbreiten solcher Tatsachen, die im Zeitpunkt der Verbreitung wahr sind, mit fortschreitender Zeit und innerhalb einer Zeitspanne, in der ihre Störungswirkung noch andauert, jedoch unwahr werden. Wie oben ausgeführt (Rdn. 98), ist maßgebender Beurteilungszeitpunkt der der Abgabe der Äußerung; es kann jedoch die Aufstellung einer im Zeitpunkt ihrer Abgabe wahren Tatsachenbehauptung zu einer Richtigstellung verpflichten, wenn spätere Ereignisse die Behauptung unwahr machen, und wenn sie bei Aufstellung unvollständig war (Presseberich von strafgerichtlicher Verurteilung, wenn das Verfahren noch nicht rechtskräftig abgeschlossen war und im Rechtsmittelzug freigesprochen wird, BGHZ 57, 325 = GRUR 1972, 666 – *Freispruch*). Die Unterlassung steht dort dem positiven Tun gleich, wo eine Rechtspflicht zum Handeln bestand. Eine solche Rechtspflicht zum Handeln kann aus einem an sich rechtmäßigen, aber eine Gefahr schaffenden, unterhaltenden oder verstärkenden Tun folgen (*Staudinger/Schäfer* § 823 Rdn. 310). Es steht die daraus folgende Erfolgsabwendungspflicht im Zusammenhang mit den allgemeinen Verkehrspflichten (RGRK/*Steffen* § 823 Rdn. 141 ff). Danach kann als Störer auch in Anspruch genommen werden, wer die aus einer ursprünglich rechtmäßig geschaffenen Gefahrenlage herrührende Rechtsgutsverletzung nicht abwendet zu einem Zeitpunkt, zu dem die Verletzung des Rechtsgutes nicht mehr gerechtfertigt ist. Solche Überlegungen klingen an in BGH v. 12. 1. 1960 (GRUR 1960, 500, 502 – *Plagiatsvorwurf I*; vgl. ferner *Teplitzky*[6] Kap. 14 Rdn. 6 mwN in Fn. 6). Zumindest Presse und Massenmedien sollte wegen der Schärfe des publizierten Angriffs bei ursprünglich richtiger, aber unvollständiger sowie ursprünglich falscher, damals aber gerechtfertigter Berichterstattung eine Richtigstellungspflicht treffen, so daß ihre Unterlassung im Zeitpunkt der Änderung der Verhältnisse positivem Tun gleichzuachten ist[113]. Eine solche Ergänzungspflicht wegen vorangegangenen Tuns sollte man auch Behörden auferlegen, von denen völlige Objektivität zu erwarten ist, beispielsweise Justizpressestellen, Staatsanwaltschaften, Kartellbehörden.

d) Die unwahre Tatsachenbehauptung muß geeignet sein, den **Kredit** eines ande- **107**
ren zu gefährden oder seinen **Erwerb** oder sein **Fortkommen** nachteilig zu beeinflussen. Kredit ist das Vertrauen, das jemand in Bezug auf die Erfüllung seiner vermögensrechtlichen Verbindlichkeiten genießt (RG GoltdArch Bd. 52, 104). Als Erwerb wird die erreichte wirtschaftliche oder berufliche Stellung bezeichnet, als Fortkommen die darüber hinausgehenden wirtschaftlichen oder beruflichen Zukunftsaus-

---

112 BGH GRUR 1977, 114, 115 – *VUS*; RGRK/*Steffen* § 824 Rdn. 25 vgl. auch einerseits *Baumbach/Hefermehl* Einl. UWG Rdn. 327 und andererseits *Teplitzky*[6] Kap. 14 Rdn. 13.

113 BGHZ 57, 325, 328 = GRUR 1972, 666 – *Freispruch*: Verpflichtung eines Presseorgans, das vor Rechtskraft über die erstinstanzliche strafgerichtliche Verurteilung unter Namensnennung berichtet hat, den in der Rechtsmittelinstanz erfolgenden Freispruch mitzuteilen; BGH GRUR 1958, 30, 31 – *Außenleuchte*: Verpflichtung eines Wettbewerbers, bei Änderung eines in einem früheren Katalog als vorteilhaft geschilderten Produktionsverfahrens im neuen Katalog deutlich auf den Wegfall des Vorteils hinzuweisen; *v. Gamm* § 48 Rdn. 36; *Wenzel* Rdn. 13.69 ff; *Stürner* GutA A S. 72.

sichten (RGRK/*Steffen* § 824 Rdn. 27). Die Norm ist darauf zugeschnitten, die wirtschaftlichen Interessen Einzelner gegenüber der Beeinträchtigung durch falsche Tatsachenbehauptung zu wahren (s. o. Rdn. 83); über den Schutz der Geschäftsehre reicht sie weit hinaus (*Wenzel* Rdn. 5.192).

108 Das **RG** hat **eine Beschränkung** auf die Beeinträchtigung der Interessen des Unternehmens im Ganzen für nötig gehalten und Tatsachenbehauptungen, die nur den Absatz eines Artikels zu erschweren geeignet waren, nicht genügen lassen (RG JW 1930, 1732). **Davon weicht der BGH ab**, indem er auch einzelne Erscheinungsformen eines Unternehmens als geschützt bezeichnet und deshalb genügen läßt, daß nur der Absatz eines einzelnen Produktes durch die Verbreitung einer unwahren Tatsachenbehauptung erschwert wurde (BGH GRUR 1966, 633, 635 – *Teppichkehrmaschine*). Der BGH hat damit die Parallele zur Ausdehnung des Unternehmensschutzes nach § 823 Abs. 1 BGB auf „einzelne Ausstrahlungen" des Gewerbebetriebs gezogen (BGHZ 3, 270, 279 – *Constanze I*), während das RG nur unmittelbar gegen den Bestand gerichtete Eingriffe genügen ließ. Mit dieser Erweiterung des Schutzbereichs korrespondiert – wiederum parallel zum Unternehmensschutz nach § 823 Abs. 1 BGB – eine Beschränkung auf betriebsbezogene Eingriffe unter Ausschaltung nur mittelbar oder reflexartig treffender Angriffe[114].

109 Auf derselben Ebene liegt die **Beschränkung des Schutzbereichs** auf solche Interessen, die der Betroffene an durch Falschinformation nicht belasteten wirtschaftlichen Beziehungen zu Geschäftspartnern hat, wogegen sein allgemeines Ansehen in der Öffentlichkeit, wenn es Existenz und Fortkommen im Wirtschaftsleben nicht berührt, ungeschützt bleibt (BGHZ 90, 113, 199 = GRUR 1984, 474 – *Bundesbahnplanungsvorhaben*). Mit diesen Einschränkungen will der BGH dem Umstand Rechnung tragen, daß § 824 BGB gegenüber dem in das Zivilrecht transponierten strafrechtlichen Ehrenschutz aus §§ 186 StGB, 823 Abs. 2 BGB eine Haftungsverschärfung aufweist, da er bei fahrlässiger Verfehlung der Wahrheit zur Schadenshaftung verpflichtet, auch wenn die Äußerung nicht ehrkränkender Art war. Es soll verhindert werden, öffentliche Diskussionen, die sich kritisch mit Waren oder Leistungen von Unternehmern befassen, mit unübersehbaren Risiken zu belasten (*Kübler* AcP 1972, 177, 187/188).

110 So hat der **BGH** die kritische Befassung mit elektronischen Orgeln, denen in einer Kirchenzeitung die Eignung zum Einsatz im Kirchengebrauch abgesprochen wurde, als nicht betriebsbezogenen Systemvergleich nicht unter § 824 BGB fallen lassen (BGH GRUR 1964, 162 – *E-Orgeln*). In der namentlichen Bezeichnung eines in einer Mode-Fernseh-Sendung unsachlich und herabsetzend besprochenen Mantelmodells wurde ein Eingriff in den Gewerbebetrieb des Textilunternehmers gesehen (BGH GRUR 1963, 277 – *Maris*); die Klage des Herstellers einer Teppichkehrmaschine, die in einer über nachlassende Qualität deutscher Erzeugnisse sich kritisch äußernden Fernsehsendung im Bild vorgeführt und zu Unrecht kritisiert wurde, scheiterte nur an mangelndem Verschulden (BGH GRUR 1966, 633 – *Teppichkehrmaschine*). Die Klage eines Kraftfahrzeughändlers, der sich dadurch beeinträchtigt sah, daß der Herausgeber eines Marktberichts Wiederverkaufspreise eines von ihm vertriebenen Fahrzeugtyps fehlerhaft notierte, scheiterte an fehlender Be-

---

[114] BGH GRUR 1964, 162, 164 – *E-Orgeln*, m. zust. Anm. v. *Deutsch* in JZ 1964, 510 und zust. Bespr. v. *Neumann-Duesberg* NJW 1968, 82 ff, krit. dagegen *Reimer* GRUR 1964, 164, 165; BGH GRUR 1989, 222 – *Filmbesprechung* mwN; BGH GRUR 1992, 201, 202 – *Bezirksleiter Straßenbauamt; Baumbach/Hefermehl* Vor §§ 14, 15 Rdn. 9 b.

triebsbezogenheit des Eingriffs, wobei offen blieb, ob in Bezug auf den Hersteller des Fahrzeugtyps anderes zu gelten hätte (BGH NJW 1965, 36 – *Schwacke-Bericht*). Die fehlerhaft ablehnende Besprechung eines Films in einer Tageszeitung greift nicht unmittelbar in Rechte des Filmimporteurs ein, was anders sein könnte, wenn sie sich mit dem Unternehmen des Filmimporteurs oder seiner gewerblichen Leistung befassen würde (BGH GRUR 1967, 540, 542 – *Die Nächte der Birgit Malmstörm*, m. Anm. v. *Kleine*). Großzügiger schützte der BGH dagegen den Inhaber eines Alleinvertriebsrechts gegenüber ungünstiger Filmbesprechung (BGH GRUR 1989, 222 – *Filmbesprechung*). Ein Automobilclub, der als „oberste nationale Sportkommission für den Automobilsport in Deutschland" auftritt, setzt damit noch nicht Leistung oder Bedeutung von Konkurrenzverbänden herab (BGH NJW 1970, 378 = JZ 1970, 777 – *Sportkommission*, m. Anm. v. *Deutsch*), wohl aber erfüllt den Tatbestand eine Gewerkschaft, die zum Zwecke der Mitgliederwerbung ihre Leistungen über solche einer Konkurrenzgewerkschaft stellt, ohne deren kompensierende Leistungen zu erwähnen (BGHZ 42, 210, 219 – *Mitgliederwerbung der Gewerkschaften*). Die plakative Abbildung des Etiketts eines formaldehydhaltigen Desinfektionsmittels in einer vor den Gefahren solcher Produkte warnenden Fernsehsendung ist ein betriebsbezogener Eingriff (BGH GRUR 1987, 187 – *ANTISEPTICA*), wogegen ein den Zuckerkonsum kritisierender Presseartikel eines Verbraucherverbandes über den „Schadstoff Zucker" die Zuckerhersteller und Zukkerhändler nicht unmittelbar tangiert (OLG Hamburg GRUR 1988, 480 – *Schadstoff Zucker*). Ein Umweltschutzverein, der ein Bundesbahn-Neubauvorhaben mit zum Teil falschen Aussagen in einer Dokumentation angreift, kann die Bundesbahn nicht in ihren Geschäftsbeziehungen treffen und deshalb des § 824 BGB nicht verwirklichen (BGHZ 90, 113, 119 = GRUR 1984, 474 – *Bundesbahnplanungsvorhaben*).

Zweifelhaft ist, ob die **Übergehung eines Herstellers in einem Warentest** oder **111**
Marktbericht den Tatbestand erfüllen kann. Die Eignung zur Herbeiführung sonstiger Nachteile für Erwerb oder Fortkommen mag anzunehmen sein. Wenn die fehlerhaft lobende Hervorhebung eines Konkurrenzproduktes keinen hinreichend betriebsbezogenen Eingriff in geschützte Interesse des weniger günstig beurteilten Herstellers bildet, da sie dessen Absatzchancen nur als Reflexwirkung beeinträchtigt[115], dürfte auch die Nichtberücksichtigung eines Wettbewerbers in einem Testbericht den Anforderungen des BGH an die hinlängliche Betriebsbezogenheit des Eingriffs nicht genügen (*Brinkmann* GRUR 1988, 516, 519). Die Frage ist jedoch nicht allgemeingültig zu beantworten, da wesentliche Bedeutung der jeweiligen Formulierung zukommt. Ist sie so gewählt, daß die Bewertung der geprüften Produkte eine Rangliste schafft, so wird man die mit der Höherbewertung eines Konkurrenten verbundene Rangverschlechterung der anderen nicht nur als Reflex, sondern als unmittelbar zur Beeinträchtigung des Fortkommens geeignete Aussage zu verstehen haben. Je nach dem Kontext kann die Nichtaufnahme in einen Testbericht, in einen Restaurantführer unmittelbar betriebsbezogen sein, wenn nämlich der Bericht mit dem Anspruch auf Vollständigkeit auftritt (OLG Koblenz GRUR 1984, 153 – *Restaurantführer; Brinkmann* GRUR 1988, 519).

[115] BGHZ 65, 325, 340 = GRUR 1976, 268, 273 – *Warentest II*; zustimmend *Baumbach/Hefermehl* Vor §§ 14, 15 UWG Rdn. 19a; zweifelnd *Lachmann* BB 1976, 246; krit. *Brinkmann* BB 1983, 91, 94; ablehnend *Wenzel* Rdn. 5.108.

112 Durch wahrheitswidrige **Kritik an juristischen Personen** werden hinter diesen stehende Gesellschafter, Geschäftsführer, Vorstände in der Regel nur mittelbar und daher nicht innerhalb des Schutzbereichs des § 824 BGB betroffen (RGZ 91, 350, 354 – *Dierig-Fall*). Das gilt jedenfalls dort, wo nur Teilhaber-Interessen der Gesellschafter oder Interessen der Geschäftsführer, Vorstände am ungestörten Fortbestand ihres Amtes und Anstellungsverhältnisses berührt sind. Es kann jedoch mit der juristischen Person ihr Alleininhaber oder eines ihrer Organe auch unmittelbar angegriffen sein, wenn sie aus der Sicht des angesprochenen Publikums mit dem Unternehmen zu identifizieren sind (BGH NJW 1954, 72). Personengesellschaften können selbst Betroffene sein (BGH NJW 1975, 1882, 1883; OLG Frankfurt GRUR 1987, 62 – *Mißmanagement*); sie können aber auch Angriffe, die sich gegen einen Gesellschafter oder Betriebsangehörigen richten, selbst verfolgen, soweit diese Angriffe Bezug auf ihre Tätigkeit als Gesellschaft haben, sie unmittelbar selbst treffen[116]. Es ist daher möglich, daß der Gesellschafter wegen eines gegen ihn gerichteten Angriffs und zugleich die Gesellschaft Anspruchsinhaber sind, wenn der Gesellschafter in dieser Eigenschaft oder wegen Tätigkeiten kritisiert wurde, mit denen die Verkehrsauffassung auch die Gesellschaft identifiziert (BGHZ 78, 24, 26, 27; OLG Frankfurt GRUR 1987, 62). Einen Ausgleich für immaterielle Nachteile kann allerdings nur der Gesellschafter, nicht die Gesellschaft fordern (BGHZ 78, 24, 26, 27).

2. Rechtswidrigkeit und Verschulden

113 Nach § 824 Abs. 1 BGB ist zum Schadensersatz verpflichtet auch, wer die Unwahrheit zwar nicht kennt, aber kennen muß; damit ist ausgesprochen, daß Fahrlässigkeit – und erst recht Vorsatz – die Schadensersatzhaftung auslösen.

114 Das Gesetz spricht von fahrlässiger Unkenntnis der Unwahrheit. Zur Haftung führt aber auch fahrlässige Unkenntnis der übrigen Tatbestandsmerkmale, also der Eignung zur Äußerung der Kreditgefährdung oder zur Herbeiführung von Nachteilen für Erwerb oder Fortkommen des Angegriffenen und der Merkmale des Behauptens oder Verbreitens[117].

115 a) **Prüfungspflicht – Maßstab für Rechtswidrigkeit oder Verschulden?** Fahrlässigkeit in Bezug auf die Unwahrheit der Tatsachenbehauptung ist gegeben, wenn der Behauptende die Unwahrheit bei Anwendung der im Verkehr erforderlichen Sorgfalt hätte erkennen müssen. Damit stellt sich die Frage nach dem Umfang seiner **Prüfungspflicht.** Der Standort dieser Prüfungspflicht – ob Schuldmerkmal oder Maßstab für die Beurteilung der Rechtswidrigkeit der tatbestandsmäßigen Handlung – ist umstritten. Die Anhänger der Lehre von Verhaltensunrecht gehen von der Unteilbarkeit der Tatbestandsmäßigkeit des Angriffs und seiner Rechtfertigung durch die Wahrnehmung berechtigter Interessen aus und sehen deshalb in der Erfüllung oder Nichterfüllung der Prüfungspflicht den Maßstab für die Rechtswidrigkeit des Angriffs[118]. Nach der Lehre vom Erfolgsunrecht indiziert die unwahre und zur Kreditgefährdung oder sonstigen Erwerbs- und Fortkommens-Benachteiligung geeignete Tatsachenbehauptung die Rechtswidrigkeit; die Prüfungspflicht ist daher

---

[116] OLG Stuttgart NJW 1976, 628, 630 – *Siemens/Delius*; BGHZ 78, 24, 26 = GRUR 1980, 1090 – *Das Medizin-Syndikat I.*

[117] RGRK/*Steffen* § 824 Rdn. 31; *Staudinger/Schäfer* § 824 Rdn. 37–39; MK/*Mertens* § 824 Rdn. 75; hM.

[118] BGH in st. Rspr.; vgl. etwa VersR 1989, 1048 und zuletzt NJW 1993, 525, 527 – *Ketten-Mafia*; MK/*Mertens* § 824 Rdn. 40; RGRK/*Steffen* § 824 Rdn. 34.

Maßstab für die anzuwendende Sorgfalt und ihre Verletzung so Kriterium des Verschuldens (*Staudinger/Schäfer* § 824 Rdn. 36 ff; umfassende Darstellung und Kritik bei *Wenzel* Rdn. 6.1 ff). Mit dem unterschiedlichen Verständnis vom Standort der Prüfungspflicht verknüpft ist die Erklärung für die Wahrnehmung berechtigter Interessen (§§ 193 StGB und 824 Abs. 2 BGB) als Rechtfertigungs- und Schuldausschließungsgrund (s. dazu schon oben Rdn. 41 ff).

Sieht man in der Erfüllung der Prüfungspflicht den Maßstab für Rechtmäßigkeit **116** oder Rechtswidrigkeit der Handlung, so ist den §§ 193 StGB und 824 Abs. 2 BGB für den Fall eines Handelns zur Wahrnehmung berechtigter Interessen (§ 193 StGB) oder einer Existenz berechtigter Interessen des Mitteilungsempfängers oder des Mitteilenden an der Mitteilung (§ 824 Abs. 2 BGB) eine **Einschränkung der Prüfungspflicht** zu entnehmen, weil vor allem im Interesse der Öffentlichkeit Informationen nicht unterlassen oder verzögert werden sollen, bis völlige Gewißheit von ihrer Wahrheit oder Unwahrheit erlangt sein kann (MK/*Mertens* § 824 Rdn. 40; RGRK/*Steffen* § 824 Rdn. 34). Hat man dagegen die Äußerung einer unwahren und zur Schädigung geeigneten Tatsachenbehauptung als tatbestandsmäßig und prinzipiell rechtswidrig aufzufassen, so ist die Wahrnehmung berechtigter Interessen im Sinne der §§ 193 StGB, 824 Abs. 2 BGB nur zur **Einschränkung der Sorgfaltspflicht** als objektives Schuldmerkmal bestimmt (*Erdsiek* JZ 1969, 311, 315; MK/*Schwerdtner* § 12 Rdn. 259; *Wenzel* Rdn. 6.27). Praktische Bedeutung hat die Streitfrage dafür, den Umfang der Darlegungs- und Beweisführungslast des Angegriffenen und des Angreifers zu bestimmen.

Die Darstellung des Kommentars folgt der **Rechtsprechung.** Danach entscheidet **117** über die Rechtswidrigkeit eines Angriffs auf die Geschäftsehre erst eine situationsbezogene Güter- und Interessenabwägung, die der grundgesetzlich geschützten Meinungsfreiheit, Pressefreiheit sowie Freiheit von Kunst und Wissenschaft, welche dem Grundrecht auf freie Entfaltung und auf Schutz der Persönlichkeit gleichwertig sind, Maßstäbe und Schranken für die Prüfung des Wahrheitsgehaltes von kreditschädigenden Tatsachenbehauptungen entnimmt. Es wird daher – wie im Falle der offenen Tatbestände einer Verletzung des allgemeinen Persönlichkeitsrechts oder des Rechts am Unternehmen – die Rechtswidrigkeit des Angriffs erst aus der zu mißbilligenden Art der Schädigung abgeleitet, wobei für die Mißbilligung entscheidend die Abwägung der widerstreitenden Interessen ist und des Maßes einer Prüfungspflicht des Angreifers, das daraus folgt. Dabei muß die soziale oder persönliche Nützlichkeit der gefährdenden Handlung in eine Beziehung zur Wahrscheinlichkeit und Größe der erwarteten Nachteile gesetzt werden[119].

Ein die kritische Mitteilung **rechtfertigendes Interesse** des Mitteilenden oder des **118** Mitteilungsempfängers ist dann anzunehmen, wenn es selbst auf die Gefahr hin, daß die Mitteilung sich als unwahr erweise, das Interesse dessen, der in seinem Kredit oder seinem Erwerb, seinem Fortkommen durch die Unwahrheit der Mitteilung geschädigt werden kann, überwiegt (MK/*Mertens* § 824 Rdn. 41). Dabei ist für die gebotene Güterabwägung die Wahrheit der Tatsachenbehauptung solange zu unterstellen, wie ihre Unwahrheit nicht festgestellt ist (BGH NJW 1986, 188, 190 – *Türkeiflug I*; s. o. Rdn. 82).

[119] BGHZ 45, 296, 307 = GRUR 1966, 693 – *Höllenfeuer*; BGH GRUR 1966, 633, 635 – *Teppichkehrmaschine*; BGH NJW 1978, 2151, 2152 – *SCHUFA-Mitteilung*; zum Persönlichkeitsrecht BGHZ 50, 133, 143 = GRUR 1968, 552 – *Mephisto; Krüger-Nieland* GRUR 1968, 523 ff.

b) Prüfungspflicht – Anforderungen im einzelnen

119 **aa) Allgemeines.** Wer eine Tatsachenbehauptung aufstellt oder verbreitet, ist grundsätzlich verpflichtet, ihren Wahrheitsgehalt zu **überprüfen.** Die Prüfung betrifft die Zuverlässigkeit der Erkenntnisquelle, die Vertrauenswürdigkeit des Informanten. Wer den Rat eines unabhängigen Sachkundigen eingeholt hat, ist bei der Kritik wirtschaftlicher Leistungen eines anderen seiner Prüfungspflicht in der Regel nachgekommen. Die Einholung mehrerer neutraler Gutachten oder der Stellungnahme des zu Kritisierenden ist nicht zu verlangen (BGH GRUR 1966, 633, 635 – *Teppichkehrmaschine*; LG Hamburg GRUR 1966, 275, 277 – *Rentenhimmel*).

120 Das **Maß** der bei der Wahrheitsprüfung anzuwendenden Sorgfalt steigert sich mit der Schärfe der Kritik, dem Ausmaß ihrer Verbreitung und der Bedeutung des angesprochenen Themas für den Kritisierten. Öffentliche Mitteilungen bedürfen besonders sorgfältiger Nachprüfung. Wegen ihrer gravierenden Auswirkungen sind Äußerungen über Kredit- und Vermögensverhältnisse ebenfalls nur nach besonders sorgfältiger Überprüfung statthaft. Nur zum konzerninternen Gebrauch bestimmte Warnungen dürfen aber auch schon bei weniger intensiver Recherche geäußert werden.

121 Wer die Leistung eines Rentenberaters kritisiert, hat seiner Sorgfaltspflicht genügt, wenn er – selbst zur fachlichen Nachprüfung eines Rentengutachtens nicht befähigt – einen unabhängigen Fachmann hinzugezogen hat (LG Hamburg GRUR 1966, 275, 277 – *Rentenhimmel*). Die Fernsehanstalt, die in einer Sendung über das Thema „made in Germany" eine im Bild gezeigte Teppichmaschine dahin kritisiert, daß sie jeden Teppich zerpflückt, hat ihrer Sorgfaltspflicht genügt, wenn sie dieses Ergebnis einer Überprüfung von der Leiterin einer Verbraucherberatungsstelle erfahren hat, die über die Resultate einer unabhängigen Laborprüfung und eingeholter Erkundigungen bei Hausfrauen berichtete (BGH GRUR 1966, 633, 635 – *Teppichkehrmaschine*). Dem Verleger einer Tageszeitung, der die Meldung verbreitet, ein bestimmter bekannter Filmverleih sei in Konkurs gegangen, ist keine Verletzung seiner Sorgfaltspflicht vorzuwerfen, wenn er diese Meldung von der zuständigen Industrie- und Handelskammer und von einer Bank erhalten hat – ohne daß diese darauf hingewiesen hätten, neben der in Konkurs gegangenen GmbH, für die die Meldung zutraf, bestehe noch ein Einzelunternehmen gleichen Namens, auf das die Meldung ebenfalls bezogen werden könnte und für das sie unrichtig sei (BGH NJW 1957, 1149, 1150 – *Haftung des Zeitungsverlegers*, m. Anm. v. *Löffler*). Der Zeitungsverlag, dem fernmündlich eine Anzeige über einen Räumungsverkauf wegen Geschäftsaufgabe aufgegeben worden ist, genügt seiner Sorgfaltspflicht nur, wenn er vor der Veröffentlichung der Anzeige sich beim betroffenen Unternehmen rückversichert (BGHZ 59, 76, 80, 81 = GRUR 1972, 722 – *Geschäftsaufgabe*, m. Anm. v. *Hoth*). Die Sorgfaltspflicht ist verletzt, wenn der Zeitungsverleger – auf die Nachricht eines Berichterstatters vertrauend – fälschlich von Zahlungsschwierigkeiten eines bekannten Architekten berichtet, ohne bei ihm zuvor rückgefragt zu haben (RGZ 148, 154, 161, 162). In einem nur für ihre Geschäftsstellenleiter bestimmten Rundschreiben darf eine Großbank bei Verdachtsmomenten von einigem Gewicht vor Geschäftsbeziehungen zu dem Anschein nach einer „Ketten-Mafia" angehörenden Unternehmern auch schon bei nicht vollständiger Recherche warnen, wenn – die Richtigkeit der Warnung unterstellt – Eile geboten gewesen wäre (BGH NJW 1993, 525, 527 – *Ketten-Mafia*).

122 **bb) Sorgfaltspflicht der Massenmedien.** Allgemeine **Kriterien für das Maß der die Massenmedien treffenden Prüfungspflicht** bilden einerseits ein je nach dem Ge-

genstand der Berichterstattung mehr oder weniger großes Informationsinteresse der Öffentlichkeit, andererseits das erhebliche Gewicht, das einer einem breiten Publikum vermittelten Kritik zukommt. Die den Massenmedien zu Gebote stehende Gleichförmigkeit der Information, die bis in jeden Haushalt vorzudringen vermag, bewirkt durch ihre Verbreitungstiefe hohe Glaubwürdigkeit[120].

Für den **strafrechtlichen** Ehrenschutz der §§ 185 ff StGB umschreiben die **Landespressegesetze** die geschuldete journalistische Sorgfalt mit der strafrechtlichen Generalklausel: Prüfung aller Nachrichten vor ihrer Verbreitung mit der nach den Umständen gebotenen Sorgfalt auf Inhalt, Wahrheit und Herkunft[121]. Für die verfeinerten Abwägungskriterien des Zivilrechts liefert die strafrechtliche Klausel nur den Mindeststandard. 123

Betrifft ein Beitrag zur Meinungsbildung **eine die Öffentlichkeit wesentlich berührende Frage**, so dürfen an die Zulässigkeit öffentlicher Kritik keine überhöhten Anforderungen gestellt werden[122]. Solche Fragen sind angesprochen, wo es beispielsweise um öffentlichen politischen Meinungskampf geht oder um die Auseinandersetzung mit Mißständen in einem ganzen Zweig der gewerblichen Wirtschaft. Die Befassung mit solchen Themen rechtfertigt eine auch sprachlich deutliche Kritik, deren Wirksamkeit nicht durch übersteigerte Anforderungen an Nachforschung, Differenzierung sowie die Notwendigkeit zu tatsächlicher Untermauerung wertender Äußerungen beeinträchtigt werden darf (BVerfG Fn. 122). Insbesondere läßt die wirtschaftspolitische Auseinandersetzung eine schärfere Sprache zu, als sie im Wettbewerbsverhältnis hinzunehmen ist, das auf Auseinandersetzung nicht mit Argumenten, sondern um und mit Leistungen zugeschnitten ist (BGH GRUR 1980, 309, 310 – *Straßen- und Autolobby*). 124

Die Grenze der erlaubten Schärfe ist erst bei einer bloßen **Schmähung** des Kritisierten überschritten, die jeden sachlichen Bezug zum vertretenen Standpunkt des Kritikers vermissen läßt und kein adäquates Mittel des Meinungskampfes mehr bildet[123]. Eine weitere Grenze findet die Kritikfreiheit dort, wo sie zum Zwecke der Eigenwerbung sich mit persönlichen Eigenschaften, Verhältnissen und Geschehnissen des Mitbewerbers herabsetzend befaßt[124]; der Bereich der zulässigen Pressefehde ist dort verlassen. Andererseits kann ein besonders intensives Interesse der Öffentlichkeit an Unterrichtung, wie es beispielsweise das Thema der Abgeordnetenbestechung zu begründen vermag, die Mitteilung auch des bloßen – mit pressemäßigen Mitteln vorerst nicht weiter verifizierbaren – Verdachts erlauben, wenn 125

---

120 *Helle* S. 158; *Wenzel* Rdn. 6.109; *Stürner* GutA A S. 14.

121 § 6 BaWüLPG; § 3 BayLPG; 3 LPG Berlin; § 6 LPG Bremen; § 6 HambLPG; § 6 NdsLPG; § 6NRWLPG; § 6 RhpfLPG; § 6 saarl. LPG; § 6 SchlHolLPG; Art. 4 Abs. 2 Nr. 9 BayRuFuG; § 24 DW/DLFG; § 3 Nr. 4 HessRuFuG; § 7 Abs. 2 NDRStV; § 2 Abs. 5 RuFuG Bremen, § 4 Abs. 1 saarl. RuFuG; § 2 RuFuG Berlin iVm § 3 Abs. 1 Satz 2 der Satzungen; § 3 württ.-bad. RuFuG iVm § 2 Abs. 4 Nr. 6, 7 der Satzung; § 5 Abs. 3 Staatsvertrag Südwestfunk; Art. 6 Abs. 1 der Satzung; § 5 Abs. 5 WDRG; § 3 Abs. 1 ZDF-Vertrag; Nr. I 4 Abs. 2 Grundsätze ARD; § 50 BaWüLMedienG; Art. 4 Abs. 4 BayerMeG; § 9 HambMedienG; § 11 Abs. 2 Satz 3 PRFG Hessen; § 13 NdsLRuFuG; § 10 Abs. 2 RhpfLRuFuG; § 13 Abs. 3 SchlHolRuFuG, § 12 Abs. 4 NRWLRuFuG; vgl. *Stürner* GutA A S. 20; vgl. dazu auch *Köhler* Vor § 13 B Rdn. 204 und *Baumbach/Hefermehl* Einl. UWG Rdn. 331–338.

122 BVerfGE 42, 163, 170 – *Deutschlandstiftung*; BVerfGE 54, 129, 137 – *Römerberggespräche*; BVerfGE 60, 234, 240 = GRUR 1982, 498 – *Kredithaie*; BVerfG AfP 1992, 58, 59 – *„Nazi"*.

123 BGH GRUR 1977, 801 – *Halsabschneider*, m. Anm. v. *Ohlgart*; BGH GRUR 1980, 309, 310 – *Straßen- und Autolobby*; BVerfGE 82, 272, 281, 282 = AfP 1990, 192 – *Zwangsdemokrat*.

124 OLG Hamm GRUR 1980, 311 – *Pressebericht in eigener Sache*; BGH GRUR 1986, 898, 899 – *Frank der Tat*, m. Anm. v. *Tilmann*.

der Leserschaft das Fehlen einer Bestätigung der Information zugleich mitgeteilt wird[125].

126 Wo ein bloßes **Unterhaltungsinteresse** befriedigt wird, ist schon das Informationsinteresse der Öffentlichkeit umstritten. Nach der Rechtsprechung soll es fehlen, wenn im Vordergrund eines Artikels Skandal und Sensation stehen[126]. Die Auffassung wird in der Literatur kritisiert (s. *Wenzel* Rdn. 6.62 und 6.69). Richtigerweise sind ein Informationsinteresse des Publikums und ein Informierungsinteresse der Presse auch für Mitteilungen nur unterhaltenden Charakters anzuerkennen (BVerfGE 12, 205, 260, 261 – *Fernsehurteil*), jedoch ist ihnen bei der Abwägung am Interesse des Betroffenen, seine Intimsphäre und seine Privatsphäre geschützt zu sehen, für den Regelfall nur ein untergeordneter Wert zuzumessen (BVerfGE 34, 269, 283 = NJW 1973, 1221 – *Soraya*), weshalb hohe Anforderungen an die Wahrheitsprüfung zu stellen sind.

127 **Abstufungen** der Prüfungspflicht bei den Massenmedien ergeben sich aus deren System der Arbeitsteilung (s. dazu eingehend *Köhler* Vor § 13 B Rdn. 200 ff). Den **Verleger** als Herrn der Zeitschrift trifft in erster Linie die Pflicht, durch Leitungs- und Organisationsmaßnahmen dafür zu sorgen, daß in Presseunternehmen unberechtigte Eingriffe in fremde Rechte vermieden werden. Dazu gehören Weisungen, die sicherstellen, daß Artikel, die brisante Themen aufgreifen und einen schwerwiegenden Eingriff in die Rechte Dritter nahelegen, dem Verleger oder einem Organstellung im Sinne von § 31 BGB einnehmenden Leiter der Rechtsabteilung zur Prüfung vorgelegt werden[127]. Eigene oder durch ein anderes Organ auszuübende Prüfungspflicht trifft den Verleger auch, wenn Artikel externer Journalisten, freier Mitarbeiter, die nicht dem verlagseigenen Sorgfaltsstandard verpflichtet sind, übernommen werden[128].

128 **Redakteure** sind innerhalb ihres Zuständigkeitsbereichs verpflichtet, die Beeinträchtigung der Ehre und des Kredits anderer durch Falschmeldungen zu verhindern. Ihnen obliegt diese Pflicht in ihrem Sachbereich sowohl bei der Auswahl als auch bei der Überprüfung des zu veröffentlichenden Stoffs, und zwar nicht lediglich als interne Verpflichtung aus dem Anstellungsverhältnis, sondern deliktisch gegenüber jedermann, dem aus der Veröffentlichung Gefahren drohen[129].

129 **Journalisten** sind zu sorgfältiger Recherche verpflichtet, die – auch wenn die Neigung zu Negativ-Berichterstattung berufstypisch ist – zur Mitteilung auch entlastender Umstände verpflichtet[130]. Bei nicht zweifelsfreier Information müssen sie dem Angegriffenen vorher Gelegenheit zur Stellungnahme geben. Ob dies auch dann gilt, wenn die dadurch bewirkte Verzögerung den Neuigkeitswert der Nachricht beeinträchtigt, ist umstritten (MK/*Mertens* § 824 Rdn. 66 zu Fn. 77; MK/*Schwerdt-*

---

[125] BGH NJW 1977, 1288, 1289 – *Abgeordnetenbestechung*; BGH NJW 1979, 266, 267 – *Parlamentarischer Untersuchungsausschuß*.

[126] BGH NJW 1963, 665, 666 – *Callgirl*, m. zust. Anm. *Schneider* (die angebliche Verwicklung eines Ministers in eine Callgirl-Affäre betreffend); BGH NJW-RR 1988, 733 (den Bericht über intime Beziehungen eines katholischen Geistlichen zu einer verheirateten Frau betreffend); *Tettinger* JZ 1983, 317, 321, 324.

[127] RGZ 148, 154, 162; BGHZ 24, 200, 213, 214 = GRUR 1957, 494 – *Spätheimkehrer*; BGH NJW 1957, 1149 – *Konkursmeldung*; BGHZ 39, 124, 129 = GRUR 1963, 490 – *Fernsehansagerin*; BGH GRUR 1965, 254, 256 – *Exklusiv-Interview*.

[128] BGH GRUR 1965, 254, 255 – *Exklusiv-Interview; Neumann-Duesberg* NJW 1966, 624, 626.

[129] BGHZ 3, 270, 275 – *Constanze I*; BGH NJW 1977, 626, 627 – *Zivilrechtliche Verantwortung eines Redakteurs; Helle* S 186.

[130] BGH NJW 1965, 2395, 2396 – *Mörder unter uns*; MK/*Mertens* § 824 Rdn. 66.

ner § 12 Rdn. 262 zu Fn. 1060). Zur Recherchepflicht gehört die Überprüfung der Mitteilungen Dritter (RGZ 148, 154, 161, 162). Meldungen anerkannter Agenturen dürfen ungeprüft übernommen werden, ebenso behördliche, etwa staatsanwaltschaftliche, Presseerklärungen (*Wenzel* Rdn. 6.124 f). Es sollte der Befreiung von der Prüfungspflicht bei der Übernahme der Meldungen von Agenturen oder amtlichen Stellen aber eine Pflicht zur Quellenangabe entsprechen (MK/*Mertens* § 824 Rdn. 66), deren Verletzung dazu führt, daß die mitgeteilte Meldung wie eine eigene des Journalisten behandelt wird. Nachrichten oder Bildmaterial solcher Archive, deren Träger Tendenzen (religiöser, politischer, ökologischer Thematik) selbst kämpferisch verfolgen, sollten nicht ungeprüft übernommen werden dürfen.

Die Pflicht zur Prüfung auf Wahrheit und Gesetzmäßigkeit, die Verleger und Redakteur beachten müssen, erstreckt sich auch auf den **Anzeigenteil.** Anzeigen mit gesetzwidrigem Inhalt müssen abgelehnt werden[131]. Bei der Frage nach dem Maß der Prüfungspflicht ist allerdings der Zeitdruck zu beachten, unter dem die Presse regelmäßig und insbesondere die Anzeigenabteilung stehen. Eine Pflicht zu umgehender Überprüfung aller Anzeigen auf Gesetzesverstöße würde die Arbeit der Presse unzumutbar erschweren und so die auch den Anzeigenteil einer Druckschrift erfassende Pressefreiheit verletzen. Deshalb genügen Verleger und Redakteur ihrer Prüfungspflicht bei der Anzeigenwerbung schon dann, wenn sie nur Anzeigen, deren grobe Wettbewerbswidrigkeit erkennbar ist, nicht abdrucken oder wenigstens zum Anlaß für eine Rückfrage beim Betroffenen nehmen. Die Einholung anwaltlichen Rats bei Anzeigen ist regelmäßig unzumutbar. Anderes gilt auch nicht bei ausländischen Inserenten[132]. **130**

Der Abdruck von **Leserbriefen**, mit denen erkennbar nur die Äußerung des Einsenders wiedergegeben wird, erfordert in der Regel weder vom Verleger noch vom verantwortlichen Redakteur die Überprüfung auf Richtigkeit mitgeteilter Tatsachen. Auf das Vorhandensein von Tatsachenbehauptungen, die die Interessen Betroffener schwer beeinträchtigen können, oder auf Äußerungen beleidigenden Inhalts müssen jedoch auch Leserbriefe kontrolliert werden; entsprechende Anweisungen an den verantwortlichen Redakteur zu erteilen ist auch die Pflicht des Verlegers (BGH GRUR 1986, 683, 684/685 – *Ostkontakte*). **131**

Da auch die nur technische Vervielfältigung einer Äußerung sowie die Übermittlung von Vervielfältigungsstücken dem Begriff von Verbreitung unterfallen, unterliegen auch die technischen Verbreiter Sorgfaltspflichten (BGH NJW 1977, 114, 115 – *VUS*), die allerdings darauf zugeschnitten sein müssen, daß diesen Verbreitern die individuelle geistige Beziehung zur verkörperten Erklärung fehlt (MK/*Mertens* § 824 Rdn. 28; *Wenzel* AfP 1979 276, 280). Zeitungsboten unterliegen keinerlei Prüfungspflicht. Von Druckerei und Vertriebsunternehmen ist zwar keine Inhaltskontrolle zu fordern, wohl aber, daß sie Druck oder Vertrieb von Presseerzeugnissen unterlassen, von denen ihnen bekannt oder offensichtlich ist, daß sie unzulässige Behauptungen enthalten (MK/*Mertens* aaO; *Wenzel* aaO). Die den Importeur einer Zeitschrift treffende Pflicht zur Inhaltskontrolle (BGH GRUR 1977, 114, 115 – *VUS*) läßt sich mit der Produkthaftung des Importeurs nach § 4 Abs. 2 ProdHaftG **132**

---

131 BGH GRUR 1973, 203, 204 – *Badische Rundschau*; BGH GRUR 1990, 1012, 1014 – *Pressehaftung I*; OLG Koblenz GRUR 1988, 552, 553 – *Zeitungswerbung*.

132 BGH GRUR 1990, 1012, 1014 – *Pressehaftung I*; BGH WRP 1992, 762, 763 f – *Ausländischer Inserent*; BGH GRUR 1992, 618, 619 – *Pressehaftung II*; allgemein zur Haftung der Verlage für den wettbewerbswidrigen Inhalt von Anzeigen *Gaertner*, AfP 1990, 269 ff.

vergleichen. Wer sich den Anschein eigener Recherche gibt, sollte die vom ordnungsgemäß recherchierenden Journalisten geschuldete Sorgfalt anwenden müssen (vergleichbar der Haftung des quasi-Herstellers nach § 4 Abs. 1 S. 2 ProdHaftG).

133 **Rundfunk und Fernsehen** sind zur gleichen Sorgfalt verpflichtet wie Presseunternehmen, wobei der Intendant eine dem Verleger entsprechende Stellung einnimmt, Programmdirektor, Sendeleiter die des Redakteurs, für die nach § 31 BGB auch der Rechtsträger des Unternehmens haftet (MK/*Mertens* § 824 Rdn. 72). Eine Prüfungspflicht besteht nur dort nicht, wo die Sendeanstalt die Quelle selbst zu Wort kommen läßt, nur das technische Hilfsmittel zu ihrer Verbreitung leiht; dann fehlt es aber schon am Tatbestand des Verbreitens[133]. Es kann jedoch dem Informationsbedürfnis des Publikums und dem Informierungsrecht des Sendeunternehmens entsprechen, auch in einer Aufzeichnung den Urheber einer Falschmeldung ungekürzt und unberichtigt zu Wort kommen zu lassen; die Nachricht liegt dann nicht im Inhalt der Meldung, sondern in der Tatsache, daß, wann und von wem sie geäußert wurde. Kommt das durch die Sendung selbst zum Ausdruck, so fehlt es am Verbreitungstatbestand; andernfalls erfordert die Sorgfalt einen distanzierenden Hinweis (MK/*Mertens* § 824 Rdn. 73).

134 Die Verbreitung **anonym** zugegangener Nachrichten ohne eigene Überprüfung ihrer Richtigkeit ist immer pflichtwidrig.

135 c) **Verschulden.** Nach dem Wortlaut des § 824 Abs. 1 BGB genügt **Fahrlässigkeit,** Vorsatz also erst recht[134]. Das Gesetz bezieht die die Fahrlässigkeit begründende Erkennbarkeit auf die Unwahrheit der Behauptung. Es muß jedoch auch die Eignung der Äußerung zur Kreditgefährdung erkennbar gewesen sein (*Staudinger/Schäfer* § 824 Rdn. 37; MK/*Mertens* § 824 Rdn. 75; hM).

136 Auch für den Akt der Behauptung oder Verbreitung einer kreditgefährdenden unwahren Tatsachenbehauptung genügt **Fahrlässigkeit** (*Staudinger/Schäfer* § 824 Rdn. 38). Das bedeutet, daß nachlässiger Umgang mit kreditgefährdenden schriftlichen Äußerungen, der diese zur Kenntnis beliebiger Dritter gelangen läßt oder ihre Verbreitung durch Dritte ermöglicht, den Schuldvorwurf begründet. Fahrlässig handelt beispielsweise der Autor, der in einem kritischen Bericht über Präparate selbst eine Verwechselung begeht oder wegen unsorgfältigen Korrekturlesens eine dem Drucker unterlaufene Verwechselung nicht richtigstellt (*Staudinger/Schäfer* § 824 Rdn. 38, vgl. BGH NJW 1966, 1857).

137 Ebenso handelt fahrlässig, wer als **Informant** einen Pressebericht veranlaßt und dabei die Fassung des Berichts dem Redakteur überläßt oder zu erkennen gibt, daß er ihn vor Erscheinen nicht überprüfen wolle, falls es dadurch zu voraussehbaren Ungenauigkeiten oder Übertreibungen der Darstellung kommt[135]. Dabei muß der Informant die Neigung der Presse zur dramatischen Zuspitzung, Übertreibung in Rechnung stellen.

138 **Streitig** ist, ob die irrtümliche Annahme des Äußernden, an der Behauptung oder Verbreitung der Äußerung bestehe ein berechtigtes Interesse, schuldausschließend

---

[133] BGHZ 66, 182, 190 = GRUR 1976, 651 – *Der Fall Bittenbinder*; OLG Celle GRUR 1980, 103 – *Pressebericht*; s. o. zu Rdn. 103.

[134] Heute allg. M.; zu früheren abweichenden Ansichten Nachweise bei *Staudinger/Schäfer* § 824 Rdn. 36.

[135] BGH GRUR 1964, 392, 393, 394 – *Weizenkeimöl*; BGH GRUR 1967, 362, 365 – *Spezialsalz*; BGH GRUR 1974, 105–106 – *Kollo-Schlager*.

wirken kann[136]. Die Streitfrage kann sich in der Vielzahl der Fälle unberechtigter Schutzrechtsverwarnungen stellen. Sie hat jedoch nur denkbar **geringe Bedeutung** deshalb, weil in Fällen der irrigen Annahme eines berechtigten Interesses regelmäßig Fahrlässigkeit gegeben sein wird (so mit Recht MK/*Mertens* § 824 Rdn. 78).

3. Rechtsfolgen

Es gilt grundsätzlich, was zur Haftung aus §§ 823 Abs. 2 BGB mit 185 bis 187 StGB ausgeführt ist (oben Rdn. 59 bis 78; s. auch die umfassende Darstellung von *Köhler* Vor § 13 B). **139**

a) Der **Unterlassungsanspruch** ist – wie im Falle der Haftung aus § 823 Abs. 2 BGB (s. o. zu Rdn. 59 bis 67) – von Wiederholungsgefahr oder Begehungsgefahr abhängig. Er richtet sich gegen die Wiederholung oder erstmalige Begehung des objektiv rechtswidrigen Eingriffs, setzt also kein Verschulden voraus. Da an der Wiederholung einer als unwahr erkannten kreditschädigenden Tatsachenbehauptung kein gerechtfertigtes Interesse bestehen kann, ist er auch zur Unterbindung der Tatsachenbehauptung gegeben, deren erstmalige Aufstellung oder Verbreitung, als ihre Unwahrheit noch nicht bekannt war, durch ein berechtigtes Interesse gedeckt war, welches das Interesse des Angegriffenen (bei Unterstellung der Wahrheit der Behauptung) überwog. Art. 5 Abs. 1 S 1 GG schützt nicht die Wiederholung von Behauptungen, nachdem deren Unwahrheit feststeht[137]. **140**

Der Unterlassungsanspruch muß den auf Kredit, Erwerb und Fortkommen, also die Beziehungen des Angegriffenen zu Geschäftspartnern beschränkten **Schutzbereich der Norm** beachten. Er ist daher beispielsweise nicht gegeben gegen auf unwahren Tatsachenbehauptungen beruhende Kritik an einem Bundesbahn-Neubau-Planungsvorhaben, das die DB nur in ihrem Ansehen in der Öffentlichkeit zu beeinträchtigen vermag (BGHZ 90, 113, 119). **141**

Kübler (JZ 1984, 541, 546 zu Fn. 73) wirft die **Frage** auf, ob der Anspruch auf Unterlassung ehrkränkender Tatsachenbehauptungen wie der Widerrufsanspruch in „eingeschränkter" oder „abgeschwächter" Form zugesprochen werden könne, wenn zwar die Unwahrheit der Tatsachenbehauptung nicht feststeht, ihre Wahrheit aber ebensowenig bewiesen ist; es könne dem Behauptenden aufgegeben werden, seine Version künftig nicht mehr als objektiv feststehend, sondern – allenfalls – als nicht beweisbare subjektive Überzeugung zu wiederholen. Dieser Ansicht steht jedoch die Wertung des § 14 Abs. 2 S 1 UWG entgegen, der sogar für den schwerer **142**

---

[136] Dafür: MK/*Mertens* § 824 Rdn. 76–78; RGRK/*Steffen* § 824 Rdn. 52; dagegen: RGZ 51, 369, 379 (Aufforderung zur Nichteinstellung von Arbeitern, die im Betrieb des Auffordernden unberechtigt die Arbeit niedergelegt hätten); RGZ 56, 271, 283, 284 (Aufforderung eines Interessenverbandes zur Liefersperre gegen einen vermeintlichen Preisschleuderer); RGZ 85, 440, 442, 443 (fahrlässige wahrheitswidrige Behauptung im Prozeß; das RG nimmt ein objektiv vorhandenes berechtigtes Interesse schon dann an, wenn die Behauptung ohne Rücksicht auf ihre Erweislichkeit der Rechtsverteidigung oder Rechtsverfolgung dienlich ist); BGH GRUR 1970, 254, 256 – *Remington* (Warnung des Preisbinders an seine Abnehmer vor dem Verkauf an den namentlich genannten Außenseiter zu einer Zeit, in der die Preisbindung bereits objektiv nicht mehr lückenlos war); *Soergel/Zeuner*[11] (1985) § 824 Rdn. 30; *Staudinger/Schäfer* § 824 Rdn. 91; *Canaris* JZ 1971, 399; *Tilmann* NJW 1975, 758, 763, 764, versteht § 824 Abs. 2 BGB als Haftungsausschließungsgrund, dem entsprechend § 254 BGB auch Kriterien der Haftungsmilderung entnommen werden könnten.

[137] BGHZ 31, 308, 318 = GRUR 1960, 449 – *Alte Herren*; st. Rspr., zuletzt BGHZ 90, 113, 116 = GRUR 1984, 474 – *Bundesbahnplanungsvorhaben.*

wiegenden Fall einer zu Wettbewerbszwecken gemachten unwahren Tatsachenbehauptung nur bei feststehender Unwahrheit den Unterlassungsanspruch gewährt[138].

143 b) Der **Beseitigungsanspruch** kommt als quasi-negatorischer wie als schadensersatzrechtlicher in Betracht (s. o. Rdn. 68 bis 75). Auch für den quasi-negatorischen Beseitigungsanspruch ist unerheblich, ob die Behauptung oder Verbreitung der unrichtigen und kreditschädigenden Tatsachen zur Zeit der Begehung rechtswidrig oder durch berechtigte Interessen gedeckt war. Er setzt lediglich voraus, daß die Behauptung einen fortdauernden Zustand geschaffen hat, der sich für den Verletzten als stetig neu fließende und fortwirkende Quelle der Kreditgefährdung darstellt und zur Zeit des Vorgehens nicht mehr gerechtfertigt ist. Damit ist freilich die Lehre vom Verhaltensunrecht (s. o. Rdn. 115–117) unvereinbar. Wird die Fortdauer der Störung nach Wegfall des Rechtfertigungsgrundes als rechtswidrig qualifiziert (so BGH GRUR 1958, 448, 449 – *Blanko-Verordnungen*), so ist das Rechtswidrigkeitsurteil nicht mehr an die Störungshandlung, sondern an deren Erfolg geknüpft. Die Rechtsprechung hilft sich mit der Heranziehung eines Notstandsgedankens, der die Duldungspflicht des Angegriffenen gegenüber dem mit berechtigtem Interesse handelnden Angreifer relativiert, indem er sie zeitlich begrenzt bis zur Aufklärung der Wahrheitsfrage (BGH GRUR 1960, 500, 502, 503 – *Plagiatsvorwurf*; näher dazu *Konzen* Aufopferung im Zivilrecht, 1969 S 184–188).

144 Der Beseitigungsanspruch ist auf die Richtigstellung **von Tatsachenbehauptungen** beschränkt. Zur Änderung seiner Meinung kann und zur Äußerung dieser Meinungsänderung darf niemand verurteilt werden[139]. Diese Lücke ist auch nicht etwa durch ein Feststellungsurteil zu schließen[140]. Wo die beanstandete Tatsachenbehauptung nicht schlechthin, sondern nur in einem Teilaspekt unwahr ist, richtet der Beseitigungsanspruch sich nur gegen diesen. Er ist also im Falle eines weitergehenden Antrages des Klägers vom Richter zu beschränken, worin nicht die Verurteilung zu etwas anderem, sondern nur zu einem Weniger besteht, auch wenn damit der vom Kläger vorgegebene Wortlaut der Richtigstellungserklärung vom Richter verändert wird (BGH GRUR 1982, 631, 633 – *Klinikdirektoren*; vgl. auch BGH GRUR 1992, 527, 529 – *Plagiatsvorwurf II*). Überhaupt kommt dem Richter – auch dem Revisionsrichter – in Bezug auf die Fassung der Richtigstellung ein weiter Gestaltungsspielraum zu[141]. Die Beseitigung besteht nämlich in einer Widerrufserklärung oder auch Richtigstellung, die eine Interessenabwägung erfordert, welche Art und Schwere des Eingriffs und Effektivität der Beseitigung der Störungsquelle sowie das Maß der Belastung für den Beseitigungs-Verpflichteten und dessen Interesse an der Aufstellung und Aufrechterhaltung der Behauptung berücksichtigen muß[142].

---

138 Gegen eine solche Erweiterung negatorischer Ansprüche auch BGHZ 99, 133, 139 = GRUR 1987, 189 – *Veröffentlichungsbefugnis beim Ehrenschutz*.

139 BGHZ 10, 104, 105; BGH 65, 325, 336, 337 = GRUR 1976, 268 – *Warentest II*; BGH GRUR 1978, 258, 259 – *Schriftsachverständiger*; BGH GRUR 1982, 631 – *Klinikdirektoren*; BGHZ 99, 133 = GRUR 1987, 189 – *Veröffentlichungsbefugnis beim Ehrenschutz*; BGH GRUR 1992, 527, 529 – *Plagiatsvorwurf II*; *Brandner* JZ 1983, 689, 696; *Stürner* GutA A S 74 Fn. 78, 79.

140 BGHZ 68, 331, 332 ff = GRUR 1977, 674 – *Abgeordnetenbestechung*; BGHZ 99, 133, 138, 139; *Stürner* GutA A S. 75.

141 BGHZ 31, 308, 319 = GRUR 1960, 449, 454 – *Alte Herren*; BGH GRUR 1984, 231, 233 – *Wahlkampfrede; v. Gamm* § 48 Rdn. 38.

142 *v. Gamm* aaO, der allerdings zu Unrecht annimmt, Art und Form der Störungsbeseitigung seien grundsätzlich dem Störer überlassen, von dem nur ausnahmsweise eine bestimmte Beseitigungsmaßnahme verlangt werden könne, wenn keine andere in Frage komme; gegen letzteres auch näher und mwN *Teplitzky*[6] Kap. 24 Rdn. 2–8.

Im Falle der unrichtigen Tatsachenbehauptung besteht die **Beseitigungsmaßnahme** in deren Widerruf, ohne Angabe des Widerrufsgrundes, ohne Richtigstellung (*v. Gamm* aaO Rdn. 35; *Wenzel* Rdn. 13.13). Im Falle der Tatsachenverbreitung kann kein Widerruf verlangt werden, sondern die Richtigstellung oder auch die Distanzierung[143]. Grundsätzlich haben sich Widerruf wie Richtigstellung auf die behauptete oder verbreitete unrichtige Tatsachenbehauptung zu beziehen. Es können jedoch auch davon abweichende Formulierungen geboten sein, wenn die unrichtige Behauptung nur sinngemäß aufgestellt war (BGH GRUR 1982, 318, 319 – *Schwarzer Filz; Wenzel* Rdn. 13.13). Je weniger der Verbreiter der unrichtigen Tatsachenbehauptung sich mit dieser identifiziert hat, desto schwächer fällt die von ihm geschuldete Berichtigungserklärung aus. Wo Massenmedien – etwa das Fernsehen – kreditschädigende unrichtige Tatsachenbehauptung nur zugelassen, dafür nur die Plattform gestellt, sich die Äußerungen aber nicht selbst zu eigen gemacht haben, schulden sie deshalb nur das Abrücken von der von einem anderen gemachten Äu- 145

146 ßerung (BGHZ 66, 182, 189 = GRUR 1976, 651 – *Der Fall Bittenbinder*). Unter bestimmten, im Rahmen der Interessenabwägung zu würdigenden Umständen soll die Zubilligung der Befugnis zur Veröffentlichung des Unterlassungsurteils das Bedürfnis zur Beseitigung der Störungsquelle bereits befriedigen können[144], was jedoch als bedenklich erscheint. Diese Ansicht und die Auffassung des BVerfG (E 28, 1, 9, 10 – *Strauß/Spiegel*; ebenso BGH GRUR 1977, 674, 678 – *Abgeordnetenbestechung*), der zum Widerruf Verurteilte dürfe in seiner Widerrufserklärung aussprechen, daß er den Widerruf (nur) in Erfüllung des gegen ihn ergangenen rechtskräftigen Urteils erkläre, werden mit Recht kritisiert, sie ließen den Widerruf zur Farce und den Betroffenen zum Blamierten werden (*Pärn* NJW 1979, 2544; *Mackeprang* S. 252 ff).

147 Die Verurteilung zum Widerruf setzt voraus, daß **die Unwahrheit** der zu widerrufenden Behauptung **feststeht** (BGHZ 37, 187, 190, 191 = GRUR 1962, 652 – *Eheversprechen*). Solange der Kläger ernsthafte Anhaltspunkte für die Wahrheit einer ehrenrührigen Behauptung nicht ausgeräumt hat, kommt nach der Rechtsprechung auch nicht etwa die eingeschränkte Verurteilung in Betracht, es könne die aufgestellte Behauptung „nicht aufrechterhalten" werden, auch nicht mit dem Zusatz „weil sie nicht bewiesen werden könne"[145]. Der eingeschränkte Widerruf, eine Behauptung werde nicht aufrechterhalten, setzt vielmehr voraus, daß für einen objektiven Beurteiler ernstliche Anhaltspunkte für die Wahrheit des Vorwurfs nicht mehr bestehen, auch wenn letzte Zweifel nicht ausgeräumt sind[146].

148 War die unrichtige Behauptung ursprünglich in Wahrnehmung berechtigter Interessen aufgestellt oder verbreitet, ist wegen inzwischen geklärter Unrichtigkeit das Interesse jedoch entfallen, so kommt der Beseitigungsanspruch aus Gründen der Zumutbarkeit nur in der Form eingeschränkten Widerrufs oder der eingeschränkten

[143] BGHZ 66, 182, 189 – *Der Fall Bittenbinder; Köhler* Vor § 13 UWG B Rdn. 171 f; *Wenzel* aaO.

[144] BGH GRUR 1966, 272, 274 – *Arztschreiber*; BGH GRUR 1992, 527, 529 – *Plagiatsvorwurf II; v. Gamm* § 48 Rdn. 36; ähnlich, aber stärker differenzierend, *Teplitzky* § 23 Rdn. 31 und Kap. 26 Rdn. 14 f.

[145] BGHZ 37, 187, 190, 191 = GRUR 1962, 652 – *Eheversprechen*; BGHZ 69, 181, 184 = GRUR 1977, 745 – *Heimstättengemeinschaft*; BGHZ 99, 133, 138, 139 = GRUR 1987, 189 – *Veröffentlichungsbefugnis beim Ehrenschutz*; krit. dazu *Wenzel* Rdn. 13.17.

[146] BGH NJW 1966, 647, 649 – *Reichstagsbrand*; BGH MDR 1970, 579, 580; BGH GRUR 1974, 797, 799 – *Fiete Schulte; Wenzel* Rdn. 13.63, 13.64; näher dazu – und teils differenzierend – *Köhler* Vor § 13 B Rdn. 172 und *Teplitzky*[6] Kap. 26 Rdn. 18.

Berichtigung in Betracht. Es ist eine Erklärung dahin, daß die Behauptung nach der inzwischen erfolgten Klärung des Sachverhalts nicht mehr aufrechterhalten werde, in der Regel genügend und dann auch allein zumutbar (BGH GRUR 1960, 500, 503 – *Plagiatsvorwurf; Köhler* Vor § 13 B Rdn. 173; *Wenzel* Rdn. 13.65).

149 Als Bestandteil des Beseitigungsanspruchs sollte auch die **Löschung** als unrichtig erkannten Materials aus privaten Archiven – und zwar unabhängig von der Verwirklichung der Voraussetzungen der §§ 20 Abs. 2 und 35 Abs. 2 BDSG – verlangt werden können, da von dessen Aufbewahrung regelmäßig die Gefahr neuer Beeinträchtigung ausgeht (OLG Frankfurt a. M. DB 1988, 749; *Palandt/Thomas*[52] (1993) § 824 Rdn. 11). Der Anspruch besteht nicht in Fällen bloßen Zweifels über die Richtigkeit oder Unrichtigkeit (*Stürner* GutA A S 89).

150 Wegen des **schadensersatzrechtlichen Beseitigungsanspruchs** ist auf die Ausfüh-
151 rungen zur Haftung aus § 823 Abs. 2 BGB zu verweisen (oben Rdn. 74). Der BGH gewährt in Fällen rufschädigender Meinungsäußerungen entsprechend §§ 1004 Abs. 1 S 2 mit 823 Abs. 1 sowie 823 Abs. 2 BGB, 185 StGB nach dem Muster des § 23 Abs. 2 UWG auch einen Anspruch, auf Kosten des Verletzers den verfügenden Teil eines Unterlassungsurteils zu **veröffentlichen**, ferner – wo der Unterlassungsanspruch durch strafbewehrte Unterlassungsverpflichtung erledigt wurde – einen Anspruch auf Veröffentlichung der Unterwerfungserklärung (BGHZ 99, 133, 138, 139 = GRUR 1987, 189 – *Veröffentlichungsbefugnis beim Ehrenschutz* – s. o. Rdn. 75). Er erwägt, ob auch bei Tatsachenbehauptungen, bei denen ein Widerrufsanspruch des Betroffenen an dem von ihm nicht zu führenden Nachweis der Unwahrheit der Behauptung scheitert, ein Anspruch auf Veröffentlichung eines vertraglich begründeten strafbewehrten Unterlassungsversprechens bestehen könne. Der BGH (aaO) neigt zur Bejahung dieser Frage, ohne sie endgültig zu entscheiden. Der (bejahenden) Ansicht ist zuzustimmen, da der Tatbestand der Kreditgefährdung, § 824 BGB, dem der Anschwärzung, § 14 UWG, an den sich der vom BGH zum Vorbild genommene Bekanntmachungsanspruch aus § 23 Abs. 2 UWG anlehnt, näher steht als dem der Ehrverletzung aus § 823 Abs. 1 und 2 BGB (für diese Rechtsfortbildung auch *Stürner* GutA A S. 75).

152 c) **Wegen des Schadensersatzanspruchs** ist auf die Ausführungen zum Anspruch aus § 823 Abs. 2 BGB zu verweisen (oben Rdn. 76/77). Sowohl aus dem Gesichtspunkt des Schadensersatzes als auch aus dem der Ersparnisbereicherung, §§ 812, 818 BGB, kann der Betroffene unter den Voraussetzungen, unter denen ihm ein Beseitigungsanspruch zustand, auch Ersatz der Kosten seiner eigenen Störungsbeseitigungsmaßnahmen verlangen, soweit sie sich im Rahmen des Notwendigen bewegen (s. o. Rdn. 76; *v. Gamm* § 48 Rdn. 39).

153 Wegen seines auf die Beziehung des Angegriffenen zu Geschäftspartnern beschränkten Schutzbereichs gewährt § 824 BGB **keinen** Anspruch auf **Geldersatz für immaterielle Schäden.**

154 d) Der Betroffene hat einen Anspruch auf **Auskunft** über den Personenkreis, dem gegenüber der Schädiger die kreditschädigende unrichtige Tatsachenbehauptung aufgestellt oder an den er sie verbreitet hat, wenn Grund zu der Annahme besteht, die unrichtige Behauptung sei nicht nur gegenüber dem Betroffenen bekannten Personen aufgestellt worden. Der Anspruch dient der Vorbereitung des Unterlassungs-,Widerrufs- wie Schadensersatzanspruchs[147]. Der Anspruch geht nicht so weit, ein

---

[147] RGZ 140, 402, 404; RGZ 158, 377, 380; BGH GRUR 1962, 382 – *Konstruktionsbüro*, m. zust. Anm. v. *Bußmann*; BGH GRUR 1970, 254, 257 – *Remington*.

Zeitschriftenunternehmen zur Bekanntgabe der Bezieher einer Ausgabe zu verpflichten, die kreditschädigende Tatsachenbehauptungen über einen Geschäftsmann enthielt, wenn dieser die Beziehernamen nur erfahren will, um damit weitere Verbreitungshandlungen durch diese aufzudecken (BGH GRUR 1987, 647/648 – *Briefentwürfe*).

e) Unter dem Blickpunkt der Erforderlichkeit versagt die Rechtsprechung gegenüber Presseorganen, Rundfunk- und Fernsehanstalten den Beseitigungsanspruch sowie den (schadensersatzrechtlichen wie bereicherungsrechtlichen) Anspruch auf Erstattung eigener Störungsbeseitigungskosten, wenn der Geschädigte die Möglichkeit hatte, mit der **presserechtlichen Gegendarstellung** in demselben Umfang und gegenüber demselben Personenkreis, dem gegenüber die ihn betreffende Tatsachenbehauptung aufgestellt wurde, gleichwertig mit seiner Darstellung gehört zu werden[148]. Wo der von der Presse geführte Angriff allerdings den Ruf einer Ware mit unrichtigen Tatsachenbehauptungen beeinträchtigt, muß dem Hersteller die Möglichkeit verbleiben, seine berichtigende Darstellung gegenüber dem Presseangriff in publikumswirksamer Aufmachung wie eine Werbeanzeige erscheinen zu lassen, weil es der Verbrauchererwartung entspricht, daß der Hersteller über seine Ware durch Werbeanzeigen informiert. Die Kosten einer solchen Anzeige sind deshalb im Rahmen des Erforderlichen unter dem Gesichtspunkt der Störungsbeseitigung zu erstatten (BGHZ 70, 39, 43, 44; MK/*Mertens* § 824 Rdn. 84). Bedenklich wäre, den Beseitigungsanspruch schon dort auszuschließen, wo zwar die Möglichkeit zur presserechtlichen Gegendarstellung bestand, vom Betroffenen aber nicht genutzt wurde. Der Gegendarstellungsanspruch ist in den ihn vorsehenden Pressegesetzen und Rundfunkgesetzen befristet, regelmäßig dahin, daß er unverzüglich, spätestens innerhalb von drei Monaten seit Erscheinen geltend gemacht werden müsse[149]. Einer solchen Befristung darf der Beseitigungsanspruch nicht mittelbar dadurch unterworfen werden, daß man ihn versagt, wo die Gegendarstellung zwar möglich gewesen wäre, aber versäumt wurde. Das ist auch die Auffassung des BVerfG, das annimmt dem Betroffenen verblieben zum Schutze seines Persönlichkeitsrechts andere zivilrechtliche Ansprüche (BVerfGE 63, 144). Der BGH (BGHZ 66, 182, 193 ff = GRUR 1977, 651 – *Der Fall Bittenbinder*; GRUR 1979, 421, 423 – *Exdirektor*) und die Literatur (*Köhler* Rdn. 188; *Teplitzky*[6] Kap. 26 Rdn. 21) befürworten eine Anwendung des § 254 BGB, wenn der Verletzte versäumt hat, vom Mittel der Gegendarstellung Gebrauch zu machen. In einem Urteil vom 19. 3. 1987 (BGH GRUR 1987, 647, 648 – *Briefentwürfe*) klingt an, daß im Rahmen einer Interessenabwägung die Möglichkeit der Gegendarstellung bei der Entscheidung über den Beseitigungsanspruch zu berücksichtigen sein könne (dazu kritisch *Teplitzky*[6] Kap. 26 Rdn. 21), womit deren Wert für den Verletzten indessen überschätzt sein dürfte. Der der Presse erlaubte Zusatz, die Gegendarstellung sei aufgrund gesetzlicher Pflicht und ohne Überprüfung ihrer Richtigkeit abzudrucken, entwertet diesen Behelf in Verletzungsfällen. 155

4. Beweislasten

Es ist auf die Ausführungen zur Haftung aus § 823 Abs. 2 BGB zu verweisen (oben Rdn. 79–82). 156

[148] BGHZ 66, 182, 192–194 = GRUR 1976, 651 – *Der Fall Bittenbinder*; BGHZ 70, 39, 42, 43 = GRUR 1978, 187 – *Alkoholtest*; vgl. dazu auch – mit krit. Vorbehalten – *Teplitzky*[6] Kap. 26 Rdn. 20 f; differenzierend auch *Köhler* Vor § 13 Rdn. 197.

[149] Ihn in einer etwa zweiwöchigen Frist erlöschen zu lassen, verletzt das durch Art. 2 Abs. 1 in Ver-

In § 7 des Staatsvertrags über den Südwestfunk (vom 27. 8. 1951 in der Fassung vom 29. 2. 1952, GVBl. Bad S 40) ist der Gegendarstellungsanspruch nur gegenüber wahrheitswidrigen Nachrichten oder Tatsachen gewährt, wobei der Betroffene mit dem Nachweis der Unrichtigkeit belastet wird. Die gleichartige Regelung findet sich in § 3 Nr. 9 des Gesetzes über den hessischen Rundfunk (vom 2. 10. 1948, GVBl. 123 in der Fassung des Gesetzes vom 6. 2. 1991, GVBl. I.367), soweit Behörden oder Privatpersonen betroffen sind. Die Belastung der Betroffenen mit der Beweisführungslast für die Unwahrheit der Nachricht verletzt jedoch das verfassungsrechtlich geschützte allgemeine Persönlichkeitsrecht der Betroffenen und begegnet deshalb denselben verfassungsrechtlichen Bedenken, wie sie nach der Rechtsprechung des BVerfG (s. o. Rdn. 155) gegenüber einer allzu knappen Befristung des Gegendarstellungsanspruchs bestehen (krit. dazu auch *Löffler* aaO § 11 LPG Rdn. 251; *Stürner* GutA A S. 91).

5. Prozessuales

157 a) Für die schnelle Durchsetzung des Unterlassungsanspruchs bietet sich die **einstweilige Verfügung** nach § 940 ZPO an. Sie ist, obwohl Befriedigung des Anspruchs bewirkende Leistungsverfügung, deshalb nötig, weil das Hauptsacheverfahren oft nur noch als „Schuß übers Grab" wirkt (*Baur* BB 1964, 607). Da sich die vorläufig unterlassene Äußerung eher nachholen als die getane Äußerung ungeschehen machen lassen, neigt bei Abwägung der Interessen des Betroffenen und des Äußernden das Gewicht sich zugunsten jenes, wobei auch Meinungs- und Pressefreiheit der Zulässigkeit einer einstweiligen Verfügung auf Unterlassung nicht entgegenstehen[150].

158 b) Ob ein **Beseitigungsanspruch** im Wege der einstweiligen Verfügung durchgesetzt werden kann, ist umstritten (vgl. zum Meinungsstand *Teplitzky*[6] Kap. 54 Rdn. 11 f). Der Zulässigkeit steht entgegen, daß die einstweilige Verfügung die Befriedigung des Hauptsacheanspruchs nicht vorwegnehmen darf. Deshalb behilft sich die Rechtsprechung teilweise mit der Zubilligung eines nur eingeschränkten Widerrufs dahin, daß die angegriffene Behauptung „gegenwärtig" nicht aufrechterhalten werden könne[151]. Dagegen wendet *Baur* (BB 1964, 607, 609) ein, daß trotz des einschränkenden Wortlauts die Veröffentlichung des Widerrufs gegenüber den Adressaten der beeinträchtigenden Äußerung endgültigen Charakter habe. Auch ist eine solche Einschränkung geeignet, Verwirrung zu stiften, bringt sie doch – im gewöhnlichen Klageverfahren durchgesetzt – zum Ausdruck, daß für einen objektiven Beurteiler ernstliche Anhaltspunkte für die Wahrheit des Vorwurfs nicht mehr bestehen, auch wenn letzte Zweifel nicht ausgeräumt sind (s. o. Rdn. 147). Es ist kaum eine Formulierung denkbar, die die Vorläufigkeit des einstweiligen Rechtsschutzes und die Beschränktheit der dort vorzunehmenden Sachverhaltsprüfung zutreffend aussprechen könnte.

---

bindung mit Art. 1 Abs. 1 GG geschützte allgemeine Persönlichkeitsrecht, BVerfGE 63, 131, 142 ff = GRUR 1983, 316 – *Gegendarstellung.*

[150] *Baur* aaO S. 609; *Baumbach/Lauterbach/Hartmann* ZPO[51] (1993) § 940 Rdn. 9, Stichwort Presserecht; OLG Stuttgart NJW 1964, 48, 49 – *Kritischer Warentest*; OLG München NJW 1971, 844, 845 – *Karikatur*; zur Praxis der einstweiligen Verfügung insbesondere auf dem Gebiet des gewerblichen Rechtsschutzes *Teplitzky*[6] Kap. 53–56; *Klaka* GRUR 1979, 593 ff.

[151] OLG Freiburg JZ 1951, 751; OLG Hamburg WRP 1961, 237; OLG Stuttgart NJW 1962, 2066, 2067 und – mit etwas anderer Begründung – WRP 1989, 202, 204; OLG Hamburg AfP 1971, 35; OLG Köln AfP 1972, 331; gegen die Zulässigkeit einer einstweiligen Verfügung: OLG Celle WRP 1965, 237, 290; OLG Köln AfP 1981, 348 m. Anm. v. *Walraf.*

c) Für die Durchsetzung des **Gegendarstellungsanspruchs** sehen die Pressegesetze ein besonderes zivilrechtliches Anordnungsverfahren vor, das den Regeln der einstweiligen Verfügung folgt. In Bayern gibt es dieses besondere Verfahren nicht; neben dem gewöhnlichen Klageverfahren kommt das einstweilige Verfügungsverfahren in Betracht. Für Hessen sieht § 10 Abs. 4 LPG das einstweilige Verfügungsverfahren ausdrücklich vor. Ob daneben Klage erhoben werden kann, ist umstritten; die meisten übrigen Landespressegesetze schließen den ordentlichen Klageweg aus (Einzelheiten bei *Löffler* Presserecht[3] (1983) Bd I Landespressegesetze § 11 LPG Rdn. 177 ff). **159**

d) Ob Unterlassungs- oder auch Beseitigungsansprüche aus § 824 BGB **vermögensrechtlicher Natur** sind, wovon nach § 546 Abs. 1 Satz 1 ZPO die Statthaftigkeit der sogenannten Wertrevision abhängt, wird von der Rechtsprechung kontrovers entschieden. Im Urteil vom 20. 12. 1983 (BGHZ 89, 198, 200 = GRUR 1984, 301 – *Aktionärsversammlung*) hat der BGH den Anspruch zweier Rechtsanwälte auf Widerruf von Tatsachenbehauptungen in einem Sitzungsprotokoll einer Aktionärsversammlung, die das Ansehen der Anwälte verletzten, als vermögensrechtlich angesehen. Im Beschluß vom 29. 5. 1990 (NJW-RR 1990, 1276) hat er den Versuch eines Medizinjournalisten, einen gegen seine Berufsehre gerichteten Angriff durch Unterlassungsklage abzuwehren, als nicht vermögensrechtlich beurteilt, weil die Berufsehre dem sozialen Bereich angehöre und dem Medizinjournalisten in seiner beruflichen Stellung keine Gefahr gedroht habe (kritisch gegenüber der restriktiven Rechtsprechung des BGH: MK/*Schwerdtner* § 12 Rdn. 336). **160**

e) Wegen der **Vollstreckung des Widerrufsanspruch** liegen miteinander im Streit die Ansichten, die § 888 ZPO (Erzwingung unvertretbarer Handlungen des Schuldners durch Zwangsgeld oder Zwangshaft) oder § 894 ZPO analog (Fiktion der Abgabe einer Willenserklärung durch Rechtskraft des Urteils) für anwendbar halten. Die noch herrschende Meinung in Rechtsprechung[152] und Literatur[153] wendet § 888 ZPO an. Der BGH hat sich im Urteil vom 3. 5. 1977 (BGHZ 68, 331, 336 = GRUR 1977, 674 – *Abgeordnetenbestechung*) von dieser Ansicht vorsichtig distanziert und die Streitfrage offen gelassen, jedoch später (vgl. BGH aaO – *Heimstättengemeinschaft*) wieder § 888 ZPO angewandt. **161**

Die – im Vordringen begriffene – Mindermeinung wendet § 894 ZPO analog an[154]. Teilweise wird die Anwendung des § 894 ZPO als „schiefe Analogie", die Erzwingung der Widerrufserklärung nach § 888 Abs. 1 ZPO als unverhältnismäßige Beeinträchtigung des Persönlichkeitsrechts des Schuldners abgelehnt und eine ent-

---

152 OGHZ 1, 182, 294; BGHZ 37, 187, 190 = GRUR 1962, 652 – *Eheversprechen*; BGHZ 69, 181, 184 = GRUR 1977, 745 – *Heimstättengemeinschaft*; BVerfGE 28, 1, 9 – *Strauß/Spiegel*; OLG Freiburg JZ 1951, 751.

153 *Baumbach/Lauterbach/Hartmann* § 888 Rdn. 5, § 894 Rdn. 5; *Hauss* Anm. zu BGH LM § 1004 Nr. 62 – es handelt sich um das Urteil BGHZ 37, 387 = GRUR 1962, 652 – *Eheversprechen; Zöller/Stöber*[17] (1991) § 888 Rdn. 3 – anders aber zu § 894 Rdn. 2; *Thomas/Putzo*[17] (1991) § 894 Anm. 2 B; *Teplitzky*[6] Kap. 26 Rdn. 16; *Baumbach/Hefermehl* Einl. UWG Rdn. 321; weitere Nachweise bei *Stein/Jonas/Münzberg*[20] (1988) § 888 Rdn. 5/6 zu Fn. 46; MK/*Schwerdtner* § 12 Rdn. 360 zu Fn. 1441; Großkomm/*Köhler* Vor § 13 B Rdn. 183 f (mit abw. eigener Meinung) und Großkomm/*Jestaedt* Vor § 13 E Rdn. 105.

154 Aus der Rechtsprechung: OLG Frankfurt a. M. JZ 1974, 62 m. Anm. v. *Leipold*; OLG Frankfurt a. M. NJW 1982, 113 (einschränkend jedoch neuerdings im Beschl. v. 15. 3. 1993–6 W 11/93, Ls. abgedruckt Magazindienst VSU 1993, 666); OLG Karlsruhe OLGZ 1985, 124, 125; aus der Literatur: *Baur/Stürner* Zwangsvollstreckungs- Konkurs- und Vergleichsrecht[11] (1983) Rdn. 699; *Rötelmann* NJW 1971, 1636, 1640; *Zöller/Stöber* § 894 Rdn. 2; weitere Nachweise MK/*Schwerdtner* § 12 Rdn. 360 zu Fn. 1442 und Großkomm/*Köhler* Vor § 13 B Rdn. 183.

sprechende Anwendung des § 888 Abs. 2 ZPO befürwortet, die nur noch den nach § 887 ZPO zu vollziehenden Weg einer Veröffentlichung des Widerrufsurteils durch den siegreichen Kläger auf Kosten des Schuldners offen läßt[155].

162 Richtiger Ansicht nach ist die Vollstreckung des Beseitigungsanspruchs dessen jeweiligem Inhalt anzupassen (*Lindacher* GRUR 1985, 423, 425). Soweit Klischees zu zerstören, Texte in Druckschriften unkenntlich zu machen sind, wird das Urteil nach § 887 ZPO vollzogen, also durch vom Prozeßgericht des ersten Rechtszuges auszusprechende Ermächtigung des Gläubigers, die vertretbare Handlung auf Kosten des Schuldners vornehmen zu lassen. Bei der Abgabe von Widerrufserklärungen verdient die zwischen §§ 888 und 894 ZPO vermittelnde Ansicht *Köhlers* (oben Vor § 13 B Rdn. 183, 184) den Vorzug. Danach ist zwar § 894 ZPO die Grundnorm für die Vollstreckung. Zugleich ist dem Verletzten aber die Befugnis zur Veröffentlichung des Urteils einzuräumen für den Fall, daß der Verletzer nicht innerhalb bestimmter Frist widerruft. Es steht dann dem Schuldner frei, den Vollzug des Urteils nach § 894 ZPO und dessen Kosten verursachende Veröffentlichung abzuwenden, indem er selbst die Widerrufserklärung abgibt. Ebenso steht es dem Gläubiger frei, wenn der Schuldner verstorben, geschäftsunfähig geworden oder aber auch völlig unglaubwürdig ist, anstelle seiner nicht mehr zu erlangenden oder wertlosen Widerrufserklärung den Weg der Veröffentlichung des Widerrufsurteils zu gehen. Unter einander für den Gläubiger gleichwertigen Vollstreckungsmöglichkeiten nach § 888 und § 894 ZPO sollte nach den für die Art des Beseitigungsanspruchs anzustellenden Zumutbarkeitserwägungen die den Schuldner weniger belastende Vollstreckungsart aus § 894 ZPO gewählt werden.

D. Der Tatbestand der Anschwärzung, § 14 UWG

163 Tatbestand der Anschwärzung ist die zu Zwecken des Wettbewerbs erfolgende nicht erweislich wahre Tatsachenbehauptung oder -verbreitung über das Erwerbsgeschäft eines anderen, die Person des Inhabers oder Leiters des Geschäfts oder über die Waren oder gewerblichen Leistungen eines anderen mit der Eignung, den Betrieb des Geschäfts oder den Kredit des Inhabers zu schädigen. Mit § 824 BGB hat die Vorschrift das Schutzobjekt – Geschäftsehre, Kredit – gemein; abweichend von § 824 erfordert sie ein Handeln zu Zwecken des Wettbewerbs. Das Vorliegen dieses Tatbestandsmerkmals verbessert die Beweissituation des Betroffenen durch Überbürdung des Wahrheitsbeweises auf den Verletzer.

I. Handeln zu Zwecken des Wettbewerbs

1. Begriff

164 Der **Begriff** wird gleichlautend verwendet in § 1, 3, 6 b, 12, 14, 17 Abs. 1 und 2, 20 Abs. 1 und 2 UWG. Nach allgemeiner Ansicht verwenden die genannten Bestimmungen den Begriff gleichsinnig[156]. Die Erläuterung des Begriffs zu § 14 UWG

[155] So eingehend *Stein/Jonas/Münzberg* § 888 Rdn. 6; *Leipold* geht – in seiner Anmerkung zu OLG Frankfurt a. M., JZ 1974, 62, 63–65 – konsequent den Weg, die Verurteilung zum Widerruf durch ein Urteil zu ersetzen, das schon im Tenor die Unwahrheit – oder beim non liquet – die Nichterweislichkeit der Tatsachenbehauptung feststellt; dagegen allerdings bis in die jüngste Zeit der BGH in BGHZ 99, 133, 139 = GRUR 1987, 189 – *Veröffentlichungsbefugnis beim Ehrenschutz*.

[156] *Baumbach/Hefermehl* § 14 Rdn. 2; *v. Gamm* § 17 Rdn. 29; *ders.* UWG § 14 Rdn. 9; *Nordemann* Rdn. 314; *Emmerich* § 7, 2 (mit vorsichtiger Einschränkung bei § 4, 3 aE).

verweist in der Regel auf die zu § 1. In § 14 gewinnt der Begriff jedoch eigenständige Bedeutung. Es wird nämlich dazu verwendet, politische, religiöse, kulturelle und sonstige ideelle Meinungsäußerungen sowie die Veröffentlichung wissenschaftlicher Arbeiten, ferner Presseveröffentlichungen schlechthin aus Gründen des Schutzes von Meinungs- und Pressefreiheit, Art. 5 GG, gegenüber wettbewerblich motivierten Äußerungen abzugrenzen, um jene auch dann vor strengerer wettbewerbsrechtlicher Beurteilung zu bewahren, wenn sie die Wirkung haben, Betroffene in ihrer geschäftlichen Betätigung zu beeinträchtigen (vgl. *Ahrens* § 40 II S. 442; zur Kritik an dieser Handhabung des Begriffs s. unten Rdn. 192 ff).

2. Objektiver Tatbestand

In **objektiver Hinsicht** ist ein Handeln im geschäftlichen Verkehr erforderlich, das dazu geeignet ist, den Markterfolg des Handelnden oder des von ihm Geförderten durch Schmälerung des Markterfolges des Verletzten zu steigern oder auch nur zu bewahren[157]. Eine Vielzahl der den Begriff erläuternden Entscheidungen ist zu § 14 UWG ergangen, woraus die tatbestandsbegrenzende Funktion des Begriffs gerade im Falle der Anschwärzung erhellt. **165**

a) Das Merkmal des Handelns im geschäftlichen Verkehr dient der **Abgrenzung** zum privaten Handeln sowie zu solchen Handlungen, die unternehmensintern, behördenintern, verbandsintern bleiben (Großkomm/*Teplitzky* § 16 Rdn. 5). Handeln im geschäftlichen Verkehr soll irgendwelche Geschäftszwecke fördern im Gegensatz zu privater oder amtlicher Betätigung[158]. Es umfaßt die freiberufliche Tätigkeit der Ärzte, Rechtsanwälte, Steuerberater, Architekten, überhaupt aller Gewerbetreibender im Sinne des § 13 UWG, die im eigenen Interesse, frei über ihre Leistungen verfügend gegen Entgelt tätig werden, auch wenn ihre Tätigkeit zugleich der Erfüllung staatlicher Aufgaben dient (RGZ 99, 189, 192, 193 – *Rechtsanwaltskammer*; zugleich zur Entstehungsgeschichte des § 13 UWG). Zu Handeln im geschäftlichen Verkehr zählen auch wissenschaftliche Tätigkeit, die Betätigung der Künstler, beispielsweise bei Ausnutzung urheberrechtlicher Ausschließlichkeitsrechte (BGHZ 26, 52, 58 – *Sherlock Holmes*). Eine Gewinnabsicht ist nicht nötig, die Verfolgung gemeinnütziger (RG MuW 1930, 444, 445 – *VdE-Zeichen*), kirchlicher Zwecke steht dem Handeln im geschäftlichen Verkehr nicht entgegen. Die Werbung von Fachverbänden um Mitglieder, wenn sie in die Öffentlichkeit getragen wird und geeignet ist, die Mitgliederinteressen wenigstens mittelbar zu fördern, unterfällt dem Begriff; bei nicht ideeller, sondern nur auf Absatzförderung für ihre Mitglieder gerichteter Zielsetzung von Verbänden bildet deren Tätigkeit in der Regel Handeln im geschäftlichen Verkehr (BGH GRUR 1968, 205, 207 – *Chemische Reinigung*, m. Anm. v. *von Falck*; BGH GRUR 1972, 427, 428 – *Mitgliederwerbung*). Handeln im geschäftlichen Verkehr ist auch der Erwerb zu Zwecken des Verbrauchs. **166**

Vom Handeln im geschäftlichen Verkehr **unterscheiden** sich rein private Tätigkeit (vgl. BGH aaO – Makler-Privatangebot), im übrigen rein hoheitliches Handeln **167**

---

[157] RGZ 59, 1, 2; RGZ 118, 133, 136; BGH GRUR 1959, 488, 489 – *Konsumgenossenschaften*; BGH GRUR 1970, 465, 467 – *Prämixe*; BGH GRUR 1981, 658, 659 ff – *Preisvergleich*; BGH GRUR 1983, 374, 375 – *Spendenbitte*, m. Anm. v. *Tilmann*; BGH WRP 1992, 380, 382 – *Beitragsrechnung*; BGH Urt. v. 9. 4. 1992, I ZR 173/90 – *Gutscheinübersendung*, st. Rspr.; *Baumbach/Hefermehl* Einl. Rdn. 315; *v. Gamm* § 17 Rdn. 30; Großkomm/*Teplitzky* § 16 Rdn. 2–5.

[158] RGZ 108, 272, 274; RGSt. 66, 380; BGH GRUR 1953, 293, 294 – *Fleischbezug*; BGH GRUR 1960, 385, 386 – *Mampe halb und halb*; BGH GRUR 1993, 761, 762 – *Makler-Privatangebot; v. Gamm* § 17 Rdn. 29.

der Staatsdiener. Wenn der Staat – sei es auch durch Beamte handelnd – am Wettbewerb wie ein Privater teilnimmt, handelt er im geschäftlichen Verkehr, ebenso wenn er Beschaffungsgeschäfte schließt.

168 Im Verkehr spielt das Handeln sich ab, das **Außenwirkung** entfaltet – im Gegensatz zu rein unternehmensinterner, behördeninterner oder verbandsinterner Tätigkeit. Von Außenwirkung ist auch schon dann zu sprechen, wenn ein im privaten Kreis (etwa einer Gastwirtschaft) begonnenes Gespräch so fortgesetzt wird, daß es von beliebigen Dritten mitgehört werden kann und soll (BGH GRUR 1953, 293, 294 – *Fleischbezug*). Bei einem privaten oder auch behördlichen und zugleich geschäftlichen Handeln kommt es nur auf das Handeln im geschäftlichen Verkehr an.

169 In der **Rechtsprechung** wurden als Teilnahme am geschäftlichen Verkehr gewertet die Versendung von Rundschreiben an Geschäftsfreunde durch einen Getreidespediteur, in denen dieser zu Vorsicht im Geschäftsverkehr mit einem anderen Getreidehändler riet (RGZ 118, 133); die Anprangerung eines ausländischen Konkurrenten wegen dessen Ausländer-Eigenschaft bei der eigenen Industrie- und Handelskammer (RG HRR 1937, 732); die Anschwärzung des Mitglieds eines Wirtschaftsverbandes bei diesem durch ein anderes Verbandsmitglied, das dem Kritisierten unlautere Beeinflussung von Ausschreibungsverfahren vorwarf (BGH GRUR 1992, 860, 861 – *Bauauschreibungen*); die Äußerung eines Fleischhändlers in einer Gaststätte über einen Konkurrenten, der andere Gaststätten mit angeblich minderwertiger Ware beliefere, unter Hervorhebung der eigenen besseren Leistungsfähigkeit und in solcher Lautstärke, daß andere Gäste zuhören konnten (BGH GRUR 1953, 293, 294 – *Fleischbezug*); die Beantwortung von Anfragen nach Kurhotels durch eine staatliche Kurverwaltung, die zugleich staatseigene Hotelbetriebe leitete (BGHZ 19, 299, 303 = GRUR 1956, 216 – *Kurverwaltung Bad Ems*); die Getränkebestellung in einer Gaststätte durch einen Handelsvertreter, der bei dieser Gelegenheit (ohne sich als Vertreter zu erkennen zu geben) gegenüber dem Kellner das eigene Produkt über das ihm irrtümlich gelieferte erhob (BGH GRUR 1960, 384, 386 – *Mampe halb und halb*, sehr weitgehend); die von einem im Fernsehinterview als Großhändler und namentlich Benannten benutzte Gelegenheit, auf die Preisgünstigkeit des eigenen Angebots, verglichen mit der Kalkulation durch den Fachhandel, hinzuweisen (BGH GRUR 1964, 208, 209 – *Fernsehinterview*). Der BGH hielt den unternehmensinternen Bereich für überschritten im Falle der Aushändigung eines gegen Fernsehvermieter gerichteten Informationsblattes durch eine Fernseh-Reparatur-Versicherung an Fachhändler als Werbeschreiben (BGH GRUR 1974, 666, 667, 668 – *Reparaturversicherung*). Im geschäftlichen Verkehr bewege sich auch ein Zeitungsverleger mit seiner Anregung gegenüber Mitgliedern des Landtags, gegen Anzeigenblätter mit wettbewerbsregulierenden Maßnahmen vorzugehen (OLG Düsseldorf GRUR 1979, 166, 167 – *Anzeiger für Mühlheim*, sehr weitgehend).

170 Dagegen gehört nach der **Rechtsprechung** noch zum unternehmensinternen Bereich und **nicht zum geschäftlichen Verkehr** die Anweisung des Herstellers eines Branchenverzeichnisses an seine Handelsvertreter, mit der unrichtigen Behauptung zu werben, es handele sich um das einzige nach Branchen geordnete Verzeichnis der Fernschreibteilnehmer (BGH GRUR 1971, 119 – *Branchenverzeichnis*, m. Anm. v. *Krieger*). Ebenso wird als rein betriebsinterner Vorgang die Versendung eines Rundschreibens durch einen Kaffeeröster an die Inhaber seiner Depots und an das Verkaufspersonal angesehen, in dem diesen Verkaufsargumente genannt waren (OLG Hamburg WRP 1985, 651, bedenklich). Der verbandsinterne Bereich ist ge-

nerell nicht überschritten bei der öffentlichen Auseinandersetzung unter Gewerkschaften, solange sie sich auf ihrem hergebrachten Aufgabengebiet der sozialen Betreuung bewegen, sei es auch zum Zwecke der Mitgliederwerbung (RG JW 1933, 1254, 1255; BGHZ 42, 210, 218 – *Mitgliederwerbung der Gewerkschaften*). Als staatliches Handeln bildet das im Auftrag der Staatsanwaltschaft erstattete Gutachten einer Handwerkskammer über die Werbung mit einem Patent keine Wettbewerbshandlung (RG GRUR 1936, 806, 807). Als verbandsinternes und nicht geschäftliches Handeln wurde auch die gegen das Straßentransportgewerbe gerichtete Flugschrift der Gewerkschaft der Eisenbahner gewertet, die die Sicherung der Arbeitsplätze bei der Bundesbahn verfolgte (BGH GRUR 1990, 309 – *Straßen- und Autolobby*).

Als **verfehlt** erscheint die Ansicht, ein Informationsschreiben an eigene Mitarbei- 171
ter, in dem ein Wettbewerber herabgesetzt wird, weise als Wettbewerb um die Mitarbeiter Außenwirkung auf (OLG München WRP 1971 280, 281). Umgekehrt bestehen Bedenken gegen die Meinung, Außenwirkung fehle, wenn ein Laserdrucker-Händler auf einer Wartungsrechnung vermerkt, die Verwendung eines Toners der Konkurrenz habe die Wartung erforderlich gemacht (OLG Stuttgart WRP 1991, 268).

b) aa) Das Handeln im geschäftlichen Verkehr ist wettbewerbsneutral. Damit 172
es seinen Wettbewerbsbezug erlangt, der für den Bereich des Äußerungsrechts die Anwendung der gegenüber §§ 823, 824 BGB strengeren Regeln des Wettbewerbsrechts rechtfertigt, muß es sich innerhalb eines Wettbewerbsverhältnisses abgespielt haben. Dieses **Wettbewerbsverhältnis** muß in einer konkreten Beziehung zu einem Bedrohten oder Verletzten bestehen, denn Anschwärzung ist eine Maßnahme des Behinderungswettbewerbs, die eine individuelle gezielte Behinderung mit unlauteren Mitteln erfordert (*v. Gamm* § 28 Rdn. 1) und einen Abwehranspruch nur dem Behinderten gewährt.

In der **Literatur** wird die Frage **erörtert, ob auf das Bestehen eines konkreten** 173
Wettbewerbsverhältnisses oder eines Wettbewerbsverhältnisses überhaupt als Tatbestandsmerkmal für die Anwendung des UWG zu verzichten sei. Solche Überlegungen knüpfen an die neue Bestimmung des Schutzgutes des UWG an, das nicht mehr allein in Konkurrentenschutz (und nur reflexartig dem Schutz des Verbrauchers) besteht, sondern die Gesamtheit der Teilnehmer am Wettbewerb auf der Anbieter- wie Verbraucherseite umfaßt; sie berücksichtigen die Erweiterung des Kreises der Aktivlegitimierten über den Kreis der Betroffenen hinaus in §§ 13 und 13a UWG und beachten ein Bedürfnis, Boykottmaßnahmen, Abwerbung von Arbeitskräften, Eingriffe in den Wettbewerb durch Verbraucherverbände und die Veranstalter von Warentests sowie den Schutz der berühmten Marke gegen Verwässerung wettbewerbsrechtlichen Regeln zu unterwerfen[159]. *Hefermehl* spricht vom „Prokrustesbett

---

159 *Max Kummer* Anwendungsbereich und Schutzgut der privatrechtlichen Rechtssätze gegen unlauteren und freiheitsbeschränkenden Wettbewerb, Abhandlungen zum schweizerischen Recht, Heft 338/1960 S. 1, 24ff, 53, 54; *Knöpfle* Der Rechtsbegriff „Wettbewerb" und die Realität des Wirtschaftslebens, Kartellrundschau, Heft 7/1966; *Sandrock* Grundbegriffe des Gesetzes gegen Wettbewerbsbeschränkungen, 1968 S. 130ff; *Eugen Ulmer* Die Bekämpfung des unlauteren Wettbewerbs im gemeinsamen Markt, GRUR Int 1973, 135, 136–138; *Schricker* Territoriale Probleme und Klagerecht bei unlauterem Wettbewerb, GRUR Int 1973, 453, 454 bis 456; *Lindacher* Grundfragen des Wettbewerbsrechts BB 1975, 1311ff; *Sack* Schadensersatzansprüche wettbewerbsgeschädigter Verbraucher nach deutschem und österreichischem Wettbewerbs- und Deliktsrecht, in Konsumentenschutz in Privat- und Wirtschaftsrecht, Wien 1977, 104ff; *Knöpfle* Zum Erfordernis eines Wettbewerbsverhältnisses bei der Anwendung des UWG, UFITA 1982, 25, 26, 27; *Büchler* Handeln zu Zwecken des Wettbewerbs und

Wettbewerbsverhältnis" (FS *Max Kummer* 1980, 345 ff), aus dem das Wettbewerbsrecht zu befreien sei.

174 Der Tatbestand der **Anschwärzung,** § 14 UWG, wird von dieser Diskussion nach richtiger Ansicht **nicht betroffen.** Es handelt sich um einen Fall des Behinderungswettbewerbs gegen bestimmte Teilnehmer am geschäftlichen Verkehr. Das Gesetz gewährt Ansprüche nur dem „Verletzten", den es in bestimmter Weise individualisiert. Der Kreis der Anspruchsinhaber ist nicht durch § 13 UWG erweitert (s. o. Rdn. 10). Die auf Individualschutz gerichtete Vorschrift erfordert das konkrete Wettbewerbsverhältnis[160].

175 bb) Ein **Handeln zu Zwecken des Wettbewerbs** ist in objektiver Hinsicht anzunehmen, wenn ein Tun vorliegt, das äußerlich geeignet ist, den Markterfolg einer Person zum Nachteil einer anderen zu fördern oder auch nur zu bewahren[161]. Die (aus Anlaß von Äußerungsdelikten) von der Rechtsprechung entwickelte Definition spricht von der Förderung des Absatzes oder Bezugs einer Person. Die hier gewählte Begriffsbestimmung, die an die Stelle des „Absatzes oder Bezugs" den „Markterfolg" setzt, bezweckt keine sachliche Abweichung. Sie soll nur – wegen der für den Bereich der Äußerungsdelikte besonders zu berücksichtigenden Medien, Wissenschaftler, Künstler als Wettbewerber – zum Ausdruck bringen, daß das Marktziel der Wettbewerbsteilnehmer sich nicht in der Förderung von Absatz und Bezug erschöpft, vielmehr das Erreichen größerer Leser- Hörer- Zuschauerzahlen, Einschaltquoten, Mitgliederzahlen umfaßt.

176 Bemerkenswert ist, daß neben der Förderung des Absatzes auch die des Bezugs von Waren oder Leistungen einer Person zum Nachteil einer anderen den Begriff der Wettbewerbshandlung erfüllt. Insofern geht diese Definition über eine noch vom Reichsgericht (RGSt. 58, 429, 430) verfochtene Beschränkung des konkreten Wettbewerbsverhältnisses auf die Seite des Warenabsatzes hinaus. Das Merkmal des „Bezugs" taucht erstmals im Urteil des BGH vom 30. 3. 1981 (GRUR 1981, 658–660 – *Preisvergleich*) auf und wird seitdem verwendet (zuletzt in BGH GRUR 1990, 373, 374 – *Schönheitschirurgie*; BGH GRUR 1990, 1012, 1013 – *Pressehaftung I*). Es deckt den Wettbewerb der Marktteilnehmer als Nachfrager ab. Für die Wettbewerbshandlung genügt, daß die Stellung eines Wettbewerbers irgendwie gefördert wird. Es reicht als Förderung des Markterfolges aus, daß die Marktstellung nur gehalten oder auch nur ihre Verschlechterung gemindert wird[162]. Auch das Werben um Mitarbeiter mag dazu zählen (OLG München WRP 1971, 280, 281).

177 Die Wettbewerbshandlung kann auf **Förderung des eigenen Markterfolges, des Markterfolges einer anderen Person** oder **eigenen sowie fremden** Markterfolges gerichtet sein. Zur Förderung eigenen sowie fremden Markterfolges ist das Handeln eines Wirtschaftsverbandes geeignet, das der satzungsgemäßen Aufgabe, sich der wirtschaftlichen Interessen der Mitglieder anzunehmen, und damit zugleich der eigenen Mitgliederwerbung dient (BGH GRUR 1959, 488, 489 – *Konsumgenossen-*

Wettbewerbsverhältnis im UWG, S. 53 ff; weitere Nachweise bei *Köhler* Vor § 13 B Rdn. 226.

160 *v. Gamm* § 17 Rdn. 32; *v. Godin* § 14 Rdn. 6; *Schricker* GRUR Int. 1973, 453, 458; *Hefermehl* FS Max Kummer 345, 350, 351; abw. *Büchler* S. 109, 110; *Emmerich* § 4, 3.

161 RG GRUR 1930, 977; BGHZ 3, 270, 276, 277 – *Constanze I*; BGH GRUR 1953, 293, 294 – *Fleischbezug*; BGH GRUR 1990, 384, 386 – *Mampe halb und halb*; BGH WRP 1990, 270, 271 – *Schönheitschirurgie*; BGH GRUR 1990, 1012, 1013 – *Pressehaftung I*, vgl. auch *Baumbach/Hefermehl* Einl. UWG Rdn. 215.

162 RGZ 59, 1, 2; BGH GRUR 1959, 488, 489 – *Konsumgenossenschaft*; BGH GRUR 1970, 465, 467 – *Prämixe*; BGH GRUR 1992, 450, 452 – *Beitragsrechnung*.

schaft). Der Förderung eigenen Markterfolges dienlich ist auch die Anzeigenaktion eines Wirtschaftsverbandes, die mit der Stellungnahme zu einem wirtschafts- und umweltpolitischen Thema zugleich Absatzinteressen der Mitglieder begünstigt (BGH GRUR 1992, 707 – *Erdgassteuer*). Soweit die Äußerung eines wirtschaftlichen Berufsverbandes den wirtschaftlichen Interessen der Mitglieder gewidmet ist, wird man der Gleichheit der Interessenlage zu entnehmen haben, daß eigene Interessen gefördert werden. Eigenen und zugleich fremden Wettbewerb fördert regelmäßig die Presse im Anzeigengeschäft, das dem eigenen Geschäftserfolg und dem Absatzerfolg der Inserenten dient (BGH GRUR 1990, 1012, 1013 – *Pressehaftung I*). Dazu, ob und inwieweit die Förderung eigenen und fremden Wettbewerbs auch durch redaktionelle Beiträge der Presse über Marktteilnehmer, die Publikation wissenschaftlicher Gutachten, Marktforschungsberichte, Warentests in Betracht kommen kann, s. unten Rdn. 189 ff.

Zwischen dem geförderten und dem betroffenen Unternehmer muß ein **Wettbewerbsverhältnis** bestehen oder durch die zu beurteilende Wettbewerbshandlung begründet werden. Ein konkretes Wettbewerbsverhältnis besteht zum Mitbewerber, dessen Markterfolg durch die mit der Wettbewerbshandlung geförderte eigene Marktstellung beeinträchtigt werden kann. Es muß sich um eine Beziehung handeln, die dadurch gekennzeichnet ist, daß Verletzer (oder von ihm Geförderter) und Betroffener als Wettbewerber bei der Deckung derselben wirtschaftlichen Bedürfnisse einander gegenüberstehen, so daß der Vorteil der einen Partei und der Nachteil der anderen Partei einander bedingen, in Wechselwirkung zueinander stehen. Vorausgesetzt wird die Gleichheit des Kundenkreises (*Baumbach/Hefermehl* Einl. Rdn. 216; *v. Gamm* § 17 Rdn. 32), die nicht voraussetzt, daß die Unternehmen auf gleicher Wirtschaftsstufe stehen. Vielmehr kommt ein Wetbewerbsverhältnis auch zwischen Hersteller und Einzelhändler in Betracht (BGH 37, 30, 34 = GRUR 1962, 426 – *Selbstbedienungsgroßhändler*; BGH GRUR 1988, 826, 827 – *Entfernung von Kontrollnummern II*) oder zwischen Hersteller und SB-Warenhaus (BGH GRUR 1983, 582, 582 – *Tonbandgeräte*). Dieses konkrete Wettbewerbsverhältnis kann auch durch die wettbewerbswidrige Äußerung selbst geschaffen werden, indem der Verletzer seine Leistung oder die des von ihm Geförderten erst in eine Konkurrenz zu den Leistungen des Betroffenen stellt, die Verbindung, die der Markt bis dahin nicht gekannt hatte, erst herstellt[163]. Handlungen zur Vorbereitung der Aufnahme eines Wettbewerbs stellen das Wettbewerbsverhältnis her. Das gilt auf der Seite des Äußernden sowie des von der Äußerung Betroffenen. 178

In der Rechtsprechung wurde ein **konkretes Wettbewerbsverhältnis** im hier beschriebenen Sinne angenommen im Fall des in der Presse veröffentlichten Vergleichs einer Konsumgenossenschaft zwischen den von ihren Mitgliedern und den von anderen Einzelhandelsgeschäften geforderten Preisen, und zwar im Sinne der Förderung eigenen, auf Mitgliederwerbung gerichteten Wettbewerbs sowie im Sinne der Förderung fremden Wettbewerbs, nämlich desjenigen der Mitglieder (BGH GRUR 1959, 488, 489 – *Konsumgenossenschaft*, m. Anm. v. *Schramm*); bei der kritischen Äußerung eines Zementhersteller-Fachverbandes gegenüber dem Vertreiber eines Betonzusatzmittels, da die Äußerung den im Fachverband vertretenen Sonderzement-Herstellern zu einem höheren Absatz verhelfen konnte, und zwar ohne Rücksicht darauf, ob sich eine Nachfragesteigerung bestimmter Sonderzement-Hersteller 179

[163] BGH GRUR 1972, 553 – *Statt Blumen Onko-Kaffee*; BGH GRUR 1990, 375, 376 – *Steuersparmodell*; *Hefermehl* FS Max Kummer 1980 S. 345, 346.

feststellen lasse (BGH GRUR 1962, 45, 47 – *Betonzusatzmittel*). Ein konkretes Wettbewerbsverhältnis soll bestehen zwischen einer Gesellschaft zur Vermittlung von Kapitalanlagen und einer Kreissparkasse, die einer Kundin eine Zeitschrift übergibt, welche sich ausführlich mit der Kapitalanlagegesellschaft kritisch befaßt (OLG Celle GRUR 1989, 119 – *Kundenanfrage*); zwischen Steuerberatern und dem für den Vertrieb von Immobilien einschließlich der dazugehörigen Finanzierungen mit Steuer-Argumenten werbenden Anlageberater (BGH GRUR 1990, 375, 376 – *Steuersparmodell*, bedenklich weitgehend). Ohne nähere Begründung hat der BGH die Anwendbarkeit von § 1 UWG und damit das Vorliegen eines Wettbewerbsverhältnisses bejaht zwischen einer Illustrierten, die durch Computer hergestellte Rentenberechnungen an Leser gegen ausgefüllte Erklärungsvordrucke versandte, und einem freiberuflichen Rentenberater (BGH GRUR 1987, 373, 374 – *Rentenberechnungsaktion*). Ein konkretes Wettbewerbsverhältnis wurde gesehen zwischen dem Berufsverband der Versicherungs- und Finanzvermittler, dessen Vorsitzender sich bei einem Fernseh-Expertengespräch gegenüber einer Lebensversicherung mit dem Verdacht der nicht unabhängigen Vermögensberatung äußerte, und dieser Versicherungsgesellschaft, und zwar deshalb, weil der Kundenkreis der Mitglieder des Berufsverbandes sich mit dem der Versicherungsgesellschaft überschneide, das Verhalten des Berufsverbandes deshalb demjenigen seiner Mitglieder gleichstehe (OLG Hamburg WRP 1990, 47, 48 – *Expertengespräch*). Für das Anzeigengeschäft der Presse hat der Bundesgerichtshof festgestellt, es diene regelmäßig der Förderung des Wettbewerbs des Inserenten (BGH GRUR 1990, 1012, 1013 – *Pressehaftung*). Durch die in einer Tageszeitung vom Inhaber einer Baumschule und Vorsitzenden des Bundes Deutscher Baumschulen geäußerten Warnung vor holländischen Obstbäumen hat der Äußernde eigenen Wettbewerb und den der Mitglieder des Fachverbandes gegenüber einem holländischen Exporteur von Baumschulgewächsen gefördert (BGH GRUR 1955, 342, 344 – *Holländische Obstbäume*; vgl. auch – ähnlich – BGH GRUR 1992, 707 – *Erdgassteuer*); die kritische Befassung einer ein Charterfluguntemehmen betreibenden Tochter der deutschen Lufthansa mit einem in Gründung befindlichen anderen Charterunternehmen war Förderung eigenen Wettbewerbs, obwohl das in Gründung befindliche Unternehmen den Flugbetrieb noch nicht aufgenommen hatte (BGH GRUR 1984, 823 – *Charterfluggesellschaften*). Zweifelhaft ist, ob der BGH den von einem Verbraucherverband veröffentlichten Preisvergleich unter Nennung von Firma und Sitz des jeweiligen beurteilten Anbieters als Wettbewerbsförderungsmaßnahme bewertet hätte; er hat die subjektive Seite des Tatbestandes verneint (BGH GRUR 1981, 658, 660 – *Preisvergleich*, m. krit. Anm. v. *Schulze zur Wiesche*).

180 Nach der Rechtsprechung besteht **kein Wettbewerbsverhältnis** zwischen dem Fabrikanten von Möbelbezugsstoffen und dem Bezugsstoffe verarbeitenden Polstermöbelfabrikanten, weil beide sich an ganz verschiedene Kundenkreise wenden, ihr Absatz völlig unabhängig voneinander ist, weshalb der Beschwerdebrief des Polstermöbelfabrikanten an einen Landtagsabgeordneten über die Belieferung des schwarzen Marktes durch den Bezugsstoffhersteller nicht dem § 14 UWG unterfiel (BGH GRUR 1951, 283, 284 – *Möbelbezugsstoff*). Zwischen den Kunden des Werbemittlers, der Druckaufträge in deren Namen an Drucker erteilt, und dem Drucker besteht kein Wettbewerbsverhältnis, weshalb das an einen früheren Kunden gerichtete Schreiben des Druckers, das sich kritisch mit Provisionsaufschlägen des Werbemittlers befaßt, nicht unter § 14 UWG fällt (BGH GRUR 1960, 135, 136 – *Druckaufträge*). Die Ansicht des RG, es bestehe kein Wettbewerbsverhältnis zwischen Betrieben, die nur beim Bezug von Waren, nicht dagegen beim Warenumsatz miteinander konkurrieren (entschieden für den Fall der Bestechung durch Zuwendungen an Brennstofflieferanten in Rohstoffverknappungszeiten, RGSt. 58, 429, 430, 431), läßt sich seit der Einbeziehung des Bezugs als möglichen Gegenstands der Wettbewerbsförderung nicht mehr vertreten. Beliefert ein Unternehmen nur konzernangehörige Betriebe, so begründet sein Handeln keine für ein Wettbewerbsverhältnis nötige Außenbeziehung (BGH GRUR 1989, 469, 480 – *Colle de Cologne*).

cc) Zweifelhaft ist, ob die Verbreitung von Marktübersichten, Branchenverglei- **181**
chen, Warenvergleichen, Testberichten, Preisspiegeln, Bestseller-Listen, Restaurant- und Hotelführern, Theater- und Filmkritiken, wie sie sich in Tageszeitungen, Zeitschriften, Fachzeitschriften, Informationsschriften der Verbraucherverbände, speziellen Testzeitschriften, aber auch Rundfunk und Fernsehen finden, den objektiven Tatbestand der Förderung – regelmäßig fremden – Wettbewerbs erfüllen. Zweifel daran können deshalb aufkommen, weil und soweit die Verbreiter solcher Informationen in der Regel unabhängig sind, sich nicht zum Gehilfen gewerblicher Angaben einzelner Händler machen, vielmehr gegenüber Wettbewerbern Neutralität einzunehmen sich bemühen und die Förderung von Verbraucherinteressen verfolgen (bezeichnendes Gegenbeispiel: BVerfG GRUR 1984, 357 – *markt intern*).

Die Auswahlentscheidung der Verbraucher, zentrales Element im marktwirt- **182**
schaftlichem System, setzt Marktübersicht voraus. Wer dem Verbraucher diese Markttransparenz verschafft, beeinflußt damit (in idealer Weise) das Marktverhalten der Verbraucher und als dessen Reflex die Marktchancen der Anbieter. Insofern wirken Testberichte, Preisspiegel, Bestseller-Listen, Restaurantführer, überhaupt Marktinformation auf Absatz und Bezug in den von ihnen behandelten Marktbereichen ein, und zwar mit dem, was sie sagen, wie mit dem, worüber sie schweigen. Die Eignung zur Förderung fremden Wettbewerbs ist ihnen deshalb nicht abzusprechen, der objektive Tatbestand einer Handlung zu Zwecken des Wettbewerbs regelmäßig gegeben. Das ist auch der in Rechtsprechung und in Literatur ganz überwiegend vertretene Standpunkt; dem „scharfen Schwert" des § 14 UWG (*Tilmann* NJW 1976, 624, 625) entgehen Verbraucherverbände, Testinstitute, Verbreiter solcher Marktübersichten in der Regel nur wegen Verneinung des subjektiven Tatbestandes eines Handelns zu Wettbewerbszwecken[164].

3. Subjektiver Tatbestand

In **subjektiver Hinsicht** erfordert das Handeln zu Zwecken des Wettbewerbs die **183**
Absicht, den eigenen oder fremden Wettbewerb zum Nachteil eines anderen – zum Geförderten in einem Wettbewerbsverhältnis stehenden – Marktteilnehmers zu för-

[164] Aus Rechtsprechung und Literatur sei hier – ohne Anspruch auf Vollständigkeit – genannt BGH GRUR 1967, 113 – *Leberwurst*; BGHZ 65, 325 = GRUR 1976, 268, 269 – *Warentest II*, m. Anm. v. *Schricker*, der allerdings zur Verneinung schon des objektiven Tatbestands einer Wettbewerbshandlung zu neigen scheint, aaO S. 274 = NJW 1976, 620 m. Anm. v. *Tilmann*; BGH GRUR 1981, 658, 659 – *Preisvergleich*; KG WRP 1978, 822, 823 und WRP 1979, 202, 204 – *Preisvergleiche der Verbraucherzentralen; Baumbach/Hefermehl* § 1 Rdn. 404; *v. Gamm* § 17 Rdn. 52; *Graßmann* 1964, S. 36–38; *Brinkmann* WRP 1979, 265, 266; anders OLG Hamburg WRP 1979, 68, 70 – *Preisvergleich durch Verbraucherzentrale*, das schon eine Teilnahme am geschäftlichen Verkehr ablehnt; OLG Frankfurt a. M. WRP 1974, 212, 213, 214 – *Varta-Führer*, das das Vorliegen eines objektiven Wettbewerbsverhältnisses leugnet, dabei aber nicht an das Wettbewerbsverhalten der unterschiedlich beurteilten Hotels denkt; wiederum anders *Schulze zur Wiesche* GRUR 1981, 661, 662 und *Weyhenmeyer* WRP 1979, 766, 770, 771, die auch subjektive Wettbewerbsförderungsabsicht für gegeben halten.

dern, wobei diese Absicht nicht als völlig nebensächliche hinter den weiteren Zielen des Handelnden zurücktreten darf[165].

Zur Förderungsabsicht ist mehr erforderlich als das bloße Bewußtsein, daß eine Handlung zur Wettbewerbsförderung objektiv geeignet sei, also die bloße Kenntnis vom objektiven Tatbestand (RGZ 118, 133, 138), wenngleich ein solches Bewußtsein ein Beweisanzeichen für die Förderungsabsicht bildet (BGH GRUR 1981, 658, 660 – *Preisvergleich*). Die Förderungsabsicht muß sich nicht auf einen bestimmten Wettbewerber beziehen. Die Absicht zur Förderung von Wirtschaftsgruppen genügt (BGH GRUR 1962, 45, 47 – *Betonzusatzmittel;* BGH GRUR 1992, 767 – *Erdgassteuer*), wie sie zum Beispiel bei Warenvergleichen vorliegen kann, insbesondere dann, wenn sie aus miteinander verglichenen Warengruppen nur die negativ bewerteten hervorheben. Bedingter Vorsatz genügt nicht (entgegen *Schulze zur Wiesche* GRUR 1981, 661, 664); es müßte sonst das Bewußtsein, daß eine Handlung zur Wettbewerbsförderung geeignet sei, für die Förderungsabsicht regelmäßig ausreichen, was die Rechtsprechung ablehnt, die das Bewußtsein nur als Beweisanzeichen für Förderungsabsicht wertet (so auch *Brinkmann* GRUR 1988, 516). Es genügt die Absicht, eigene Nachteile abzuwenden, als deren Folge in Kauf genommen wird, daß ein anderer Marktteilnehmer Nachteil erleidet (RGZ 60, 189, 190 – *Bergalter;* BGH GRUR 1957, 94 – *Vertrauliche Mitteilungen*).

184 a) Der **Nachweis innerer Tatbestandsmerkmale** ist naturgemäß schwierig. Um der Praxis ein einfach zu handhabendes Erkenntnismittel zu liefern, aus der Erkenntnis, daß Gewerbetreibende zielgerecht handeln, und in der Absicht, den Kreis der den besonderen Berufspflichten der Gewerbetreibenden unterfallenden Personen zu erweitern, schließt die Rechtsprechung auf subjektive Wettbewerbsförderungsabsicht aus der objektiven Eignung einer Handlung, eigenen oder fremden Wettbewerb zu fördern[166]. Die Rechtsprechung spricht von Erfahrungssätzen oder einer Beweisregel (BGHZ 3, 270, 277), einem aus der Kenntnis von der objektiven Eignung zur Wettbewerbsförderung zu ziehenden Schluß (BGHZ 14, 163, 171) oder einer nach allgemeinen Erfahrungssätzen für die subjektive Seite streitenden inneren Wahrscheinlichkeit bei im Geschäftsverkehr gemachten Äußerungen, die der Äußernde nach den Regeln des Beweises des ersten Anscheins zu entkräften habe (BGH GRUR 1960, 384, 386). Ebenso ist die Rede von einer aus der objektiven Förderungseignung begründeten tatsächlichen Vermutung für das Vorliegen der Förderungsabsicht[167], und das ist auch die in der Literatur verwendete Formel[168]. Der Begriff
185 der tatsächlichen Vermutung trifft den Sachverhalt am besten. Er bezeichnet die Überzeugungskraft eines Indizes, das – nach § 286 ZPO gewürdigt – durch jedes gleiche oder höhere Überzeugungskraft genießende Beweismittel widerlegt werden kann. Vom Anscheinsbeweis sollte nicht die Rede sein, weil er für innere Tatsachen, um die es sich bei der Wettbewerbsabsicht handelt, wegen Fehlens eines typischen

---

[165] RG MuW 1930, 68, 69; RGZ 118, 133, 138; RGZ 149, 224, 227; BGHZ 3, 270, 277 – *Constanze I;* BGHZ 14, 163, 170, 171 – *Constanze II;* BGH GRUR 1953, 293, 294 – *Fleischbezug;* BGH GRUR 1960, 384, 386 – *Mampe halb und halb;* BGH GRUR 1981, 658, 659, 660 – *Preisvergleich;* BGH GRUR 1986, 898, 899 – *Frank der Tat;* BGH WRP 1990, 270, 271 – *Schönheits-Chirurgie;* stRspr.; vgl. auch *Baumbach/Hefermehl* Einl. UWG Rdn. 232 ff.

[166] BGHZ 3, 270, 277 – *Constanze I;* BGHZ 14, 163, 165 = GRUR 1955, 97, 99 – *Constanze II;* BGH GRUR 1960, 384, 386 – *Mampe halb und halb;* BGHZ 45, 296, 302 = GRUR 1966, 693 – *Höllenfeuer;* stRspr.

[167] BGH GRUR 1955, 342, 344 – *Holländische Obstbäume;* seither stRspr., vgl. etwa BGH GRUR 1990, 463, 464 – *Firmenrufnummer.*

[168] *v. Gamm* § 17 Rdn. 43; *ders.* WM 1984 Sonderbeilage Nr. 6 S. 6; *Baumbach/Hefermehl* Einl. UWG Rdn. 235.

Geschehensablaufs abzulehnen ist (Stein/Jonas/*Leipold*[20] (1987) § 286 Rdn. 117) und wegen der Nötigung des Gegners, den Anscheinsbeweis durch Nachweis der Möglichkeit eines anderen Geschehensablaufs zu erschüttern (Stein/Jonas/*Leipold* § 286 Rdn. 97), die dem Äußernden eine höhere Beweisführungslast überbürdet, als dem gesetzlichen Tatbestand des § 14 UWG entspricht.

b) Auf **Äußerungen der Massenmedien** wurde ursprünglich dieselbe tatsächliche **186** Vermutung angewendet. Das RG hatte eine kritische Befassung mit Mineralwässern in einer Fachzeitschrift ohne weiteres als Wettbewerbshandlung bewertet, dazu bestimmt, den Wettbewerb der Fabrikanten künstlicher Mineralwässer zu fördern[169]. Der BGH wertete den Beitrag in der Dekanatsbeilage eines Kirchenblattes, der eine Frauenzeitschrift „als Blüte aus dem Sumpf der fragwürdigen Kulturerzeugnisse nach Art der Magazine" bezeichnete, als Wettbewerbshandlung, weil der aus dem Sachverhalt zu folgernde Wettbewerbszweck nicht völlig hinter ethischen Zielen in den Hintergrund getreten sei[170]. Einen Artikel in einer Zeitschrift für die Praxis der Gemeindeverwaltung, der sich mit der Frage befaßte, ob Bürgermeister kleinerer Gemeinden teure Sammelwerke als Fortsetzungslieferung bestellen dürften, sah der BGH als gegen die konkurrierende Fachzeitschrift gerichtete Wettbewerbshandlung an, weil der Wettbewerbszweck jedenfalls hinter dem einer wissenschaftlichen Erörterung der Streitfrage nicht völlig zurückgetreten sei (BGH GRUR 1958, 35, 37 – *Die Fundstelle*). Wettbewerblichen Äußerungen wurde die Eignung, als Meinungsäußerungen geistige Wirkungen auf die Umwelt zu entfalten, schlechthin abgesprochen (zu der vom Urteil des BayVGH E 1951 II, 63, 76 ausgehenden älteren Rspr. s. *Braun* WRP 1982, 510, 511).

Einen **Wandel** markiert die *„Blinkfüer"*-Entscheidung des BGH vom 10. 7. 1963 **187** (GRUR 1964, 77, 79). Es ging um Boykottaufruf und gegenüber Zeitungshändlern ausgesprochene Boykottdrohung des Springer-Verlags aus Anlaß des Berliner Mauerbaus gegen eine sowjetzonale Rundfunk- und Fernsehprogramme verbreitende Wochenzeitung. Der BGH billigte die Ansicht des KG, dem Verlag sei es allein um das staatsbürgerliche Anliegen gegangen, womit die Vermutung für das subjektive Merkmal eines Handelns zu Zwecken des Wettbewerbs widerlegt sei[171]. Im *„Höllenfeuer"*-Urteil vom 21. 6. 1966 (BGHZ 45, 296, 302 = GRUR 1966, 693 m. zust. Anm. v. *Fischötter*) wird diese Ansicht vertieft: Es könne der Erfahrungssatz, wonach ein bestehendes Wettbewerbsverhältnis zwischen zwei Parteien zunächst nahelege, daß eine gewerbeschädigende Äußerung des einen Teils über den anderen in Wettbewerbsabsicht geschehen sei, schwerlich dann Geltung beanspruchen, wenn ein Presseorgan, das eine bestimmte politische oder weltanschauliche Richtung vertritt, sich in polemischer Weise mit einem anderen auseinandersetzt, das diese Richtung angegriffen hat. Solche Pressefehden lägen in der Regel nicht auf wettbewerblichem Gebiet, sondern auf dem des Kampfes um die öffentliche Meinungsbildung, bei der die Presse eine führende Rolle spiele[172]. Diese Ansicht **188**
hat sich in der Rechtsprechung durchgesetzt, die seitdem die zu §§ 823, 824 BGB

[169] RGZ 50, 107, 108; s. *Emmerich* § 4 3 A cc mit allerdings fehlerhaftem Zitat in Fn. 30.

[170] BGHZ 14, 163, 165 = GRUR 1955, 97, 99 – *Constanze II;* s. dazu die Sachverhaltswiedergabe in der Vorentscheidung BGHZ 3, 270, 272 = GRUR 1952, 410 – *Constanze I.*

[171] Das BVerfG hob in E 25, 256, 264, 265 das Urteil des BGH auf, weil der Boykottaufruf durch das Grundrecht der freien Meinungsäußerung dann nicht geschützt sei, wenn er nicht nur auf geistige Argumente gestützt werde, sondern sich darüber hinaus wirtschaftlicher Druckmittel bediene; so auch BVerfG AfP 1988, 236, 237 – *Aufruf zum Mietboykott* und BVerfG GRUR 1984, 357 – *markt-intern.*

[172] Wegen eines Überblicks über die Rechtsprechung s. *Messer* FS v. Gamm 1990, 95, 98/99.

herausgebildete Ansicht von der Notwendigkeit einer Interessenabwägung zwischen Persönlichkeitsrecht und Pressefreiheit (s. o. Rdn. 41 ff) auf die Maßstäbe überträgt, nach denen die Wettbewerbsabsicht als Kriterium für die Anwendbarkeit des scharfen Schwertes des Wettbewerbsrechts bestimmt wird. Im Urteil vom 4. 4. 1984 (GRUR 1984, 823, 824 – *Charterfluggesellschaften*), das einen abwertenden Artikel einer Lufthansa-Tochter in einer Touristik-Zeitschrift über ein in Gründung befindliches Charterflugunternehmen betrifft, wird auf die Rechtsprechung des BGH (GRUR 1975, 208, 210 – *Deutschland-Stiftung*) und des BVerfG (E 42, 163, 171 – *Deutschland-Stiftung*) verwiesen, wonach zur politisch-geistigen Auseinandersetzung beitragende Presseverlautbarungen nicht nach Wettbewerbsrecht zu beurteilen sind. Zur Feststellung der Wettbewerbsabsicht gelangt der BGH nur deshalb, weil eine pauschale Abwertung der Leistungen eines Mitbewerbers ohne erkennbaren sachlichen Bezug auf die dafür sprechenden Umstände vom Grundrecht der Meinungsfreiheit nicht gedeckt sei (GRUR 1984, 824 r. Sp.). Befaßt sich ein Presseunternehmen kritisch mit Vorgängen, die von allgemeiner Bedeutung oder sonst für die Öffentlichkeit von Interesse sind, so bedarf die Feststellung der Wettbewerbsabsicht des Handelnden sorgfältiger Prüfung, weil der Presse die öffentliche Berichterstattung und die Teilnahme am Prozeß der Meinungsbildung nicht generell verwehrt werden, Meinungs- und Informationsfreiheit nicht durch ein zu weit gestecktes Verständnis vom Begriff der Wettbewerbsabsicht beeinträchtigt werden dürfen. Erst wenn der Bericht eine Absicht, das Publikum sachbezogen zu unterrichten, wegen ganz pauschal abwertender Kritik nicht erkennen läßt, darf der Schluß auf wettbewerbliche Interessen gezogen werden, weil es auch für Pressefehden nicht üblich ist, einen Mitbewerber vor der Öffentlichkeit ohne nähere Begründung pauschal abzuwerten (BGH GRUR 1982, 234–236 – *Großbanken-Restquoten*). Zwar darf das Recht auf freie Meinungsäußerung in einer die Öffentlichkeit wesentlich berührenden Frage politischer, sozialer, kultureller oder wirtschaftlicher Natur, das eine kritische Presseberichterstattung deckt, nicht als Mittel zum Zweck der Förderung privater Wettbewerbsinteressen eingesetzt sein; von einem Handeln in Wettbewerbsabsicht ist jedoch noch nicht auszugehen bei einem Journalist, der die wirtschaftlichen Interessen einer Weinkellerei vertritt, wenn er sich ohne gezielte Förderung seines eigenen Weinvertriebs in einem Zeitschriftenbericht kritisch über ein Feinschmeckerlokal äußert (BGH GRUR 1986, 812, 813 – *Gastrokritiker;* OLG Hamm WRP 1991, 117, 121, 122 – *grand cru*). In einem Zeitungsbericht über eine Rechtsanwalts-Praxiseröffnung geäußerte Kritik über andere am Ort tätige Rechtsanwälte – auch wenn diesen nachteilig, der neuen Praxis vorteilhaft – läßt den Schluß auf die Absicht, fremden Wettbewerb zu fördern, deshalb nicht zu, weil ein Redakteur mit seiner Berichterstattung regelmäßig in erster Linie seine journalistische Aufgabe erfüllen will (BGH GRUR 1986, 898, 899 – *Frank der Tat*). Ein über die Praxis eines Schönheitschirurgen in Wort und Bild berichtender Illustriertenartikel kann ungeachtet der objektiven Eignung zur Wettbewerbsförderung doch das Anliegen der Presse verfolgen, die Öffentlichkeit über eine Angelegenheit von allgemeiner Bedeutung zu unterrichten, weshalb eine Wettbewerbsförderungsabsicht der Feststellung besonderer Umstände bedarf (BGH GRUR 1990, 373, 374 – *Schönheits-Chirurgie*); dem Illustriertenbericht über „die besten Scheidungsanwälte" wird Wettbewerbsförderungsabsicht nur deshalb entnommen, weil er den Rat ausspricht, sich einen der porträtierten Anwälte zu sichern (OLG München GRUR 1992, 409, 410 – *Die besten Scheidungsanwälte*). Nur für das Anzeigengeschäft der Presse, bei dem es sich um eine typische wettbewerbsfördernde Maßnahme außerhalb des meinungsbildenden informierenden Funktionsbereichs handelt, gilt die aus der Eignung zur Wettbewerbsförderung herzuleitende Vermutung vom Bestehen einer Förderungsabsicht (BGH GRUR 1990, 1012, 1013 – *Pressehaftung I*). Eine Pressefehde zwischen zwei Zeitungen wird in der Regel zur Förderung der öffentlichen Meinungsbildung und nicht zu Wettbewerbszwecken ausgetragen (OLG Ffm. a. M. WRP 1989, 319, 320 – *Kapitalanleger;* OLG Hamm WRP 1991, 37 – *Westfalenpost*). Ebensowenig handelt zu Zwecken des Wettbewerbs, wer als Teilnehmer an einem Fernseh-Expertengespräch mit Äußerungen über Anlageberatung von Versicherungsgesellschaften Kritik an deren Neutralität von sich gibt (OLG Hamburg WRP 1990, 47, 48 – *Expertengespräch*).

Diese Rechtsprechung wird auf **Warentests und Preisvergleiche von Testinstituten und Verbraucherbänden** übertragen. 189

Für einen in der Testzeitschrift „DM" veröffentlichten Wursttest, in dem die Produkte des Klägers ungünstig abschnitten, folgte der BGH ohne eigene Begründung der Feststellung des Berufungsgerichts, es fehle jeder Anhaltspunkt dafür, daß es dem beklagten Herausgeber und dem Chefredakteur der Testzeitschrift nicht um eine Aufklärung der Verbraucher, sondern um die Unterstützung bestimmter Wettbewerber zum Nachteil anderer gegangen sei; deshalb schied die Anwendung wettbewerbsrechtlicher Grundsätze aus (BGH GRUR 1967, 113 – *Leberwurst*). Das Urteil war Vorbild für weitere Entscheidungen, die Warentests[173] sowie durch Verbraucherverbände veranstaltete Preisvergleiche[174] betrafen. Im Urteil vom 20. 3. 1981 (BGH GRUR 1981, 658, 660 – *Preisvergleich*) spricht der BGH aus, das Tatbestandsmerkmal des Handelns zu Zwecken des Wettbewerbs diene der Abgrenzung der Anwendbarkeit des in mehrfacher Hinsicht strengeren Wettbewerbsrechts von derjenigen des allgemeinen Zivilrechts, wobei im Interesse der Tätigkeit der Verbraucherverbände, aber auch allgemein im Interesse der öffentlichen Darstellung wettbewerblich erheblicher Sachverhalte in der Presse, in Funk oder Fernsehen an das subjektive Merkmal des Handelns zu Zwecken des Wettbewerbs keine geringen Anforderungen gestellt werden dürften. Die Telefon-Ansage-Aktion eines Verbraucherverbandes, der vor Kreditvermittlern als „Kredithaien" und „Geldmafiosi" warnte, welche Zinsbeträge von bis zu 98% verlangten, hat der BGH als objektiv geeignet angesehen, Wettbewerbsinteressen der Kreditvermittler in ihrem Wettbewerb mit Banken zu benachteiligen. Er hat dennoch die Verneinung der Wettbewerbsabsicht gebilligt, weil Verbraucherverbände mit nicht erwerbswirtschaftlicher Zielsetzung im Interesse der Verbraucher und im volkswirtschaftlichen Gesamtinteresse allgemeine wettbewerbspolitische Zwecke verfolgten (BGH GRUR 1983, 379, 381 – *„Geldmafiosi"*). Das OLG Karlsruhe hat eine Wettbewerbsabsicht verneint im Falle eines Verbraucherverbandes, der in Zeitungsanzeigen vor elektronischen Wasseraufbereitern warnte, deren Hersteller er als „Nepper, Schlepper, Bauernfänger" bezeichnete, obwohl seine Stellungnahme eine deutliche Entscheidungshilfe zugunsten der im DVGW organisierten Anbieter von Ionenaustauschern erkennen ließ (GRUR 1989, 681 – *Wasserenthärter*).

c) **In der Literatur** findet die Rechtsprechung Zustimmung, die den Gebrauch 190
von Pressefreiheit und Meinungsfreiheit in einen Gegensatz zum Handeln in Wettbewerbsabsicht setzt und bei Beiträgen zu Fragen von politischer, kultureller, ge-

[173] BGH GRUR 1976, 268, 269 – *Warentest II;* BGH GRUR 1987, 468, 469 – *Warentest IV;* BGH GRUR 1989, 539 – *Warentest V.*

[174] BGH GRUR 1981, 658, 660 – *Preisvergleich;* KG WRP 1978, 822; KG WRP 1979, 202, 204; OLG Köln WRP 1979, 230, 231 – *Preisvergleiche der Verbraucherzentralen.*

schichtlicher oder wirtschaftlicher Bedeutung die kritische Befassung mit Marktteilnehmern und deren Leistungen, auch wenn sie diesen ungünstig, anderen förderlich sein kann, noch nicht zum Anlaß nimmt, auf eine Wettbewerbsförderungsabsicht zu schließen, sondern dafür und für die Anwendbarkeit der scharfen Waffe des Wettbewerbsrechts besondere Umstände fordert wie Unsachlichkeit der Darstellung, pauschale Abwertung[175].

191 Dagegen sind für Warentests und Preisvergleiche die Meinungen geteilt. *Schrikker* (in seiner Anm. zu BGH GRUR 1976, 268 ff – *Warentest II*) begrüßt die Berücksichtigung der durch Art. 5 Abs. I S 1 GG geschützten Meinungsfreiheit auch für das Gebiet der Warentests (aaO S 275). *Brinkmann* (WRP 1981, 445 ff und GRUR 1988, 516 ff) folgt der Rechtsprechung für Warentests wie Preisvergleiche; nur wenn der Tester, der den Preisvergleich durchführende Verbraucherverband, die Neutralität nicht gewahrt haben, befürwortet er die Anwendbarkeit von Wettbewerbsrecht, dagegen nicht schon beim Vorkommen mehrerer Fehler, auch wenn sie auf mangelnder Sachkunde beruhen. *Tilmann* (in seiner Anm. zu BGH GRUR 1986, 898 ff – *Frank der Tat*) sucht nach Indizien dafür, daß der Kritiker, der Tester nicht von seiner Meinungsfreiheit Gebrauch gemacht, sondern den Geschäftsbetrieb eines anderen zu marktbezogenem Tun verwendet hat. Als solche Indizien, die typischerweise für Förderungsabsicht sprächen, sieht er persönliche Nähe des Kritikers zum Geförderten an, Vorteilhaftigkeit der Kritik für den Kritiker wie im Falle der Veröffentlichung einer entgeltlichen Anzeige und des redaktionellen Beitrages im selben Heft (aaO S 900, 901). *Schulze zur Wiesche* (in seiner Anm. zu BGH GRUR 1981, 658 ff – *Preisvergleich*) nimmt bei Preisvergleichen von Verbraucherverbänden regelmäßig eine Wettbewerbsförderungsabsicht an, die die Beurteilung nach § 14 UWG gestatte (aaO S. 662). Derselben Ansicht ist *Weyhenmeyer* für Preisvergleiche, die im Auftrag der Arbeitsgemeinschaft der Verbraucher oder einzelner Verbraucherzentralen durchgeführt und veröffentlicht werden (WRP 1979, 766 ff).

192 d) **Kritik und eigene Ansicht.** Die Beurteilung der in Rechtsprechung und Literatur vertretenen Ansichten hat von der Fragestellung auszugehen, welchem **Zweck** es dienen soll, Äußerungen in Warentests, Preisvergleichen, wissenschaftlichen Abhandlungen u. a. von der Feststellung eines Handelns zum Zwecke des Wettbewerbs auszunehmen; danach ist zu fragen, ob die solchen Äußerungen zuteil werdende Behandlung zur Erreichung des Zweckes geeignet und nötig ist.

193 **Ziel** der in Rechtsprechung und Literatur, soweit diese mit der Rechtsprechung übereinstimmt, vertretenen Ansicht ist es, **der Meinungsfreiheit** – also dem Schutz der individuellen Meinungsäußerung – **wie der Pressefreiheit** – also dem Schutz der institutionellen Eigenständigkeit der Presse von der Informationsbeschaffung bis zur Nachrichten- und Meinungsverbreitung (zu dieser Abgrenzung BVerfG AfP 1992, 53, 54 – *Kritische Bayer-Aktionäre;* BVerfG BB 1992, 1792) – **gegenüber** dem Wettbewerbsrecht Geltung zu verschaffen. Dieser Zielsetzung liegt die Vorstellung zugrunde, mit der Feststellung, daß eine Äußerung als Wettbewerbshandlung der Beurteilung nach § 14 UWG unterfalle, hätten Meinungsäußerungsfreiheit und Pressefreiheit der sich Äußernden als schützenswerte Rechtsgüter keine Rolle mehr zu spielen. Es läuft diese Ansicht auf die Bildung eines Gegensatzes hinaus zwischen einerseits Handeln zu Zwecken des Wettbewerbs, das der strengen wettbewerbsrechtlichen Beurteilung unterliegt, und andererseits solchen Meinungsäußerungen

---

[175] *Baumbach/Hefermehl* Einl. UWG Rdn. 236–241; *v. Gamm* § 17 Rdn. 43; *ders.* in Beil. Nr. 6 zu WM 1984 S. 6); *Ahrens* S. 442 zu Fn. 26; HdbWR-*Kreft* § 11 Rdn. 11.

und Presseäußerungen, die aus der grundgesetzlich geschützten Meinungsfreiheit wie Pressefreiheit ihre Rechtfertigung erfahren. Wettbewerbsförderungsabsicht wird derartigen Testberichten, Preisspiegeln, wissenschaftlichen Abhandlungen, Äußerungen der Verbraucherverbände, Äußerungen in den Medien über wirtschaftliche Tatbestände schlechthin deshalb abgesprochen, damit Meinungsfreiheit und Pressefreiheit ein vor wettbewerbsrechtlicher Beurteilung sicherer Schutzbereich gewährleistet sei. Ganz deutlich werden dieser Zweck und die ihm zugrundeliegende Geggensatz-Bildung ausgesprochen im Urteil vom 30. 10. 1981 (BGH GRUR 1982, 234, 235 – *Großbanken-Restquoten*) mit der Wendung, die Presse, die sich kritisch mit Vorgängen von allgemeiner Bedeutung oder sonstigem Interesse für die Öffentlichkeit befasse, dürfe in ihrer Meinungs- und Informationsfreiheit nicht durch ein zu weit gestecktes Verständnis des Begriffs der Wettbewerbsabsicht beeinträchtigt werden. Die Linie auch der neueren Rechtsprechung läßt sich dahin ausziehen, daß es darauf ankommt, ob eine individuelle Meinungsäußerung oder Presseäußerung sich am Prozeß der Meinungsbildung mit Mitteln zum geistigen Meinungskampf in einer die Öffentlichkeit wesentlich berührenden Frage politischer, sozialer, kultureller oder wirtschaftlicher Art beteiligt und dabei auch nicht etwa pauschal und ohne erkennbaren sachlichen Bezug auf die für die Kritik maßgebenden Gründe abwertet; fällt diese Prüfung zum Nachteil der beurteilten Äußerung aus, so muß sie sich die Anwendung des strengen Maßstabes des Wettbewerbsrechts gefallen lassen, bei der ihr die Berufung auf Meinungsfreiheit oder auch Pressefreiheit versagt ist.

Diese Gegensatzbildung ist **untauglich.** Das zeigt schon das Beispiel der Presseanzeigen, die nach der Rechtsprechung des BGH regelmäßig fremden – des Anzeigenden – Wettbewerb fördern sollen, nach der Rechtsprechung des BVerfG aber von der Pressefreiheit geschützte Informationen enthalten, und das nicht nur wegen der institutionellen Garantie der Presse, die auf die Einkünfte aus dem Annoncenteil angewiesen ist[176], sondern auch wegen der Bedeutung des Anzeigenteils für die Kommunikationsaufgabe der Presse[177]. Ebensowenig läßt sich eine Wettbewerbsförderungsabsicht leugnen, wenn Verbandszeitschriften von Verbraucherverbänden zu preis- oder umweltbewußtem Einkauf raten und zu diesem Zweck Preis- oder auch Leistungsvergleiche veröffentlichen, wenn zum Beispiel Greenpeace in seiner eigenen Zeitschrift zum Kauf eines FCKW-freien Kühlschrankes eines bestimmten Herstellers auffordert oder wenn in Zeitschriften-Artikeln Verbrauchern geraten wird, auf Mode-Accessoires solcher Betriebe, die Wildhäute oder Schildpatt verarbeiten, zu verzichten. 194

Die Unterscheidung ist zur Erreichung des angestrebten Ziels, Meinungs- und Pressefreiheit einen angemessenen Schutzbereich zu garantieren, auch **unnötig.** Nach neuerer und richtiger Auffassung trifft nicht zu, daß mit der Feststellung des Tatbestandsmerkmals eines „Handelns zu Zwecken des Wettbewerbs" das scharfe Schwert des Wettbewerbsrechts zur Anwendung komme, Meinungsfreiheit und Pressefreiheit dagegen ihre Bedeutung verlören, daß die Schnittlinie zwischen außerwettbewerblichem und wettbewerblichem Handeln zugleich die Grenze markiere, bei deren Überschreitung kritische Äußerungen durch Meinungsfreiheit sowie Pressefreiheit nicht mehr gedeckt sein könnten. 195

---

176 BVerfGE 64, 108, 114 – *Chiffre-Anzeigen; Löffler* Bd. I Rdn. 117; *Ricker* Anzeigenwesen und Pressefreiheit 1973, 22 ff, 31, 34.

177 BVerfGE 64, 108, 114, auch schon BVerfGE 21, 271, 278–280 – *Südkurier:* Auch eine Anzeige ist eine Nachricht; BGH GRUR 1990, 1012, 1013 – *Pressehaftung; Kresse* WRP 1985, 536, 539.

196 Diese Freiheitsrechte sind Ausprägungen einer **prinzipiellen Verfassungsentscheidung** für die Freiheit des geistigen Ausdrucks des Individuums, die Freiheit der Kommunikation zwischen Individuen. Sie sind klassisch-liberale Menschenrechte, in deren Tradition auch die Pressefreiheit steht. Sie verbindet sich mit dem Menschenrecht der freien Meinungsäußerung zur Freiheit des geistigen Ausdrucks. Meinungsfreiheit und Pressefreiheit gewährleisten zunächst die Verwirklichung der Persönlichkeit des Individuums und entfalten sodann ihre Funktion im freiheitlich-demokratischen Staatswesen. Sie enthalten so eine individualrechtlich-liberale und eine demokratiestaatlich-funktionale Komponente. Aus der Betonung dieser öffentlichen Komponente der Meinungsfreiheit in der Rechtsprechung des BVerfG (E 7, 198, 208 – *Lüth;* ebenso EuGMR GRUR Int. 1985, 468, 471 – *Tierärztlicher Nachtdienst II*) resultiert die Ansicht, eine Meinungskundgabe, die in Konflikt mit den Interessen anderer gerät, sei durch Art. 5 Abs. 1 GG insbesondere dann geschützt, wenn sie als Mittel des geistigen Meinungskampfes in einer die Öffentlichkeit wesentlich berührenden Frage eingesetzt werde, ihr also keine private Auseinandersetzung, sondern die Sorge um politische, wirtschaftliche, soziale oder kulturelle Belange der Allgemeinheit zugrunde liege. Es wäre verfehlt, daraus den Schluß zu ziehen, nur Presseäußerungen als Mittel des geistigen Meinungskampfes in einer die Öffentlichkeit wesentlich berührenden Frage seien durch Art. 5 Abs. 1 GG mit der Wirkung geschützt, sie vor der Anwendung des strengen Wettbewerbsrechts zu verschonen. Eine solche den Gegenstand der individuellen Meinungsäußerung oder der Presseäußerung zum Kriterium für die Nichtanwendung des UWG erhebende Ansicht schmälert den Schutzbereich des Art. 5 Abs. 1 GG. Die Hervorhebung der demokratiestaatlich-funktionalen Komponente der Meinungs- und Pressefreiheit rechtfertigt jedoch weder eine Ausgrenzung der weniger wertvollen – weil etwa nur auf Unterhaltung, womöglich Sensation bedachten – Presseäußerung, noch der auf bloße privatnützige (eigene oder fremde Interessen) gerichteten Presse- oder Meinungsäußerung. Der Grundrechtsschutz ist weder vom Thema einzugrenzen, noch von einer Qualitätsabwägung abhängig, insbesondere nicht auf Beiträge zur geistigen Auseinandersetzung beschränkt, vielmehr auch bloß unterhaltenden, selbst auf Sensationsdarstellung beschränkten Äußerungen zuzubilligen (*Messer* FS von Gamm S. 102, 103). Das gilt für Wertungen wie für Tatsachenbehauptungen, wenngleich Tatsachenbehauptungen Einschränkungen im Interesse anderer Rechtsgüter leichter zugänglich sind als Meinungsäußerungen (BVerfGE 61, 1, 8 – *NPD Europas;* BVerfG AfP 1992, 53, 55 – *Kritische Bayer-Aktionäre*).

197 Meinungsfreiheit und Pressefreiheit müssen als grundrechtlich geschützte Freiheitsrechte **auch innerhalb des Bereichs wettbewerblichen Handelns** Beachtung finden. Das gilt für die Abgrenzung der Unterlassungs-, Widerrufs- und Schadensersatzansprüche auslösenden Tatsachenbehauptung von der Meinungsäußerung (s. o. Rdn. 84 ff), bei der Feststellung der Rechtswidrigkeit des Handelns sowie für eine Güter- und Interessenabwägung unter dem Blickpunkt des Rechtfertigungsgrundes einer Wahrnehmung berechtigter Interessen. Daß Meinungsfreiheit und Pressefreiheit auch im Bereich wettbewerblichen Handelns zu beachtende Rechte seien, entspricht einer in der Literatur vordringenden Ansicht[178].

---

[178] *Braun* WRP 1982, 510, 513, 514; *Diemer* FS Klaka 1987, 44, 53 f; *Drettmann* S. 81 ff; *Friauf/Höfling* AfP 1985, 249, 250; *Jarass* S. 1833, 1834; *Kloepfer/Michael* GRUR 1991, 170, 173 zu Fn. 56; *Kresse* WRP 1985, 536, 538; *Krüger* GRUR 1989, 738 ff; *Lerche* S. 76 ff; *Paulus* WRP 1980, 22 ff; *Wacke* FS Schack 1966, 197; *Wronka* AfP 1975, 787, 789, 790.

Besteht zwischen wettbewerblichem Handeln und durch das Grundrecht aus Art. 5 Abs. 1 Sätze 1, 2 GG geschützter Meinungsäußerung, Presseäußerung kein Gegensatz, so ist es **unnötig,** im Interesse der Presse, der Äußerungsfreiheit von Warentestern, Verbraucherverbänden kritisierende Presseberichte, Warentests, Preisvergleiche von der an die objektive Eignung zur Förderung fremden Wettbewerbs anknüpfenden Vermutung auszunehmen, eine Absicht zur Förderung fremden Wettbewerbs sei als nicht völlig nebensächliche Folge der Äußerung auch beabsichtigt gewesen. Meinungsfreiheit, Pressefreiheit sind als grundrechtlich geschützte Freiheitsrechte an anderer Stelle der Bewertung des Handelns des sich kritisch Äußernden zu berücksichtigen. 198

4. Revisibilität

Die Frage, ob eine Handlung **objektiv geeignet** sei, eigenen oder fremden Wettbewerb zu fördern, ist eine Rechtsfrage (*Baumbach/Hefermehl* Einl. UWG Rdn. 215). Sie ist daher revisibel gemäß § 549 ZPO und dem Zeugenbeweis nicht zugänglich (RG GRUR 1933, 504 – *Opernhaus*). Das gilt ebenso von der Frage, ob ein konkretes Wettbewerbsverhältnis zwischen Gefördertem und Betroffenem besteht. Die Frage, ob ein Handeln zu Zwecken des Wettbewerbs erfolgt sei, ist Tatfrage. Sie unterliegt der freien Beweiswürdigung des Tatsachenrichters und ist als solche nicht revisibel[179]. 199

II. Die Tathandlung

Die Tathandlung besteht im Behaupten oder Verbreiten von Tatsachen. Das ist derselbe Begriff, wie er in §§ 824 BGB und 186, 187 StGB gebraucht wird. Es liegt nahe, seine Auslegung, die Abgrenzung des Begriffs gegenüber Meinungsäußerungen, nach denselben Kriterien vorzunehmen, wie sie oben (Rdn. 84 ff) dargestellt wurden. Das ist auch die gerichtliche Praxis, und die Literatur unterscheidet ebensowenig zwischen dem in §§ 824 BGB einerseits und 14 UWG andererseits verwandten Begriff. 200

1. Tatsachenbehauptung – Begriff und Beispiele aus der Rechtsprechung

Tatsachenbehauptung ist danach die Äußerung, deren Inhalt dem Wahrheits- oder Unwahrheitsbeweis zugänglich ist. Die Möglichkeit des exakten Nachweises ist ein wesentliches Merkmal der Abgrenzung der Tatsachenbehauptung von der Äußerung von Werturteilen, Meinungen (BGH GRUR 1988, 402, 403 – *Mit Verlogenheit zum Geld*). Dagegen ist Merkmal der **Meinungsäußerung,** daß sie durch Elemente der Stellungnahme, des Dafürhaltens geprägt, zur Beeinflussung anderer im Rahmen einer geistigen Auseinandersetzung bestimmt ist[180]. 201

a) **Abgrenzung Tatsachenbehauptung – Werturteil – Allgemeines.** Dabei ist die **Abgrenzung** beider – funktional – **von dem Zweck der Unterscheidung bestimmt,** mit „Tatsachenbehauptung“ den Gegenstand einer solchen Äußerung zu bezeichnen, die dem Unterlassungs-, Widerrufs- oder auch Schadensersatzanspruch ausge- 202

---

179 BGHZ 3, 270, 278 – *Constanze I;* BGH GRUR 1982, 234, 236 – *Großbanken-Restquoten; Baumbach/Hefermehl* Einl. UWG Rdn. 232.

180 BVerfGE 66, 116, 149 – *Der Aufmacher;* s. dazu die Revisionsentscheidung BGH GRUR 1981, 437; BVerfGE 71, 162, 179 – betreffend ärztliche Werbung für Frischzellenbehandlung.

setzt sein kann im Gegensatz zur Meinungsäußerung, die den Schutz des Art. 5 Abs. 1 S 1 GG genießt. Die Grenzziehung hat, wie oben (Rdn. 87) ausgeführt, die Wertung zu berücksichtigen, die dahinter steht, unwahre Tatsachenbehauptungen den genannten Sanktionen auszusetzen, die Äußerung unrichtiger Meinungen dagegen nicht. Es ist die Privilegierung des Versuchs, mit Meinungsäußerung die Ansicht des Adressaten zu beeinflussen, seine Zustimmung zu erringen, aber auch Ablehnung zu riskieren – wogegen die Tatsachenbehauptung absolute Geltung erfordert, eigenes Nachdenken erübrigt und mit dem Anspruch der Beweisbarkeit auftritt (BGH GRUR 1988, 402, 403 – *Mit Verlogenheit zum Geld*).

203 Über die Abgrenzung entscheidet das **Verständnis des Adressaten** der Äußerung (BGH GRUR 1970, 254, 255 – *Remington;* BGH GRUR 1988, 402, 403 – *Mit Verlogenheit zum Geld*). Dabei kommt es auf den Eindruck an, den die Äußerung dem unbefangenen und flüchtigen Adressaten vermittelt[181]. Insbesondere die Sicht des flüchtigen Lesers, Betrachters, Zuhörers ist die für das Wettbewerbsrecht gebotene, das sich mit zu Zwecken der Werbung gemachten Äußerungen zu befassen hat, die nicht immer aufmerksam und in ihren Einzelheiten aufgenommen werden, sondern bestimmungsgemäß ihre Wirkung auch durch plakative, schlagwortartig im Gedächtnis haftende Begriffe entfalten. Jedoch wird nach Zweck, Inhalt der Äußerung und verwendetem Medium zu unterscheiden sein. Von wissenschaftlichen Abhandlungen in der Presse, Warentests, Preisvergleichen der Verbraucherverbände, wenn sie nach der hier vertretenen Ansicht (s. o. Rdn. 192–198) ebenfalls als Wettbewerbshandlungen betrachtet werden, wird eher als von Aussagen in Werbeprospekten, Annoncen, Plakaten anzunehmen sein, daß sie vollständig gelesen und in ihrem Inhalt erfaßt werden. Für sie sollte daher über die Abgrenzung zwischen Tatsachenbehauptung und Meinungsäußerung die Sicht des unbefangenen Lesers entscheiden, der den gesamten Text zur Kenntnis nimmt, es sei denn, er enthielte plakative, schlagwortartige Hervorhebungen.

204 Um die Meinungsfreiheit nicht zu kurz kommen zu lassen, sind der **Interpretation** von Äußerungen **Grenzen** gesetzt. Der Äußernde kann erwarten, daß seine offenen Einzelaussagen wörtlich genommen werden; er braucht sich keine Deutungen gefallen zu lassen, die der Wortsinn nicht hergibt – muß sich allerdings auch versteckte, zwischen den Zeilen stehende Erklärungen, zu deren fehlerhaftem Verständnis er angeregt hat, zurechnen lassen (BGH GRUR 1981, 80, 83/84 – *Das Medizin-Syndikat IV*). Wo derjenige, um dessen Äußerung es geht, zitiert wird, hat er Anspruch auf wortgetreue Wiedergabe[182].

205 Äußerungen enthalten vielfach Tatsachenbehauptungen, darauf aufbauende Wertungen oder Wertungen, unterlegt mit einzelnen ausgewählten Tatsachenbehauptungen, zusammenfassende Werturteile und deren aus Tatsachenbehauptungen und daraus resultierenden einzelnen Folgerungen gebildeten Wertungsschritte. Dann entscheidet eine **Gesamtbetrachtung** darüber, ob im Vordergrund der Gesamtaussage eine Wertung steht oder eine Tatsachenbehauptung (BGHZ 45, 296, 303, 304 = GRUR 1966, 693 – *Höllenfeuer;* BGH GRUR 1988, 402, 403 – *Mit Verlogen-*

---

[181] BGH GRUR 1951, 283 – *Möbelbezugsstoffe;* BGH GRUR 1975, 89, 91 – *Brüning-Memoiren;* BVerfG AfP 1989, 51, 52 – *Arbeitskreis Umwelt und Frieden;* OLG Hamm WRP 1991, 37, 38 – *Unwahre Tatsachenbehauptung; Baumbach/Hefermehl* § 14 Rdn. 3; *v. Gamm* § 49 Rdn. 8.

[182] BVerfGE 54, 148, 156 – *Eppler-Interview;* BVerfGE 54, 208, 217 = GRUR 1980, 1087 – *Heinrich Böll;* BVerfG NJW 1989, 1789 – *Rasterfahndung.*

heit zum Geld). Ergibt die Gesamtbetrachtung, daß die Äußerung Meinungsäußerung sei, so muß sie sich allerdings eine Beurteilung nach § 14 UWG doch in Bezug auf die zu ihrer Begründung angeführten Tatsachenbehauptungen gefallen lassen, falls diese nicht als völlig substanzarm hinter der Gesamtpolemik zurücktreten[183]. Unsubstantiierte Urteile über den Wert gewerblicher Leistungen werden wegen des starken Einschlags subjektiver Momente in der Regel als einer beweismäßigen Überprüfung nicht zugänglich und deshalb als Werturteile behandelt (BGH GRUR 1969, 555, 557 – *Cellulitis;* BGH GRUR 1969, 624, 627 – *Hormoncreme*).

b) **Sachverständigengutachten** sind in ihren zusammenfassenden Ergebnissen Werturteile, auch wenn ihr Zweck die Feststellung von Tatsachen ist. Das gilt auch dann, wenn das Gutachten äußerlich als Tatsachenbehauptung formuliert wurde. Dem Wesen nach handelt es sich um die Kundgebung der subjektiven gutachtlichen Überzeugung des Verfassers, die zur Diskussion gestellt, der Beurteilung nach den Kriterien von Richtigkeit oder Unrichtigkeit unterworfen und nicht mit absolutem Geltungsanspruch geäußert wird. Der Zweck der Unterscheidung und der Schutz des Grundrechts auf freie Meinungsäußerung gebieten die Behandlung von Sachverständigengutachten als Werturteile (BGH GRUR 1978, 258, 260 – *Schriftsachverständiger*). Werden jedoch wissenschaftliche Untersuchungsmethode, die Anwendung spezieller Kenntnisse und Fähigkeiten nur vorgetäuscht oder grob leichtfertig vorgenommen, so verliert der Gutachter den Schutz aus Art. 5 GG. Seine Äußerung verlagert ihren Schwerpunkt auf die der Beweisbarkeit zugängliche, unter die Kategorien der Wahrheit oder Unwahrheit einzuordnende Tatsachenbehauptung, es seien spezielle Kenntnisse eingesetzt, Forschungsmittel angewandt (BGH aaO). **206**

c) Die Veröffentlichung eines **Warentests,** in dem die Auswahl der Testkriterien, die Untersuchungen, Untersuchungsergebnisse, Wertungsschritte und das Gesamtergebnis wiedergegeben werden, ist als **Wertung** zu beurteilen, nicht als Tatsachenbehauptung. Das gilt für das Gesamtergebnis und für Zwischennoten, die Tatsachenurteile darstellen und wegen des der Meinungsfreiheit zu gewährleistenden Freiraums von der Beurteilung als Tatsachenbehauptung auszunehmen sind[184]. **207**

Allerdings enthalten **Warentests** auch eine Fülle **tatsächlicher Angaben** zu Testmethode, Auswahl der getesteten Produkte, Auswahl der Testmaßstäbe, Berichte über Einzel-Meßergebnisse. Der Warentest ist ein auf tatsächlichen Einzelaussagen beruhendes Wertungsgebäude, dessen Schwerpunkt auch einmal auf tatsächlichem Gebiet liegen kann (BGHZ 65, 325, 329; OLG Celle NJW 1964, 1804, 1807). Ein Test müßte als Verbreitung falscher Tatsachenbehauptungen beurteilt werden, wenn er die Ergebnisse von Messungen unrichtig mitteilte (*Schricker* GRUR 1976, 275) oder mit dem Anspruch auf Vollständigkeit aufträte, ohne auch nur die größere Zahl der auf dem relevanten Markt auftretenden Wettbewerber einbezogen zu haben[185]. Bei der Abgrenzung ist jedoch dem Interesse Rechnung zu tragen, aufgrund möglichst eingehender Tatsachenmitteilungen umfassende Marktübersicht zu erlangen, um so informiert eine Entscheidung im Wettbewerb treffen zu können. Dieses von Art. 5 Abs. 1 GG geschützte Informationsinteresse gebietet eine Grenzziehung, **208**

---

183 BGHZ 45, 296, 304; BGH NJW 1955, 311 – *Adenauer-Regime;* BGH GRUR 1970, 254, 255 – *Remington;* BVerfG AfP 1992, 53, 56 – *Kritische Bayer-Aktionäre.*

184 BGHZ 65, 325, 329–331 = GRUR 1976, 268 – *Warentest II,* m. zust. Anm. v. *Schricker;* BGH GRUR 1987, 468, 469 – *Warentest IV.*

185 Vgl. den vom OLG Koblenz GRUR 1984, 153 ff – *Restaurantführer* – beurteilten Sachverhalt; das OLG Koblenz verneint zu Unrecht das Vorliegen einer Tatsachenbehauptung.

die den Bereich der Wertung zu Lasten der Tatsachenbehauptung ausdehnt. Voraussetzung ist, daß die Untersuchung neutral, sachkundig und im Bemühen um objektive Richtigkeit vorgenommen wurde; bewußte Fehlurteile, Verzerrungen, unrichtige Angaben, einseitige Auswahl der zum Vergleich gestellten Waren sowie sachlich nicht mehr vertretbare Ergebnisse lassen das kritische Testurteil als unzulässig erscheinen und rechtfertigen nach der hier vertretenen Ansicht die Anwendung des § 14 UWG (wogegen die Rechtsprechung einen Eingriff in den Gewerbebetrieb, § 823 BGB, befürwortet – BGH GRUR 1987, 468 – *Warentest IV*). Zur Unvertretbarkeit des Ergebnisses führt noch nicht die – begründete – Abweichung von DIN-Normen (BGH aaO).

209 d) **Wissenschaftliche Urteile**, nämlich Äußerungen über gewerbliche, künstlerische, wissenschaftliche Leistungen, die mit dem Anspruch auftreten, auf der Anwendung wissenschaftlicher Methoden zu beruhen, genießen Schutz nach Art. 5 Abs. 3 GG sowie § 193 StGB. Diese Privilegierung ist bei ihrer Beurteilung am Maßstab des § 14 UWG zu beachten.

210 aa) Häufig wird es am subjektiven Tatbestand des Handelns zu Zwecken des Wettbewerbs fehlen, wenn Wissenschaftler sich in Zeitschriften, Vorträgen, Rundfunk- oder Fernsehsendungen kritisch mit Ansichten, Forschungsergebnissen, Leistungen anderer auseinandersetzen (OLG Hamburg WRP 1990, 47, 48 – *Expertengespräch*). Eine Wettbewerbsabsicht fehlt auch dann noch, wenn hinter der Publikation, der Auswahl des Themas und seiner Behandlung, insbesondere der kritischen Befassung mit den Fachkollegen, Profilierungswünsche, das Streben nach Steigerung des eigenen Ansehens und des „Marktwerts" im Wissenschaftsbetrieb stehen. Gerade dieses Streben wird von der Wissenschaftsfreiheit des Art. 5 Abs. 3 S 1 GG geschützt.

211 bb) Wettbewerbliche Relevanz erlangen wissenschaftliche Beiträge (Gutachten, Testberichte, Aufsätze) dann, wenn sie gewerbliche Leistungen beschreiben oder bewerten oder von Gewerbetreibenden zur Bewertung ihrer Leistungen oder auch derjenigen der Mitbewerber benutzt werden.

212 Die in Art. 5 Abs. 3 S 1 GG gewährleistete Freiheit von Wissenschaft und Forschung ist nicht dem Schrankenvorbehalt unterstellt, wie er für Meinungs- und Pressefreiheit in Art. 5 Abs. 2 GG normiert ist (BVerfGE 30, 173, 193 = GRUR 1971, 461 – *Mephisto;* BVerfG DVBl. 1990, 480 ff – *Verunglimpfung der Bundesflagge*). Daraus ist zwar zu folgern, daß es einem Mediziner z. B. unbenommen sein muß, sich in Aufsätzen, Interviews über die nach seiner Meinung gegebene Schädlichkeit pharmazeutischer Präparate zu äußern, einem Physiker, sich mit Nutzen oder Schaden der einen oder anderen Energieart zu befassen. Indessen genießen auch Wissenschaftler keinen unbeschränkten Freiraum, soweit sie sich für fremde Wettbewerbszwecke einspannen lassen oder eigenen Wettbewerb (außerhalb des Bereichs des Wissenschaftsbetriebs) verfolgen. So wurde die kritische Stellungnahme eines aus Liebhaberei und wissenschaftlichem Interesse mit der Erforschung von Erdstrahlen sich befassenden pensionierten Studienrates über Entstrahlungsapparate – auch wenn der Studienrat gelegentlich für die Beratung von Personen über Maßnahmen zum Schutze gegen Erdstrahlen Honorar erhalten hatte – als nicht zu Zwecken des Wettbewerbs geschehen beurteilt (BGH GRUR 1957, 360, 361 – *Phylax-Apparate*), dagegen der Aufsatz eines Facharztes und Wissenschaftlers auf orthopädischem Gebiet, der das Patent eines Fabrikanten für eine Schuheinlage in einem Zeitschriftenaufsatz als seiner eigenen Erfindung entnommen bezeichnet hatte, als möglicherweise wettbewerbswidrig beurteilt, wenn es ihm nicht entscheidend um das wissenschaftliche Problem, sondern darum gegangen wäre, sich oder Schuhfirmen ins Geschäft zu bringen (BGH GRUR 1962, 34, 36 – *Torsana*). Als sich herausstellte, daß der Facharzt und Orthopäde von Schuhfabrikanten Lizenzgebühren für die Auswertung seiner Erfindung erhalten hatte, wurde er trotz des wissenschaftlichen Charakters seines Aufsatzes wegen des für die kritischen Äußerungen auch maßgebenden Wettbewerbszweckes zur Unterlassung unrichtiger Tatsachenbehauptungen verurteilt. Nur bei rein wissenschaftlichem Beweggrund eines Aufsatzes – auch wenn dessen Inhalt geeignet ist, den Wettbewerb bestimmter Geschäftskreise zu fördern – kommt Wettbewerbsrecht nicht zur Anwendung, wogegen ein Gelehrter, der sich gegen Entgelt in den Dienst eines Erwerbsunternehmens stellt, auch seine wissenschaftliche Abhandlung nach wettbewerbsrechtlichen Kriterien soll beurteilt sehen[186]. Für den in einer vom Gemeindetag herausgegebenen Mitgliederzeitschrift erschienenen Artikel, der vor der Bestellung von in einem anderen Verlag erscheinenden Fortsetzungslieferungen als für kleinere Gemeinden ungeeignet warnte, wird ein Zurücktreten des Grundrechts der Pressefreiheit hinter § 1 UWG postuliert und die gesondert geschützte Wissenschaftsfreiheit nicht einmal erwogen (BGH GRUR 1958, 35, 37 – *Die Fundstelle;* vgl. auch BGH GRUR 1989, 781 ff – *Wassersuche*).

Die Rechtsprechung verdient im Ergebnis **Zustimmung**, auch wenn zu bemängeln ist, daß sie die in Art. 5 Abs. 3 GG normierte Wissenschaftsfreiheit nicht bedenkt. Die Wissenschaftsfreiheit ist wie die Meinungsfreiheit Kommunikationsgrundrecht. Als Abwehrrecht schafft sie dem Wissenschaftler einen Freiraum gegenüber staatlichen Eingriffen, in dem die auf wissenschaftlicher Eigengesetzlichkeit beruhenden Verhaltensweisen beim Auffinden von Erkenntnissen, ihrer Deutung und Weitergabe geschützt sind. Die Freiheitsgarantie erstreckt sich auf den Prozeß der Gewinnung wie der Vermittlung wissenschaftlicher Erkenntnisse (BVerfGE 35, 79, 112, 113; *Maunz/Dürig/Scholz* Art. 5 Abs. 3 Rdn. 13). Freiheitsrechte und objektive Wertentscheidung umfassen daher gerade auch die Verbreitung des Ergebnisses wissenschaftlicher Bemühung (*Maunz/Dürig/Scholz* aaO Rdn. 83, 84). Da wissenschaftliche Tätigkeit der nach Inhalt und Form ernsthafte planmäßige Versuch zur Ermittlung der Wahrheit ist (BVerfGE 35, 79, 113) oder die methodisch geordnete Suche nach objektiv wahren und in einen Begründungszusammenhang eingeordneten Erkenntnissen (*Badura* S. 9), kann die Verbreitung wissenschaftlicher Erkenntnis nach der hier (vgl. o. Rdn. 201 ff) verwendeten Definition der Tatsachenbehauptung die dem Wissenschaftler geschützte Kommunikationsfreiheit im Falle wettbewerblich determinierter Mitteilung in Konflikt zum Anschwärzungsverbot des § 14 UWG geraten lassen, so daß sich die Frage nach der Schrankenlosigkeit der in Art. 5 Abs. 3 GG normierten Wissenschaftsfreiheit stellt. 213

Für diesen Konflikt ist zunächst zwischen der Freiheitsgarantie für den Wissenschaftler und derjenigen für den Träger des Mediums, in dem der Wissenschaftler sich äußert, **zu unterscheiden.** Die Medien des Art. 5 Abs. 1 GG (Presse, Rundfunk, Fernsehen) erfüllen dem wissenschaftlichen Werk gegenüber nur Hilfsfunktionen, weshalb für sie allein Art. 5 Abs. 1 GG in Betracht kommt, der dem Schrankenvorbehalt des Art. 5 Abs. 2 GG unterliegt (*Maunz/Dürig/Scholz* aaO Rdn. 13 – auch mit Nachw. zur Gegenmeinung). Ebensowenig genießt den Wissenschaftsschutz des 214

---

186 BGH GRUR 1964, 389, 391 – *Fußbekleidung;* es handelt sich um das zweite Revisionsurteil zu BGH GRUR 1962, 34, 36 „*Torsana*".

Art. 5 Abs. 3 GG der Gewerbetreibende, der sich selbst zu Wettbewerbszwecken lediglich der Äußerung von Wissenschaftlern bedient (OLG Karlsruhe WRP 1980, 220 f – *Anschwärzung durch wissenschaftliche Monographie*). Jedoch unterfallen auch engagierte Wissenschaft oder interessenmäßig gebundene Forschung dem verfassungsrechtlichen Wissenschaftsbegriff, weshalb Auftragsforschung, Industrieforschung, die einem Auftraggeber verpflichtete gutachtliche Forschung den Schutz des Art. 5 Abs. 3 GG genießen (*Maunz/Dürig/Scholz* aaO Rdn. 98, 99).

215 Der Begriff besagt, **daß die Wissenschaftsfreiheit nur den verfassungssystematischen Schranken anderer Grundrechte oder verfassungsrechtlich geschützter Güter untersteht,** also insbesondere mit den Grundrechten anderer aus Art. 2, 12, 14 GG kollidieren kann[187]. Wo Wissenschaftsfreiheit mit verfassungsrechtlich geschützten Rechtsgütern anderer kollidiert, ist ein verhältnismäßiger Ausgleich der gegenläufigen Interessen mit dem Ziele ihrer Optimierung zu suchen (BVerfG aaO S. 482). Dabei bezieht die Wissenschaftsfreiheit sich auf den „Werkbereich" wissenschaftlicher Erkenntnis, wogegen deren „Wirkbereich" intensiveren Eingriffen zugänglich ist. Diese von *Maunz/Dürig/Scholz* (aaO Rdn. 186, 187) vertretene – vom BVerfG allerdings abgelehnte[188] – Unterscheidung liefert praktisch brauchbare Ergebnisse. Dabei ist unter den Werkbereich die bei der Suche nach Wahrheit gefundene Erkenntnis zu zählen, wogegen dem Wirkbereich der zweckgerichtete Einsatz wissenschaftlicher Erkenntnisse oder Forschungsergebnisse im sozialen Umfeld zuzuordnen ist (*Maunz/Dürig/Scholz* aaO Rdn. 187), also beispielsweise die Verbreitung des Forschungsergebnisses zum Zwecke der Förderung eigenen oder fremden Wettbe-
216 werbs. Für die Anwendbarkeit des § 14 UWG folgt daraus, daß bei einer zur Förderung eigenen oder fremden Wettbewerbs eingesetzten wissenschaftlichen Publikation gegenüber dem Wissenschaftler als Grundrechtsträger Unterlassungsgebote wie Schadensersatzverpflichtungen in Betracht kommen, weil sie die Reaktion auf von ihm erstrebte Wirkungen in einem sozialen Umfeld bilden. Dagegen ist die wissenschaftliche Erkenntnis selbst, wenn sie als unwahr erkannt ist, vor dem Widerrufsanspruch geschützt, der dem keinem Schrankenvorbehalt unterliegenden Werkbereich zuzuordnen ist. Voraussetzung ist, daß der wissenschaftlichen Äußerung der ernsthafte Versuch zur Ermittlung der Wahrheit zugrunde liegt, die Anwendung wissenschaftlicher Forschungsmethoden daher nicht nur vorgetäuscht oder grob leichtfertig vorgenommen ist. *Wenzel* (Rdn. 3. 35) erwägt einen eingeschränkten Unterlassungsanspruch in Fällen, in denen das einen Dritten beeinträchtigende Ergebnis einer Forschungsarbeit nicht gesichert, sondern zweifelhaft ist; es soll dann geboten sein, diese Zweifel mit zu publizieren.

217 e) Die Frage nach der Kollision von **Kunstschutz,** Art. 5 Abs. 3 GG, und § 14 UWG mag als fernliegend erscheinen, wenngleich es Beispiele für den Rang des Kunstwerks erreichende Literatur- oder Theaterkritiken gibt (z. B. die Kritiken *Kerrs, Reich-Ranickis*), mit denen wettbewerbliche Zwecke verfolgt werden können, Werbetexte Kunstrang erreichen können und die Werkgattung der Satire sich für die kritische Befassung mit Wettbewerbern eignet. Es sind gleichartige Abwägungen vorzunehmen, wie sie für wissenschaftliche Urteile ausgeführt wurden. So

---

[187] So vom BVerfG für die gleichartige Kunstfreiheit entschieden im Beschluß vom 7. 3. 1990 DVBl. 1990, 480 ff – *Verunglimpfung der Bundesflagge;* ebenso *Maunz/Dürig/Scholz* aaO Rdn. 185.

[188] BVerfGE 67, 213, 227, 228 – *Anachronistischer Zug;* BVerfGE 77, 240, 254 – *FDJ-Plakat;* dazu umfassend *Henschel* NJW 1990, 1937, 1942, 43.

kommt der Unterscheidung zwischen Darstellungsmittel, welches größeren Freiraum genießt und Inhalt der Darstellung, die sich als zum „Wirkbereich“ gehörend die Abwägung an verfassungsrechtlich geschützten Rechtsgütern Dritter wie Eigentum, Persönlichkeitsrecht gefallen lassen muß, Bedeutung zu[189].

f) Als weitere **Beispiele aus der Rechtsprechung** seien für einerseits Tatsachenbehauptungen, andererseits wertende Meinungsäußerungen angeführt: **218**

aa) Tatsachenbehauptungen. Eine bestimmte Ware sei wertlos (RG GRUR 1921, 68, 69) oder äußerst gefährlich, wenn eine Gefahr nur aus einem der Gebrauchsanweisung widersprechenden Gebrauch folgen kann (RG MuW Jahrgang 1911, 1912, 376); nur Heizkissen mit VdE-Zeichen seien ungefährlich (RG MuW 1930, 444, 445); ein bestimmter Autotyp sei unzuverlässig und nicht empfehlenswert (OLG Celle NJW 1964, 1804, 1805 – *DM-Testbericht*); mit einem bestimmten Hebelmechanismus versehene Dachfenster seien einem schnellen Verrosten und Verschmutzen ausgesetzt, wackelig und weniger leicht und stabil konstruiert als das Fenster der Konkurrenz (RGZ 58, 207, 208); ein Nitrit-Pökelungsverfahren lasse den behandelten Schinken ungebührlich aufschwemmen, mit widerlichem Geschmack behaftet, unansehnlich und trocken erscheinen – trotz der verwendeten wertenden Adjektive (RG GRUR 1936, 263, 266). Als Tatsachenbehauptungen wurden ferner die Äußerungen gewertet, es werde nur reguläre Lagerware verkauft, keine Ramschware, wie in Warenhäusern vielfach üblich (RG GRUR 1930, 200 ff – *Ramschware*); das private deutsche Versicherungswesen habe nichts getan, um seine Arbeit und seinen Wirkungskreis der großen Notzeit des Volkes anzupassen (RG GRUR 1933, 724 – *Versicherungswesen*); ein Südwarengroßhändler betreibe mit Rabattgewährung von 8% bis 15% an Einzelhändler Preisschleuderei – worin der Vorwurf der gegen gesetzliche und vertragliche Bindungen verstoßenden und ruinösen Preisunterbietung verstanden wurde (BGH GRUR 1960, 331, 333 – *Preisschleuderei*); ein deutscher Damenmantel-Hersteller verwende angestückelten Pelzbesatz (BGH GRUR 1963, 277, 278 – *Maris*); Textildrucke seien nachgeahmt (BGH GRUR 1980, 116 ff – *Textildrucke*); Zeitschriften-Einzelhändler sollten nach dem von einem Zeitschriften-Grossisten propagierten System des Pressegrosso nicht die Wahl unter mehreren Grossisten haben (OLG Karlsruhe WRP 1980, 221 – *Anschwärzung durch wissenschaftliche Monographie*). Als Tatsachenbehauptungen wurden weiter gewertet die in einem Preisvergleich der Stiftung Warentest „wo der Einkauf am billigsten ist“ genannte Durchschnitts-Preisbildung und Eingruppierung innerhalb getesteter Einkaufsmärkte, bei der irrtümlich 16 unter gleichem Namen auftretende Märkte als einer Kette zugehörig behandelt wurden, obwohl nur drei Unternehmen der Kette angehörten und die Berücksichtigung der übrigen 13 für die Ermittlung des Durchschnittspreises und des Ranges die konkludente unwahre Tatsachenbehauptung einheitlicher Preisgestaltung enthielt (BGH GRUR 1986, 330, 331 – *Warentest III*). Als Tatsachenbehauptungen angesehen wurden die in der Pressemappe eines Verbraucherverbandes, die sich kritisch mit Buchgemeinschaften befaßte, enthaltene Angabe, Buchclubmitgliedschaften seien kurzlebig (BGH GRUR 1987, 397, 398, 399 – *Insider-Wissen*); die Äußerung, es sei die Methode einer medizinischen Zeitschrift, zwecks Erlangung von Insertionsaufträgen der Pharmaindustrie immer wieder bewußt Unwahrheiten zu verbreiten, die Lüge

[189] BVerfG DVBl. 1990, 480 ff – *Verunglimpfung der Bundesflagge;* BVerfG NJW 1992, 2073 f; *Maunz/Dürig/Scholz* Art. 5 Abs. 3 Rdn. 57 ff.

zum Geschäftsprinzip zu erheben (BGH GRUR 1988, 402, 403 – *Mit Verlogenheit zum Geld*); die Aussage eines Verbraucherverbandes, physikalische Wasserenthärter seien wirkungslos (OLG Karlsruhe GRUR 1989, 681 – *Wasserenthärter*); der Testbericht über Lautsprecherboxen in Bezug auf ein im Handel so seit Monaten nicht mehr vorgehaltenes Modell, die Lautsprecherstrippen seien sehr dünn ausgefallen, die Kabel dünn, die Lautsprecherklemmen klein (BGH GRUR 1989, 539, 540 – *Warentest V*). Die in einem Zeitungsinterview über den von einer Gemeinde beauftragten Wassersucher, der für sein Brunnenbohrunternehmen mit der Wünschelrute arbeitet, durch den Inhaber eines Ingenieurbüros für Baustatik und Bodenmechanik aufgestellte Behauptung, der Wassersucher gehe mit einer „Betrugsmasche" und „mit Taschenspielertricks" vor, soll in ihrem Kontext Tatsachenbehauptung sein, weil sie durch die Angabe substantiiert wird, die vom Wassersucher zu erhebenden Befunde ließen sich auch aus geologischen Karten entnehmen (BGH GRUR 1989, 781, 782, 783 – *Wassersuche*). Die Äußerung einer Augenärztin, ein Optikermeister zentriere Brillen falsch, soll Tatsachenbehauptung sein (OLG Hamburg WRP 1990, 186, 188); ebenso der Restaurant-Testbericht eines Gastrokritikers, der von „vakuumiertem Brot", „übersalzener Butter" sprach (OLG Hamm WRP 1991, 117, 123 – *grand cru*). Als Tatsachenbehauptung angesehen wurde schließlich die Äußerung eines Hörfunkprogrammproduzenten und Verbandsvertreters, der Inhaber einer privaten ausländischen Sendeanlage betreibe einen „Piratensender" oder „Schwarzsender" (Magazindienst Verband sozialer Wettbewerb 7/8 aus 1991 S. 476).

219 bb) **Wertende Meinungsäußerung** ist die Bezeichnung eines Apotheken-Marketing-Konzeptes in einer Podiumsdiskussion als ungeeignete „Drugstore-Überlegung" (OLG Stuttgart WRP 1986, 699, 701); die Herabsetzung einer Konkurrenzzeitschrift als „übles Blatt, im Solde von Straftätern" (OLG Köln WRP 1986, 169); die in der Pressemappe eines Verbraucherverbandes, der sich kritisch mit Buchgemeinschaften befaßt, enthaltene Aussage, Buchgemeinschaften bestimmten seit Jahren selbst das Ausmaß ihrer unlauteren Vertreterwerbung (BGH GRUR 1987, 397, 399 – *Insider-Wissen*); die Herabsetzung eines Börsen-Informationsblattes in einer populären Zeitschrift als „dünnleibiges Blatt", das „in der Branche nicht gerade zu den herausragenden Publikationen" gehöre und von dem „dahinstehe, ob die Reputation seines Herausgebers noch bis zum geplanten Messetermin halte" (OLG Frankfurt a. M. WRP 1989, 319, 320 – *Kapitalanleger*); die Bezeichnung eines Restaurants in einem Restaurant-Testbericht als „ordinäre Eckkneipe", in der Brot von „desolatem Zustand" und „gesundheitsgefährliche" Butter verabreicht würden (OLG Hamm WRP 1991, 117, 123, 124 – *grand cru*).

220 Offengelassen, ob Tatsachenbehauptung oder Meinungsäußerung vorliegt, hat der BGH für die Äußerung in einem Rundschreiben an reversgebundene Abnehmer, der Gegner habe durch das Angebot eines Elektrorasierers unter dem gebundenen Preis versucht, die bestehende Preisbindung zu durchbrechen, sich also wettbewerbswidrig verhalten (BGH GRUR 1970, 254, 255 f – *Remington*).

cc) Wegen weiterer Beispiele sei auf Rdn. 92 ff verwiesen.

2. Die unbegründete Abnehmer-Verwarnung

221 Unter den Mitteln des Behinderungswettbewerbs ist die **Verwarnung der Abnehmer** eines angeblichen Verletzers gewerblicher Schutzrechte eines der wirksamsten, die Intensität des Eingriffs vergleichbar etwa der Boykottaufforderung unter Androhung wirtschaftlicher Nachteile für den Aufgeforderten. Die Verwarnung der Ab-

nehmer wegen der Verletzung gewerblicher Schutzrechte hat deshalb wegen ihrer schwerwiegenden Folgen für den Hersteller der angeblich in die Schutzrechte eingreifenden Gegenstände in der Literatur besondere Beachtung gefunden[190]. Wechselhaft in der Rechtsprechung ist die Einordnung der unbegründeten Abnehmerver- **222** warnung in die Kategorien von Tatsachenbehauptung oder Werturteil; in der Literatur wird diese Frage bis heute kontrovers diskutiert. Von ihrer Beantwortung ist abhängig, ob man die unbegründete Verwarnung, wenn sie sich nicht an den angeblichen Verletzer eines Schutzrechts, sondern an einen Dritten (nämlich den Abnehmer des Verletzers) richtet, dem § 14 UWG unterwerfen könne oder ob die Abnehmerverwarnung wie die Verwarnung des Verletzers als einheitlicher Tatbestand der unberechtigten Schutzrechtsverwarnung nur nach §§ 823 Abs. 1 und 1004 BGB (Eingriff in den Gewerbebetrieb) oder auch § 1 UWG zu beurteilen sei (wegen der unberechtigten Schutzrechtsverwarnung im allgemeinen wird auf die Kommentierung zu § 1 verwiesen). Davon ist wiederum abhängig, ob die unberechtigte Verwarnung, nach § 14 UWG beurteilt, von einem Verschulden unabhängige Schadensersatz- und Widerrufsansprüche auslösen kann und ob sie ausschließlich der kurzen Verjährung aus § 21 UWG unterfallende Ansprüche zur Folge hat oder ob für den Schadensersatzanspruch (aus § 823 Abs. 1 BGB) Verschulden erforderlich, ein Widerrufsanspruch überdies möglicherweise durch die grundrechtlich geschützte Meinungsfreiheit behindert und alle Ansprüche nur der dreijährigen Verjährung des § 852 BGB unterworfen sind[191].

a) Unter **Verwarnung** versteht man das ernsthafte und endgültige Unterlassungs- **223** begehren, das der Verwarner aus einem ihm (angeblich – da nur unberechtigte Verwarnungen zu beurteilen sind) zustehenden Unterlassungsanspruch herleitet. Der Unterlassungsanspruch kann aus einem Patent[192], Gebrauchsmuster[193], Warenzeichen[194], Geschmacksmusterrecht (BGH GRUR 1979, 332 – *Brombeerleuchte;* LG Düsseldorf Mitt. 1989, 77 – *Spielzeugauto*), Urheberrecht oder auch verwandten Schutzrecht (BGH GRUR 1979, 332; BGH GRUR 1979, 637 – *White Christmas*) oder Ausstattungsschutzrecht[195] hergeleitet werden. Die Verwarnung eines Abnehmers aus wettbewerbsrechtlichem Leistungsschutzrecht (zu diesem Begriff s. o. *Baumbach/Hefermehl* § 1 Rdn. 495 ff) gehört in denselben Problemkreis (HdbWR *Melullis* § 20 Rdn. 68), da die Verletzung eines solchen Leistungsschutzrechts durch einen Hersteller einen aus § 1 UWG herzuleitenden Anspruch des Schutzrechtsinhabers unmittelbar gegen den Vertreiber des unter Verletzung des

---

190 *Brandi-Dohrn* GRUR 1981, 679; *Hesse* GRUR 1967, 557; *ders.* GRUR 1979, 438; *Horn* S. 197 ff; *von Metzen* FS Werner vom Stein S. 80; *Reuthal; Schrauder* S. 273; *Seidler* FS Wilhelm Wendel S. 46.

191 Wegen dieser unterschiedlichen Konsequenzen der rechtlichen Beurteilung s. *Brandi-Dohrn* GRUR 1981, 679, 680; *Hesse* GRUR 1979, 438, 439.

192 Häufigster in der Rechtsprechung zu beurteilender Fall; RGZ 88, 437; RG GRUR 1929, 229; RG GRUR 1930, 888; RG MuW 1931, 276; RG GRUR 1936, 269; RG GRUR 1936, 807; RG GRUR 1938, 891 – *Formsand-Aufbereiter;* RG GRUR 1940, 441 – *Vervielfältigungsverfahren;* BGH GRUR 1951, 314 – *Motorblock;* BGH GRUR 1978, 492 – *Fahrradgepäckträger II.*

193 RG GRUR 1941, 102 – *Druckluftbremse;* BGHZ 62, 29 = GRUR 1974, 290 – *Maschenfester Strumpf;* BPatGE 20, 186; LG München WRP 1978, 483; LG Essen Mitt. 1987, 32.

194 RGZ 22, 93; BGH GRUR 1969, 479 – *Colle de Cologne* – Fall einer Verletzerverwarnung; die aus einem Warenzeichen hergeleitete Aufforderung, ein anderer solle eine Warenzeichenanmeldung zurücknehmen, wurde noch nicht als rechtswidriger Eingriff in den Gewerbebetrieb des Verwarnten angesehen.

195 BGH GRUR 1977, 805 – *Klarsichtverpackung* – Fall einer Verwarnung des Lieferanten des Verletzers, dem ein Schadensersatzanspruch aus § 823 BGB (Eingriff in den Gewerbebetrieb) deshalb versagt blieb, weil es an der erforderlichen Unmittelbarkeit des Eingriffs fehlte.

Schutzrechts hergestellten Gegenstandes begründen kann (BGH GRUR 1991, 914, 917 – *Kastanienmuster;* BGH GRUR 1992, 448 – *Pullovermuster*).

224 Das zur Verwarnung gehörende ernsthafte und endgültige Unterlassungsbegehren ist **abzugrenzen** von der bloßen Aufforderung zu einem nur vorbereitenden Meinungsaustausch über die Schutzrechtslage, die noch keine Ansprüche gegen den Verletzer auslöst[196]. Dabei ist auf ein Verständnis des Verwarnungsschreibens aus der Sicht seines Empfängers abzustellen (RG GRUR 1936, 807, 809). Wer etwa dem Abnehmer von Leuchten eines bestimmten Herstellers mitteilt, nach Ansicht der juristischen Berater des Mitteilenden stellten die Leuchten des Herstellers eine Verletzung bestehender Urheber- und Geschmacksmusterrechte des Mitteilenden dar, zu deren Abklärung Anwälte beauftragt seien, gegen jeden Verletzer Klage einzureichen, was hiermit angekündigt werde, damit der Empfänger die Möglichkeit habe, sich vor Schaden zu bewahren, hat eine Verwarnung ausgesprochen, nicht nur zu einem Meinungsaustausch aufgefordert (BGH GRUR 1979, 332, 333 – *Brombeerleuchte*). Das gilt ebenso von dem, der Motorenwerke darüber informiert, er habe ein Verfahren zum Abdichten von Gußkörpern zum Patent angemeldet, mit dessen Erteilung demnächst zu rechnen sei, wodurch in der Zwischenzeit ausgeführte Arbeiten patentverletztend würden und zerstört werden müßten, weshalb Lizenzverträge angeboten würden und gebeten werde, das Spritzen von Rissen und Ausbrüchen an Gußkörpern ohne Lizenz zu unterlassen (BGH GRUR 1951, 314 – *Motorblock*).

225 Dabei ist zu beachten, daß ein nicht an den angeblichen Verletzer, sondern an dessen Abnehmer gerichteter Hinweis eher als Verwarnung denn als vorbereitender Meinungsaustausch über die Schutzrechtslage zu verstehen ist, weil solche Adressaten zu einer derartigen Diskussion nur in sehr eingeschränktem Maße kompetent sein können[197]. Der Abnehmer, dem es regelmäßig nicht möglich ist, die Berechtigung der Verwarnung zu beurteilen, wird einen Hinweis auf die angeblich bestehende Schutzrechtslage und die Möglichkeit einer Untersagung des weiteren Absatzes der angeblich unter Verletzung des Schutzrechts hergestellten Waren zum Anlaß nehmen, bestehende Lieferbeziehungen zu kappen und neue mit dem Verwarnenden zu begründen, um jede mögliche Lieferunterbrechung zu vermeiden und sich aus einem Streit zweier Wettbewerber herauszuhalten, in dem er nicht sachlich begründet Partei ergreifen kann (eindrucksvolles Beispiel: BGH GRUR 1978, 492 – *Fahrradgepäckträger II*). Als Abnehmerverwarnung sollte man daher unabhängig von seiner äußeren Form jeden Hinweis werten, der die Bezugnahme auf eigene Schutzrechte in der dem Adressaten erkennbaren Absicht gebraucht, zur Beendigung des Bezugs bei dem als Verletzer beschuldigten Hersteller zu veranlassen (*Brandi-Dohrn* aaO). Noch keine Verwarnung in diesem Sinne ist die an einen Warenzeichenanmelder gerichtete Aufforderung, eine Warenzeichenanmeldung wegen Kollision mit dem Warenzeichen des Auffordernden sowie wegen einer durch das angemeldete Zeichen verursachten Täuschung zurückzunehmen. Sie ist Äußerung einer bloßen Rechtsmeinung, durch die Meinungsfreiheit des Art. 5 Abs. 1 GG gedeckt und nicht geeignet, Unterlassungs-, Widerrufs- oder auch Schadensersatzansprüche auszulösen, wenn sie sich als unberechtigt erweist (BGH GRUR 1969, 478, 480, 481 – *Colle de Cologne* m. zust. Anm. v. *Bußmann*).

---

[196] Zu dieser Abgrenzung s. LG Düsseldorf Mitt. 1989, 77; *Bruchhausen* Mitt. 1969, 286; *Brandi-Dohrn* GRUR 1981, 679, 682.

[197] OLG Karlsruhe GRUR 1980, 314 – *Kunststoffschubkästen;* OLG Karlsruhe GRUR 1984, 143, 144 – *Berechtigungsanfrage;* LG Düsseldorf Mitt. 1989, 77 – *Spielzeugauto; Brandi-Dohrn* aaO S. 682.

b) Die **Abnehmerverwarnung** läßt sich unter § 14 UWG subsumieren. Mit der Behauptung, der Verwarnende besitze ein Schutzrecht, das der Geschäftspartner des verwarnten Abnehmers als Hersteller einer Ware oder Erbringer einer gewerblichen Leistung verletze, kann eine Tatsache über den Hersteller behauptet sein, die geeignet ist, dessen Geschäftsbetrieb oder Kredit zu schädigen. Ist die Tatsachenbehauptung unwahr, so können dem betroffenen Hersteller der von einem Verschulden nicht abhängige Schadensersatzanspruch aus § 14 Abs. 1, als dessen Bestandteil ein Widerrufsanspruch und im übrigen der Unterlassungsanspruch des § 14 Abs. 1 S 2 entstanden sein. Die Erfüllung des Tatbestandes des § 14 ist davon abhängig, ob mit dem den Kern der Verwarnung bildenden Hinweis, der Verwarnende besitze ein Schutzrecht, welches ein anderer mit der Herstellung von Waren oder der Erbringung von Leistungen verletze, eine Tatsachenbehauptung aufgestellt ist. **226**

aa) Die Frage wird in der **Rechtsprechung** nicht eindeutig beantwortet, wenngleich die Mehrzahl der Entscheidungen entweder ausdrücklich dafür eintritt, in der vom Verwarnenden aufgestellten Behauptung ein Werturteil zu sehen, oder doch mit der Beurteilung des Verhaltens des Verwarnenden nach § 823 Abs. 1 BGB (Eingriff in den Gewerbebetrieb) stillschweigend die Anwendbarkeit des § 14 UWG verneint, der gegenüber § 823 Abs. 1 BGB die spezielle Norm bildet, diese also verdrängen müßte, wenn sein Tatbestand gegeben wäre. **227**

Das **Reichsgericht** hat die Anwendbarkeit des § 6 UWG – Vorgängers des § 14 UWG – abgelehnt in einem Fall, in dem die Käufer eines von einem anderen hergestellten Biersiphon darauf hingewiesen wurden, der Verkäufer verletze durch dessen Herstellung das Patent des Abmahnenden (RG JW 1899, 749, 750). Nach Ansicht des RG könnte in der Behauptung, der Betroffene habe eine Patentverletzung begangen, ohne daß näher angegeben war, worin diese bestehe, nur dann eine falsche Tatsachenbehauptung erblickt werden, wenn die angebliche Patentverletzung deshalb nicht begangen sein kann, weil das als verletzt bezeichnete Patent nicht vorhanden ist. Dagegen soll es sich nicht um eine Tatsachenbehauptung handeln, wenn der Vorwurf vom Inhaber eines Patentes erhoben war, der in gutem Glauben annahm, sein Patent werde durch den von der Abmahnung Betroffenen wirklich verletzt. Das RG argumentiert durchaus modern, indem es als interessenwidrig bezeichnet, den unberechtigt Verwarnenden einer von einem Verschulden nicht abhängigen Schadensersatzhaftung auszusetzen, wo ein Patentverletzer nur im Falle des Verschuldens haftet. Es gelangt deshalb zu dem Ergebnis, Behauptungen eines Patentinhabers, daß ein fremder Betrieb sein Patent verletze, seien nicht tatsächliche Behauptungen über die Waren oder gewerblichen Leistungen des anderen, sondern enthielten ein Urteil, zu dessen Nachprüfung Erwägungen technischer oder rechtlicher Art anzustellen seien, die häufig besondere Schwierigkeiten böten. In späteren Urteilen[198] wurde als ständige Rechtsprechung angeführt, daß die Verwarnung, in der lediglich die Behauptung der Verletzung eines dem Verwarnenden gehörenden Patents durch den Lieferanten des verwarnten Abnehmers aufgestellt werde, Rechtsfolgerung oder Werturteil und nicht Tatsachenbehauptung sei. Davon wichen zwei Entscheidungen des RG aus 1935 (RG GRUR 1936, 269; RG GRUR 1936, 807) ab, die in der etwas detaillierteren Darstellung des angeblichen Schutzbereichs eines Patents durch den Verwarner und in der Erläuterung, inwiefern der Lieferant des verwarnten Abnehmers mit seiner Herstellungsmethode in diesen Schutzbereich ge- **228**

---

[198] RGZ 88, 437, 438; RGZ 94, 271, 273; RGZ 94, 271, 273; RG MuW XXII. Jahrgang S. 75; RG MuW XXIX. Jahrgang S. 121; RG GRUR 1929, 230; RG GRUR 1930, 888.

rate, eine nach § 14 UWG zu beurteilende Tatsachenbehauptung sahen. Die Entscheidungen blieben vereinzelt. In seiner späteren Rechtsprechung ist das RG zur Beurteilung der Abnehmerverwarnung als Werturteil zurückgekehrt (RG GRUR 1938, 891; GRUR 1940, 441; GRUR 1942, 54).

229 **Das ist auch der vom BGH in seiner Rechtsprechung ganz überwiegend eingenommene Standpunkt.** Zumeist wird Schadensersatz ohne Erörterung des § 14 UWG aus § 823 BGB wegen Eingriffs in den Gewerbebetrieb zugesprochen[199] und damit wegen der Subsidiarität dieser Anspruchsgrundlage konkludent die Anwendbarkeit des § 14 UWG verneint (worauf BGHZ 38, 200, 204 ausdrücklich hinweist). Das ist auch der Standpunkt der Oberlandesgerichte[200]. Im Urteil vom 6. 11. 1962 (GRUR 1963, 255, 257 – *Kindernähmaschinen,* insoweit nicht abgedruckt in BGHZ 38, 200) hat der BGH jedoch die Anwendbarkeit des § 14 UWG deshalb ausgeschlossen, weil das Unterlassungsbegehren sich nicht an Dritte richtete; in einem späteren Urteil (WRP 68, 50, 51 – *Spielautomat I*) die Schadensersatzhaftung des Verwarnenden ohne Verschulden aus § 14 UWG für möglich erklärt, wenn die Verwarnung sich als unrichtig erweise.

230 bb) In der **Literatur** zeigt sich eine Tendenz, die Abnehmerverwarnung als Werturteil, nicht als Tatsachenbehauptung anzusehen und Schadensersatzansprüche des betroffenen Herstellers aus § 823 Abs. 1 BGB (Eingriff in den Gewerbebetrieb), Unterlassungs- oder auch Widerrufsansprüche aus §§ 1004, 823 BGB herzuleiten, unter besonderen Umständen auch aus §§ 1 UWG, 823 Abs. 2 BGB oder auch § 826 BGB – jedenfalls abhängig von einem Verschulden des Verwarnenden[201].

231 *Hesse* (GRUR 1979, 438 ff) gelangt zur **Ablehnung des § 14 UWG,** indem er die Abnehmerverwarnung in einzelne Bestandteile zerlegt. Aussagen des Verwarnenden über sein Schutzrecht, dessen Schutzumfang, beträfen die Rechtssphäre des Verwarnenden und nicht des betroffenen Herstellers. Die Aussage, der Hersteller produziere Waren, die bestimmte Merkmale aufwiesen, sei nicht zur Kreditgefährdung geeignet, sondern wertfrei. Der Hinweis, die vom Hersteller gelieferte Ware mache von einer durch das Schutzrecht geschützten Merkmalskombination Gebrauch, enthalte den Vorwurf rechtswidrigen Handelns und sei mit diesem Bestandteil Wertung, nicht Tatsachenbehauptung (*Hesse* aaO S. 442).

232 Teilweise findet sich in der Literatur eine zwischen den einzelnen Bestandteilen der Abnehmerverwarnung **differenzierende Ansicht:** Je nach ihrem Wortlaut könne eine mehr oder weniger auf Tatsachen oder auf rechtliche Folgerungen aus diesen zugeschnittene und daher entweder dem § 14 UWG oder dem § 823 Abs. 1 BGB unterfallende Behauptung gegeben sein[202]. Teilweise wird die Anwendung des § 1

---

199 BGHZ 1, 194, 199 = GRUR 1951, 314 – *Motorblock;* BGHZ 38, 200, 204 = GRUR 1963, 255 – *Kindernähmaschinen;* BGHZ 62, 29, 32 = GRUR 1974, 290 – *Maschenfester Strumpf;* BGHZ 71, 86, 92 f = GRUR 1978, 492 – *Fahrradgepäckträger II;* BGH GRUR 1979, 332, 333 – *Brombeerleuchte.*

200 OLG Frankfurt WRP 1965, 303, 305 – *Brotröster;* OLG Karlsruhe GRUR 1980, 314 – *Kunststoffschubkästen;* OLG Karlsruhe GRUR 1984, 143–145 – *Berechtigungsanfrage.*

201 *Benkard/Bruchhausen*[8] (1988) PatG Vor §§ 9–14 Rdn. 15, 16; *Buchner* DB 1979, 1069, 1072; *Horn* aaO S. 135 ff; *ders.* GRUR 1974, 235; *ders.* GRUR 1976, 718; *Klauer-Möhring/Hesse*[3] (1971) § 47 PatG Rdn. 58; *Lindenmaier* Das Patentgesetz[6] (1973) § 47 Rdn. 7; MK/*Mertens* § 823 Rdn. 496; *Ohl* GRUR 1966, 172; *Reimer* Patentgesetz und Gebrauchsmustergesetz[3] (1968) § 6 PatG Rdn. 112, 113; *Rogge* WRP 1965, 40; *Winkler* GRUR 1980, 526; *Wuesthoff* Kommentar zum Sortenschutzgesetz 1977, § 47 Rdn. 19.

202 *v. Gamm* § 49 Rdn. 17, 18; *Brandi-Dohrn* GRUR 1981, 679; HdbWR/*Melullis* § 20 Rdn. 68.

UWG befürwortet[203], teilweise die Anwendung des § 14 UWG vertreten[204]. Vereinzelt geblieben ist die Ansicht von *Quiring* (WRP 1983, 317, 322 ff), der eine Verschuldenshaftung nach den Grundsätzen der culpa in contrahendo befürwortet.

cc) **Kritik und eigene Ansicht.** Die an sich naheliegende Idee, Herstellerverwarnung und Abnehmerwarnung **gleichermaßen** nach §§ 823 Abs. 1, 1004 BGB (Eingriff in den Gewerbebetrieb) zu behandeln und damit einen Spezialtatbestand der unberechtigten Schutzrechtsverwarnung zu schaffen, **verbietet sich wegen der unterschiedlichen Gefährlichkeit der Handlungen für den Betroffenen und daraus resultierender Unterschiedlichkeit der Interessenlage.** Während der zu Unrecht verwarnte Hersteller den ihm vom Verwarner unterbreiteten Sachverhalt kennen und sich daher über die Berechtigung der Verwarnung ein eigenes Bild verschaffen kann, sind dem verwarnten Abnehmer die Schutzrechtslage und häufig auch der der behaupteten Schutzrechtsverletzung zugrunde liegende Sachverhalt (Herstellungsmethoden des Verwarnenden und des Herstellers) unbekannt. Er ist zur Beurteilung der Berechtigung der Verwarnung inkompetent. Er wird sich im allgemeinen, wenn er auf Konkurrenzprodukte ausweichen kann, der Verwarnung beugen, das Bezugsverhältnis zum bisherigen Hersteller lösen, wodurch dieser besonders hart getroffen wird, wenn er von der Verwarnung nichts erfährt und deshalb keine Gegenmaßnahmen ergreifen, etwa seinem bisherigen Abnehmer Freistellung versprechen kann. Ein einmal gelöstes Bezugsverhältnis wird vom Abnehmer häufig auch dann nicht wieder angeknüpft, wenn es dem Hersteller gelungen ist, im Prozeß zu klären, daß die Verwarnung unberechtigt war. Mit Recht hebt der BGH (GRUR 1979, 332, 336 – *Brombeerleuchte*) die große Gefährlichkeit der Abnehmerverwarnung hervor, die er zum Anlaß nimmt, dem Verwarnenden besondere Sorgfaltspflichten aufzuerlegen. Wenn schon für die Herstellerverwarnung die Forderung nach einer Gefährdungshaftung des Verwarners entsprechend §§ 945, 717 Abs. 2 ZPO erwogen wird (vom BGH in Z 38, 200, 205 = GRUR 1963, 255 – *Kindernähmaschinen* abgelehnt), kommt daher erst recht für die Abnehmerverwarnung die von einem Verschulden unabhängige Haftung aus § 14 UWG in Frage. 233

Mit Recht weist jedoch *Hesse* (GRUR 1979, 438, 439) darauf hin, daß **berechtigte Interessen des Verwarners dagegen sprechen,** ihn für schuldlos-rechtswidrige Verwarnungen der Abnehmer **immer** nach § 14 Abs. 1 S 1 UWG auf Schadensersatz haften zu lassen. Das Risiko des Schutzrechtsinhabers würde andernfalls so sehr gesteigert, daß er sich dieses Mittels der Bekämpfung von Schutzrechtsverletzungen praktisch nicht mehr bedienen könnte, und zwar aus ähnlichen Gründen, wie sie die Gefährlichkeit der Abnehmerverwarnung ergeben: Den Schutzumfang des eigenen Rechts sicher zu beurteilen, die Produktionsmethoden des dieses Schutzrecht (vermeintlich) verletzenden Herstellers hinlänglich zu durchschauen und so ein verläßliches Urteil über die Schutzrechtsverletzung abzugeben, ist schon im Patent- oder Gebrauchsmuster-Verletzungsprozeß eine schwierige, selten ohne Hinzuziehung Sachverständiger lösbare Aufgabe, die auch dort, wo Geschmacksmusterrechts- oder Urheberrechtsverletzungen in Frage stehen, Probleme bereitet. Ihre Beantwortung ist erst recht im vorprozessualen Stadium der Abnehmerverwarnung unsicher. Der zu verwarnende Abnehmer, der den nach der Behauptung des Verwarners unter Verletzung seines Schutzrechts hergestellten Gegenstand vertreibt, ist selbst Verlet- 234

---

203 *v. Seidler* FS Wendel S. 46, 55 ff; *Horn* S. 190, 206; *Sack* WRP 1976, 733, 735 f.

204 *Baumbach/Hefermehl* § 14 Rd. 8; *Reimer/Nastelski* § 6 PatG Rdn. 13; *Blaurock* S. 74; *Kunze* WRP 1965, 7, 11 ff.

zer des dem Verwarner zustehenden Schutzrechts (§§ 9 Abs. 2 Nr. 1 PatG, 11 Abs. 1 S 2 GebrMG, 24, 25 WZG, 5 Abs. 1 S 1 GeschmMG, 96, 97 UrhG), dessen Schadensersatzpflicht von einem Verschulden abhängt (s. nur § 139 Abs. 2 PatG), also Kenntnis oder Kennenmüssen des Schutzrechts und seiner Verletzung voraussetzt. Im Falle der nach § 1 UWG zu beurteilenden Verletzung wettbewerbsrechtlicher Leistungsschutzrechte ist sogar erforderlich, daß der Verletzer die Tatumstände kannte (wobei solche Kenntnis ihm allerdings durch die Verwarnung für die Zukunft vermittelt werden kann) oder vor solcher Kenntnis bewußt die Augen verschlossen hat (BGH GRUR 1991, 914, 915 – *Kastanienmuster*). Es muß daher ein Interesse des Schutzrechtsinhabers anerkannt werden, den Vertreiber des unter Verletzung des Schutzrechts hergestellten Gegenstandes auf die Existenz des Schutzrechts und seine Verletzung hinzuweisen, und es ist dem RG (RG JW 1899, 749, 740) in der Wertung zu folgen, daß es als widersprüchlich erschiene, den Verletzer einer bloßen Verschuldenshaftung auszusetzen, den unberechtigt Verwarnenden aber regelmäßig einer verschuldensunabhängigen Haftung aus § 14 Abs. 1 S 1 UWG.

235 Das **Mittel,** die einander gegenüberstehenden Interessen zum Ausgleich zu bringen, **liefert die funktionale, vom Zweck der Unterscheidung bestimmte Abgrenzung der Tatsachenbehauptung vom Werturteil** (s. o. Rdn. 85 ff, Rdn. 202). Als Zweck der Grenzziehung ist oben bezeichnet worden, die Wertung zu berücksichtigen, die dahinter steht, daß unwahre Tatsachenbehauptungen den Sanktionen des Unterlassungs-, Widerrufs- oder auch Schadensersatzanspruchs ausgesetzt sein sollen, wogegen die Äußerung unrichtiger Meinung in der Regel nur den Unterlassungsanspruch riskiert. Diese Wertung besteht in der Privilegierung des Versuchs, mit Meinungsäußerung die Ansicht des Adressaten zu beeinflussen, seine Zustimmung zu erringen, aber auch Ablehnung zu riskieren – wogegen die Tatsachenbehauptung absolute Geltung fordert, eigenes Nachdenken erübrigt und mit dem Anspruch der Beweisbarkeit auftritt (BGH GRUR 1988, 402, 403 – *Mit Verlogenheit zum Geld*). Dabei ist für den Sonderfall der Abnehmerverwarnung zu berücksichtigen, daß der Verwarnende die Äußerung über die Verletzung seines Schutzrechts mit einer Unterlassungsaufforderung verbindet, hinter der die Androhung steht, ihre Nichtbeachtung mit Unterlassungs- sowie Schadensersatzklagen zu ahnden. Der Verwarnte wird nicht lediglich vor die Entscheidung gestellt, eine mit dem Anspruch absoluter Geltung auftretende Aussage über wirtschaftliche Verhältnisse für bare Münze oder aber einen Beeinflussungsversuch zur Grundlage für seine Überzeugungsbildung zu nehmen und auf sie eine Marktentscheidung zu gründen, sondern er wird zu seinem Marktverhalten durch den Druck der Sanktionsandrohung veranlaßt. Die in der Sanktionsdrohung steckende Entfaltung wirtschaftlichen Drucks gebietet, die Grenze zwischen Tatsachenbehauptung einerseits und Wertung andererseits in Richtung auf den Bereich der Wertung zu verschieben, dem Bereich der Tatsachenbehauptung daher größeren Umfang zuzumessen. Dabei kommt es auf eine Gesamtbetrachtung der zu beurteilenden Schutzrechtsverwarnung an, nicht auf eine zergliedernde Bewertung einzelner Aussagenteile (abzulehnen insoweit *Hesse* GRUR 1979, 438, 441 ff).

236 Erklärt der Verwarnende **zum Beispiel,** daß das vom Verwarnten vertriebene Produkt von dessen Lieferant unter Verletzung eines dem Verwarner zustehenden Patents hergestellt werde, ist jedoch das als verletzt bezeichnete Patent nicht vorhanden (noch nicht erteilt, für nichtig erklärt oder erloschen), so steht eine nach § 14 zu beurteilende Tatsachenbehauptung (der Existenz des Patents) im Vordergrund (RG JW 1899, 749, 750). Dasselbe hat zu gelten, wenn der Verwarner verschweigt,

daß er dem Hersteller eine Lizenz erteilt oder daß der Hersteller ein Vorbenutzungsrecht habe. So klar liegen die Fälle freilich selten. Äußert der Verwarner sich über den Gegenstand des Schutzrechts und die vom angeblichen Verletzer praktizierte Herstellungsmethode, um daran die Aussage zu knüpfen, sein Schutzrecht werde durch den Hersteller verletzt, so ist diese Aussage Wertung, die Schilderung des Gegenstandes des Schutzrechts und der vom angeblichen Verletzer geübten Herstellungsmethode dagegen Tatsachenbehauptung. Trotz des als Wertung zu bezeichnenden Resümees muß die Verwarnung sich eine Beurteilung nach § 14 UWG in Bezug auf die zu ihrer Begründung angeführten Tatsachenbehauptungen gefallen lassen, weil diese nicht als völlig substanzarm hinter der Wertung zurücktreten, die vielmehr auf den tatsächlichen Angaben aufbaut. Vergleichbar dem Warentest, der aufgrund unrichtig mitgeteilter Meßergebnisse zu einem unrichtigen Gesamtergebnis gelangt (*Schricker* GRUR 1976, 275; s. o. Rdn. 95), ist die Verwarnung nach § 14 zu beurteilen. Werden dagegen der Gegenstand des Schutzrechts oder auch die Produktionsmethode des angeblich verletzenden Herstellers zutreffend beschrieben und liegt die Unrichtigkeit der Verwarnung in dem Irrtum des Verwarnenden, der Schutzbereich des zutreffend geschilderten Schutzrechts erfasse die zutreffend geschilderte Herstellungsmethode, so liegt die Unrichtigkeit der Verwarnung in einer Fehlbewertung begründet, weshalb sie nicht den Anspruch aus § 14 UWG, sondern lediglich die verschuldensabhängige Haftung aus § 823 Abs. 1 BGB auslösen kann. Läßt der Verwarnende es an jeder Schilderung des Gegenstandes seines Schutzrechts oder auch der Herstellungsweise des angeblichen Verletzers fehlen und beschränkt er sich auf die pauschale Behauptung, der Verwarnte beziehe von seinem Lieferanten einen unter Verletzung eines Schutzrechts des Verwarnenden hergestellten Gegenstand, so ist wegen der mangelnden Substantiierung dieser Aussage deren Schwergewicht in dem durch die Sanktionsdrohung dem Unterlassungsbegehren verliehenen Nachdruck zu erblicken. Nach der am Zweck der Abgrenzung orientierten (funktionalen) Unterscheidung der Tatsachenbehauptung vom Werturteil ist in einem solchen Falle eine den Tatbestand des § 14 verwirklichende Tatsachenbehauptung anzunehmen, weil die Verwarnung mit dem Anspruch absoluter Geltung auftritt, die – scheinbar – jedes Nachdenken des Verwarnten erübrigt, jede Diskussion ausschließt. Der Verwarnende kann daher sein Risiko einer mit rechtswidriger Abnehmerverwarnung verbundenen Haftung zur verschuldensabhängigen Haftung hin mildern, indem er die Verwarnung substantiiert und bei der Schilderung des Gegenstandes seines Schutzrechts sowie der – nach seiner Beurteilung – als Schutzrechtsverletzung zu bewertenden Herstellungsmethode des Verletzers Fehler vermeidet. Kein Fall des § 14 UWG, sondern eine lediglich die verschuldensabhängige Haftung (unter deren Voraussetzungen) auslösende Unrichtigkeit ist dann gegeben, wenn die den Gegenstand des Schutzrechts und die Herstellungsmethode des angeblichen Verletzers richtig beschreibende Verwarnung nur durch nachträgliche Vernichtung des Schutzrechts unrichtig wird. Dagegen sollte eine Abnehmerverwarnung wegen angeblicher Patentverletzung, die die Anhängigkeit einer Nichtigkeitsklage verschweigt, bei späterer Nichtigkeitserklärung des Patents die Haftung aus § 14 UWG auslösen, weil sie aus der Sicht des Verwarnungsempfängers, auf die es ankommt (RG MuW 1926/27, 293, 294 – *Fernsprechautomaten*), dahin zu verstehen ist, das Schutzrecht sei von unangefochtenem Bestand.

c) Die die Abnehmerverwarnung nach § 823 Abs. 1 BGB (Eingriff in den Gewerbebetrieb) beurteilende **Rechtsprechung** (der die Kommentierung im weiteren folgt) stellt wegen der Gefährlichkeit der Abnehmerverwarnung hohe Anforderungen an **237** die **Sorgfaltspflicht des Verwarnenden,** deren Verletzung Rechtswidrigkeit und Verschulden begründet.

238 aa) **Die Rechtswidrigkeit der Verwarnung** beurteilt sich nach objektiven Merkmalen. Das heißt, daß es auf guten oder bösen Glauben des Verwarnenden wegen des Bestandes oder der Reichweite seines Schutzrechts nicht ankommt[205]. Rechtswidrig ist auch die Verwarnung, der erst nachträglich, nach ihrem Zugang beim Verwarnten, die Grundlage dadurch entzogen wird, daß ein erteiltes Schutzrecht mit Rückwirkung widerrufen (§ 21 Abs. 3 PatG), für nichtig erklärt (§ 22 PatG) oder gelöscht wird (§§ 15 GebrMG, 15 Abs. 2 WZG). An der schon vom RG (GRUR 1934, 666, 667) begründeten Ansicht hat der BGH gegen vereinzelte Kritik der Literatur[206] festgehalten. Sie entspricht herrschender Meinung[207]. Fraglich ist, ob für die Rechtswidrigkeit der Verwarnung außer der Feststellung, das behauptete Schutzrecht bestehe nicht oder habe nicht die vom Verwarner in Anspruch genommene Reichweite oder werde vom angeblichen Verletzter nicht berührt, auch noch eine Abwägung der Interessen des Verwarners und des Verwarnten erforderlich ist, bei der das Recht auf freie Meinungsäußerung eine Rolle spielen könnte[208]. Die Frage ist zu verneinen. Die an den Abnehmer gerichtete Verwarnung sollte wegen ihrer Gefährlichkeit für den betroffenen Hersteller und der Intensität des eingesetzten Druckmittels wie eine von der Androhung wirtschaftlicher Repression begleitete Boykottaufforderung behandelt werden, für die das BVerfG entschieden hat, daß sie durch das Grundrecht der Meinungsfreiheit nicht zu rechtfertigen sei (BVerfGE 62, 230, 245 = GRUR 1984, 357 – *markt-intern*).

239 bb) **Verschulden.** Es genügt Fahrlässigkeit. **Anforderungen an den Sorgfaltsmaßstab** sind in zwei Entscheidungen des Bundesgerichtshofs vom 11. 12. 1973 (BGHZ 62, 29 = GRUR 1974, 290 – *Maschenfester Strumpf* – mit Besprechung von *Horn* GRUR 1974, 235) und vom 22. 6. 1976 (GRUR 1976, 715 – *Spritzgießmaschine,* m. Anm. v. *Horn*) im einzelnen aufgeführt. Danach gilt allgemein der – schon in der Rechtsprechung des Reichsgerichts (RGZ 94, 271, 276 – *Sprechmaschine;* RG GRUR 1931, 640, 641) ausgesprochene – Grundsatz, daß den Verwarner kein Verschulden trifft, wenn er sich seine Überzeugung von der Schutzrechtslage durch gewissenhafte Prüfung gebildet hat und sich bei seinem Vorgehen von vernünftigen und billigen Überlegungen hat leiten lassen. Diese allgemeinen Grundsätze werden näher dahin konkretisiert (BGH GRUR 1974, 290, 292 r. Sp. – *Maschenfester Strumpf*), daß für die Annahme eines Verschuldens nicht die in Streitigkeiten des gewerblichen Rechtsschutzes stets gegebene Möglichkeit genügt, das Schutzrecht könnte etwa keinen Bestand haben; mögliche Zweifel an der Rechtslage müßten vielmehr einen konkreten – vom Verwarner übersehenen – Anlaß haben. Um einen Schuldvorwurf zu begründen, genüge es, wenn der Verwarner in vorwerfbarer Weise den Stand der Technik nur unvollständig berücksichtigt oder falsch gewürdigt

---

[205] RGZ 141, 336, 338, 339 – die frühere Entscheidung des RG in MuW 1930, 441 korrigierend; BGHZ 2, 387, 393 = GRUR 1951, 452 – *Mülleinschüttvorrichtung;* BGHZ 38, 200, 206 = GRUR 1963, 255 – *Kindernähmaschinen;* BGHZ 62, 29, 32, 33 = GRUR 1974, 290 – *Maschenfester Strumpf;* BGH GRUR 1976, 715, 716 – *Spritzgießmaschine.*

[206] *Horn* GRUR 1971, 442, 445 ff; *Kunze* WRP 1965, 7; *Moser v. Filseck* GRUR 1963, 260, 261; *Rogge* WRP 1965, 40; *Sack* WRP 1976, 733, 736.

[207] *Brandi-Dohrn* GRUR 1981, 679, 680; *Benkard/Bruchhausen* aaO Rdn. 17; *Baumbach/Hefermehl* § 14 Rdn. 11; *v. Gamm* § 49 Rdn. 19; *Hesse* GRUR 1979, 438, 440; HdbWR/*Melullis* § 20 Rdn. 71; *Ohl* GRUR 1966, 172, 176.

[208] Dafür *Baumbach/Hefermehl* § 14 Rdn. 11; *Ulmer/Reimer* Rdn. 494; *Schrauder* S. 264 ff.

oder vorwerfbar die Erfordernisse des Fortschritts oder der Erfindungshöhe falsch eingeschätzt oder die Verletzungsform zu Unrecht als unter sein Recht fallend eingeordnet habe. Dabei sei allerdings ein Irrtum bei der Wertung allein der Erfindungshöhe weniger streng zu würdigen; andererseits müsse bei Gebrauchsmusterverwarnungen vom Verwarner ein höheres Maß an Nachprüfung verlangt werden als bei einem Vorgehen aus geprüften Schutzrechten. Gesteigerte Sachkenntnis bedingende Umstände, wie sie sich etwa aus den langjährigen Erfahrungen eines bedeutenden Unternehmens ergeben könnten, seien bei der Bemessung der geschuldeten Sorgfalt zu berücksichtigen. Einem Patentinhaber sei kein Schuldvorwurf zu machen, wenn er die Prüfung der Schutzfähigkeit eines Gebrauchsmusters durch seine besonders erfahrenen Patent- und Rechtsanwälte, die er voll über alle Einzelheiten des Herstellungsverfahrens unterrichtet habe, habe überprüfen lassen und auf deren positives Prüfungsergebnis vertraut habe (BGH GRUR 1974, 290, 293 – *Maschenfester Strumpf*), ebensowenig, wenn er als Patentinhaber auf die in einem Einspruchsverfahren getroffene Entscheidung des Patentamts vertraut habe, in der die Lehre des erteilten Patents nach dem zugrunde gelegten Stand der Technik als erfinderisch beurteilt worden und ihm danach vor seiner Verwarnung kein weitergehender Stand der Technik bekanntgeworden oder vorwerfbar verborgen geblieben sei (BGH GRUR 1976, 715, 717 – *Spritzgießmaschine*).

Diese – an die zitierte Rechtsprechung des RG anknüpfenden – Grundsätze **240** entsprachen **nicht immer** der Ansicht des BGH, der im Urteil vom 5. 11. 1962 (GRUR 1963, 255, 259 – *Kindernähmaschinen*) das Vertrauen eines Gebrauchsmusterinhabers auf die Entscheidung der besonders sachkundigen Gebrauchsmusterabteilung des Patentamtes im Löschungsverfahren und auf die Prüfung der Rechtslage durch seinen Patentanwalt nicht für schuldausschließend erachtet hat. Von dem strengeren – in der Literatur kritisierten (Überblick Großkomm./*Köhler* Vor § 13 B Rdn. 283 ff; *Teplitzky*[6] Kap. 26 Rdn. 19 f) – Standpunkt ist der Bundesgerichtshof in seinen Urteilen vom 11. 12. 1973 (GRUR 1974, 290 – *Maschenfester Strumpf*) und 22. 6. 1976 (GRUR 1976, 715 – *Spritzgießmaschine*) erklärtermaßen (GRUR 1976, 717 l. Sp.) abgerückt, um Schutzrechte nicht bedenklich zu entwerten, indem Schutzrechtsinhaber einem nicht tragbaren Risiko ausgesetzt würden, wie es auf der anderen Seite der Verletzer, dessen Schadensersatzpflicht sich in den im allgemeinen vorausberechenbaren Grenzen einer Lizenz und allenfalls des aus der Verletzungshandlung gezogenen Gewinns bewegt, nicht zu tragen hat (BGH GRUR 1974, 290, 292 l. Sp. – *Maschenfester Strumpf*).

Erhöhte Anforderungen, wie im Falle der Verwarnung aus Gebrauchsmustern, **241** sind an den Verwarner aus Geschmacksmuster- und Urheberrecht zu stellen, weil sie ebenfalls ungeprüft sind. Dem Verwarnenden gereicht zum Vorwurf, wenn er nicht gründlich recherchiert, etwa nicht alle ihm zur Verfügung stehenden Erkenntnismethoden in Bezug auf vorbekannte Formen ausgeschöpft hat (BGH GRUR 1979, 332, 336 – *Brombeerleuchte*).

Besonders hoch sind die Sorgfaltsanforderungen, die an den Verwarner gestellt **242** werden, welcher **Abnehmer** verwarnt, weil Abnehmer zur Prüfung der Berechtigung der Verwarnung kaum in der Lage und selten geneigt sein werden, wenn sie auf Konkurrenzprodukte ausweichen können, weshalb die Abnehmerverwarnung den Hersteller, dem sie häufig nicht einmal bekannt wird, besonders hart trifft (*Baumbach/Hefermehl* § 14 Rdn. 12 b); mit dieser Erwägung ist oben (Rdn. 235) die Anwendbarkeit des § 14 UWG befürwortet worden (kritisch gegenüber einer zu deutlichen Differenzierung zwischen Hersteller- und Abnehmerverwarnung und die Möglichkeiten des § 254 BGB betonend allerdings Großkomm./*Köhler* Vor § 13 B Rdn. 283). Wer Abnehmer verwarnt, genügt deshalb seiner Sorgfaltspflicht erst, wenn er zuvor eine Herstellerverwarnung erfolglos erhoben hat oder – wo diese bei verständiger Abwägung besonderer Umstände des Einzelfalles ausnahmsweise unangebracht erschien – nach sorgfältiger Prüfung der Rechtslage bei objektiver Betrachtungsweise davon überzeugt sein durfte, seine Ansprüche seien berechtigt[209]. Allerdings geht es zu weit, dem Verwarnenden zum Vorwurf zu machen, daß er nicht zuvor die Berechtigung seiner Verwarnung gerichtlich hat klären lassen, wie ein Teil der Literatur[210] und Rechtsprechung (LG Düsseldorf GRUR 1968, 156, 158; OLG Karlsruhe GRUR 1980, 314) fordern. Die Interessen des Verwarners werden bei dieser Ansicht zu gering gewertet.

243 Wer in späteren Patentverletzungsprozessen unterliegt, muß trotz ursprünglich pflichtgemäßer Prüfung – schon nach dem ersten negativen Prozeßergebnis – den verwarnten Abnehmer von der **neuen Sachlage unterrichten** (BGHZ 71, 86, 92 f = GRUR 1978, 492 – *Fahrradgepäckträger II*). Die Verpflichtung zum Handeln folgt aus dem vorangegangenen rechtswidrigen Tun.

244 Die Prüfung muß sich auch auf ein **etwaiges Vorbenutzungsrecht des Herstellers** (§ 12 PatG, § 13 Abs. 3 GebrMG) erstrecken (RG GRUR 1941, 102, 103; LG Essen Mitt. 1978, 32 f).

Unnötig ist die der Abnehmerverwarnung vorhergehende Herstellerverwarnung, wenn mit dem Hersteller bereits ein Verletzungsprozeß geführt wird. Es kann sich auch aus der Eigenart des Schutzrechts eine gewisse Herabsetzung der Anforderungen an die Nachprüfung durch den Verwarner ergeben, beispielsweise für das Sortenschutzrecht, dessen Überprüfung langwierige Kontrollanbauten erfordern würde (BGH GRUR 1968, 382, 385 – *Favorit II*, m. zust. Anm. v. *Ulrich Krieger*). Wegen weiterer Einzelheiten zu den an das Verschulden zu stellenden Anforderungen wird auf *Köhler* (Vor § 13 B Rdn. 283 f) und auf die ausführliche Kommentierung bei *Benkard/Bruchhausen* (aaO Rdn. 20) verwiesen.

245 d) **Als dem § 1 UWG unterfallenden Behinderungswettbewerb** wertet die Rechtsprechung die unberechtigte Abnehmerverwarnung nur dann, wenn erschwerende Begleitumstände gegeben sind. Das kann der Fall sein, wenn der Verwarnende seinem Unterlassungsbegehren dadurch zusätzlichen Nachdruck verleiht, daß er die unzutreffende Behauptung aufstellt, bereits eine einstweilige Verfügung beantragt zu haben (BGH WRP 1965, 97, 98 f – *Kaugummi-Kugeln;* dagegen *Ohl* aaO S. 177). Die gewöhnliche Androhung der Klageerhebung oder der Beantragung einer einstweiligen Verfügung ist dagegen kein zur Sittenwidrigkeit führendes Druckmittel (*Ohl* aaO S. 178). Als sittenwidrig im Sinne des § 1 UWG bewertet wurde die mit dem Vorwurf des geistigen Diebstahls verbundene Abnehmerverwarnung (OLG Dresden MuW 1931, 340, 341). Dagegen weist die öffentliche, an einen bestimmten Personenkreis gerichtete Warnung vor einer Schutzrechtsverletzung in der Regel keine Merkmale der Sittenwidrigkeit auf; sie kann im Gegenteil für den Hersteller des verletzenden Erzeugnisses weniger diskriminierend und vor allem we-

---

[209] RG GRUR 1929, 229, 231; LG Düsseldorf GRUR 1968, 156, 158 – *Schutzrechtsverwarnung;* BGH GRUR 1979, 332, 336 – *Brombeerleuchte; Baumbach/Hefermehl* § 14 Rdn. 12 b; HdbWR/*Melullis* § 20 Rdn. 72.

[210] *Baumbach/Hefermehl* aaO; *Hesse* GRUR 1967, 557, 559; *Horn* S. 202; *Moser v. Filseck* GRUR 1963, 263; *Winkler* GRUR 1980, 526, 528.

niger gefährlich sein als die gezielte Warnung bestimmter Abnehmer (*Ulrich Krieger* GRUR 1968, 386, 387).

e) Die an die unberechtigte Abnehmerverwarnung geknüpften **Sanktionen** sind der Unterlassungsanspruch, der Widerrufsanspruch, der Schadensersatzanspruch, ein Bereicherungsanspruch sowie – zu deren Vorbereitung – ein Auskunftsanspruch. **246**

Für den **Unterlassungsanspruch** des von der Abnehmerverwarnung getroffenen Herstellers, der sich auf §§ 823, 1004 BGB stützt, genügt Rechtswidrigkeit der Verwarnung. Verschulden ist nicht erforderlich[211]. Der Unterlassungsanspruch steht nicht nur dem Hersteller zu, sondern auch dem Verwarnten selbst (BGH aaO; *Benkard/Bruchhausen* aaO). Er setzt, wie üblich, Wiederholungsgefahr voraus. Sie wird durch die gegenüber dem Abnehmer ausgesprochene Verwarnung sowohl für diesen als auch für den Hersteller begründet. **247**

An die bloße **Widerrechtlichkeit** der Abnehmerverwarnung knüpft sich auch der quasinegatorische **Beseitigungsanspruch,** der in einem Widerruf der Verwarnung besteht[212]. Der Widerrufsanspruch steht nur dem Hersteller, nicht dem Adressaten der Verwarnung zu (BGHZ 10, 104 f). Der Verwarnte selbst kann mit einer leugnenden Feststellungsklage die Rechtslage klären[213]. **248**

Der **Schadensersatzanspruch** des Herstellers umfaßt den durch die Störung des Belieferungsverhältnisses zum verwarnten Abnehmer entstandenen Schaden. Dazu gehört auch mittelbarer Schaden, der dadurch entstanden ist, daß der Hersteller Anwalts- oder Gutachterkosten zur Abwehr der Verwarnung aufgewendet hat (RG GRUR 1936, 807, 810; LG Düsseldorf Mitt. 1989, 77, 78 – *Spielzeugauto;* näher dazu *Köhler* Vor § 13 B Rdn. 311). Ist die Verwarnung durch Rundschreiben erfolgt, so muß man dem Hersteller zubilligen, daß er der unberechtigten Verwarnung durch Werbeanzeigen in angemessenem Umfange entgegentritt und ein gegen den Verwarnenden erwirktes Unterlassungsurteil veröffentlicht[214]. **249**

Ein Schadensersatzanspruch des Herstellers wird **nicht dadurch gemindert,** daß verwarnte Abnehmer etwa vorschnell die Lieferbeziehungen abgebrochen haben; ein darin möglicherweise liegendes Verschulden der Abnehmer kann dem Hersteller nicht zugerechnet werden (BGH GRUR 1979, 332, 337 – *Brombeerleuchte*). **250**

Ist es dem Verwarnenden gelungen, den Abnehmer zum Abbruch seiner Lieferbeziehungen zu dem angeblich in Schutzrechte des Verwarnenden eingreifenden Hersteller zu veranlassen und stattdessen selbst in ein Lieferverhältnis zum Verwarnten zu treten, so stellt sich die Frage, ob der Hersteller eine dem unberechtigt Verwarnenden zugeflossene **Bereicherung** abschöpfen kann. Die Frage ist zu verneinen. Dem Verwarner fließt der Vorteil aus seiner Geschäftsbeziehung zum Abnehmer aufgrund des zwischen beiden begründeten Rechtsverhältnisses zu, nicht durch Lei- **251**

---

211 RG GRUR 1938, 891, 892 – *Formsand-Aufbereiter;* RG GRUR 1940, 441, 443 – *Vervielfältigungsverfahren;* BGHZ 38, 200, 206 = GRUR 1963, 255 – *Kindernähmaschinen; Benkard/Bruchhausen* aaO Rdn. 18.

212 RGZ 148, 114, 123; BGH GRUR 1959, 143 f – *Blindenseife;* BGH GRUR 1960, 500, 502 – *Plagiatsvorwurf I; Benkard/Bruchhausen* aaO Rdn. 18.

213 RGZ 88, 437, 439; BGH GRUR 1969, 479, 481 – *Colle de Cologne; Benkard/Bruchhausen* aaO Rdn. 18; zur Frage, inwieweit Hersteller oder verwarnte Abnehmer ihre Rechte im Wege des Verfügungsverfahrens verfolgen können, s. *Brandi-Dohrn* GRUR 1981, 679, 683 ff.

214 RG GRUR 1936, 263, 269; BGH GRUR 1990, 1012, 1015 – *Pressehaftung I* – zu den Voraussetzungen des Rechts zu einer „Gegenanzeige" und zum Anspruch auf Erstattung der dadurch ausgelösten Kosten; näher dazu *Köhler* Vor § 13 B Rdn. 194–197.

stung des Herstellers. Es liegt in der Verwarnung des Abnehmers, darauf beruhendem Abbruch der Lieferbeziehung zum Hersteller und nachfolgender Begründung neuer Lieferbeziehungen zum Verwarnenden auch kein Eingriff in eine Rechtsposition des Herstellers, die diesem die Lieferbeziehung zum Abnehmer zugewiesen hätte (Bereicherung in sonstiger Weise). Das Recht zur gewerblichen Betätigung des Herstellers ist nicht wie ein absolutes Recht so ausgestaltet, daß es dem Hersteller eine einmal begründete Lieferbeziehung mit Schutz gegen Störer zuwiese. Ein Recht zur gewerblichen Tätigkeit, das Recht am Unternehmen und das Recht am eingerichteten und ausgeübten Gewerbebetrieb sind nicht als Rechtspositionen mit Zuweisungsgehalt anerkannt[215].

252 Wegen des **Auskunftsanspruchs** ist auf die Ausführungen oben bei Rdn. 154 zu verweisen. Steht nur die Verwarnung des Herstellers fest, besteht aber keine Veranlassung zu der Annahme, der Hersteller habe auch Abnehmer verwarnt, so steht dem Hersteller ein Anspruch auf Auskunft darüber, wem gegenüber die Behauptung aufgestellt wurde, nicht zu (RG GRUR 1942, 54, 56 – *Abtrennvorrichtung*).

253 f) Als weitere Fälle der an Dritte gerichteten Warnung, die die Frage der Anwendbarkeit des § 14 UWG aufwerfen, kommen in Betracht die **Verwarnung von Lieferanten, Arbeitnehmern, privaten Endabnehmern** des als Schutzrechtsverletzer angegriffenen Herstellers (so der Fall RGZ 58, 24, 25 – *Jutepläsch:* Fall der Verwarnung der Arbeitnehmer des angeblichen Patentverletzers), die Verwarnung von Außenseitern in Fällen der Vertriebsbindung (Fall BGH GRUR 1970, 154 – *Remington*) oder Preisbindung, wo sie noch zulässig ist (nämlich für Verlagserzeugnisse, § 16 GWB) oder allgemein der potentiellen Vertragspartner von Wettbewerbern, denen unlauterer Wettbewerb nachgesagt wird. Man könnte etwa daran denken, daß ein an einem Ausschreibungsverfahren beteiligter Wettbewerber den Ausschreibenden davor warnt, einem Konkurrenten den Zuschlag zu erteilen, weil dieser angeblich Ausschreibungsbedingungen nicht erfülle, nicht leistungsfähig sei oder seine Aussichten auf den Zuschlag unlauter verbessert habe (so der nähere Sachverhalt des BGH-Urteils vom 2. 4. 1992, der in der Entscheidung – GRUR 1992, 860 – *Bauausschreibungen* – nicht mitgeteilt wird).

254 Diese Sachverhalte **unterscheiden** sich von der oben erörterten unbegründeten Abnehmer-Verwarnung grundsätzlich darin, daß der Verwarner hier keinen Unterlassungsanspruch gegen den Verwarnten behauptet, also kein ernsthaftes und endgültiges Unterlassungsbegehren aus einem dieses angeblich rechtfertigenden Sachverhalt herleitet. Damit fehlt der Verwarnung, die sich als bloße Warnung erweist, das Merkmal der in einer Sanktionsdrohung steckenden Entfaltung wirtschaftlichen Drucks, das einer pauschal – ohne nähere Sachverhaltsschilderung und daraus hergeleiteter Rechtsbehauptung – geäußerten Schutzrechtsverwarnung nach der hier vertretenen Ansicht (s. o. Rdn. 233 ff) bei funktionaler Auslegung den Charakter der Tatsachenbehauptung im Sinne des § 14 UWG verleiht.

255 Für die **Anwendbarkeit des § 14** kommt es deshalb darauf an, ob aus der Sicht der angesprochenen Empfänger der Warnung der Vorwurf der Rechtsverletzung sich im wesentlichen wegen unwahrer Sachverhaltsschilderung oder wegen unrichtiger rechtlicher Schlußfolgerung als unberechtigt erweist (BGH GRUR 1970, 254, 255 f – *Remington*). Liegt der Schwerpunkt der unberechtigten Warnung nicht auf tat-

[215] BGHZ 71, 86, 98 = GRUR 1978, 492 – *Fahrradgepäckträger II; Bruchhausen* Mitt. 1969, 286, 287; *Benkard/Bruchhausen* aaO Rdn. 18; *Teplitzky*[6] Kap. 40 Rdn. 7; zu Einzelheiten vgl. *Köhler* Vor § 13 B Rdn. 364–369 aE.

sächlichem Gebiet, so ist an Ansprüche des davon Betroffenen aus §§ 1 UWG oder 823 Abs. 1 BGB (Eingriff in den Gewerbebetrieb) zu denken. Ansprüche aus § 1 UWG erfordern eine ins Gewicht fallende Störung, wozu nicht genügt, daß die Warnung lediglich unberechtigt ist (BGH GRUR 1970, 254, 257 – *Remington*). Von einer solchen erheblichen Störung, die den Tatbestand des § 1 UWG erfüllen kann, ließe sich etwa sprechen bei einer an viele mögliche Abnehmer des Betroffenen im Wege des Rundschreibens gerichteten Warnung. Liegen solche Umstände nicht vor, so kommen auch Ansprüche aus §§ 823, 1004 BGB (wegen Eingriffs in den Gewerbebetrieb) nicht in Betracht. Es bildet die Äußerung einer unrichtigen Rechtsmeinung, wie sie einer Warnung zugrunde liegt, mit Rücksicht auf das in Art. 5 Abs. 1 S 1 GG geschützte Recht der Meinungsfreiheit noch keinen relevanten Eingriff in den Gewerbebetrieb. Vielmehr erscheint dieselbe Wertung als angebracht, wie sie der BGH für das Verhältnis zwischen Verwarnendem und Adressaten der Verwarnung angestellt hat (in GRUR 1969, 479, 481 – *Colle de Cologne*).

g) **Verjährung** des Schadensersatzanspruchs aus § 14 Abs. 1 S 1 UWG tritt gemäß § 21 Abs. 1 in 6 Monaten von dem Zeitpunkt an ein, in dem der Anspruchsberechtigte von der unberechtigten Schutzrechtsverwarnung Kenntnis erlangt, spätestens nach 3 Jahren. Darin unterscheidet sich der Anspruch aus § 14 UWG von dem aus § 823 Abs. 1 BGB, der in 3 Jahren seit Erlangung der Kenntnis verjährt, § 852 Abs. 1 BGB. **256**

aa) **Kenntnis** von der Handlung und der Person des Verpflichteten, die die Verjährungsfrist (aus §§ 21 UWG oder auch 823 BGB) in Lauf setzt, hat in einem Fall, in dem es um die Verwarnung aus einem später gelöschten Gebrauchsmuster oder Patent geht, der Verletzte erst, wenn er von der Löschung Kenntnis erlangt; bei Versagung der Erteilung dann, wenn ihm die Versagung bekannt wird (BGH GRUR 1979, 869, 873 – *Oberarmschwimmringe*). Kenntnis liegt also nicht etwa schon dann vor, wenn Löschungs- oder Versagungsgründe bekannt sind. Liegt die Unrichtigkeit der Schutzrechtsverwarnung in der Inanspruchnahme eines dem Schutzrecht nicht zukommenden Schutzbereichs, so ist Kenntnis des Verletzten nicht vom Ausgang eines etwaigen Verletzungsprozesses abhängig, sondern schon mit Kenntnis von der Verwarnung und dem begrenzten Schutzbereich des in Anspruch genommenen Rechts gegeben (BGHZ 71, 86, 95 f – *Fahrradgepäckträger II*). Der Verletzte kann daher gezwungen sein, seinen Schadensersatzprozeß zum Zwecke der Unterbrechung der Verjährung anhängig zu machen, während der Verletzungsprozeß noch läuft. **257**

Der BGH hat (in BGHZ 71, 86, 95 ff = GRUR 1978, 492 – *Fahrradgepäckträger II*) eine Anwendung des **Arglisteinwandes** erwogen für den Fall, daß der Verwarner dem Verletzten durch sein Verhalten Anlaß gegeben hat, darauf zu vertrauen, seine Ansprüche würden befriedigt oder doch nur mit sachlichen Einwendungen bekämpft, weshalb er – der Verletzer – mit einem Hinausschieben der Schadensersatzklage einverstanden sei. Es ist jedoch auch an eine Unterbrechung der Verjährung des Schadensersatzanspruchs durch den Verletzungsprozeß analog § 209 BGB zu denken, wie sie der BGH in seiner neueren Rechtsprechung annimmt für Fälle, in denen eine Amtspflichtverletzung sich in einem rechtswidrigen Verwaltungsakt niederschlägt, der durch Widerspruch, Anfechtungs-, Feststellungs- oder Verpflichtungsklage nach der VwGO angefochten wird (BGHZ 95, 238; 97, 97; 103, 242). Im Urteil vom 26. 3. 1992 (NJW 1992, 2297) hat der BGH für die Verjährung des Ersatzanspruchs aus § 945 ZPO auf jene Rechtsprechung zum Amtshaftungsanspruch verwiesen und Beginn der Kenntnis vom Schadensersatzanspruch erst ange- **258** nommen für einen Zeitpunkt, zu dem die einstweilige Verfügung, aus deren Erlaß der Anspruch resultiert, aufgehoben ist (ebenso BGHZ 75, 1).

259 bb) Nach Ablauf der (sechsmonatigen oder dreijährigen) Verjährungsfrist muß der unberechtigt Verwarnende nach § 852 Abs. 3 BGB als **ungerechtfertigte Bereicherung** herausgeben, was er durch die unberechtigte Schutzrechtsverwarnung auf Kosten des Verletzten erlangt hat. Der Anspruch aus § 852 Abs. 3 ist deliktsrechtlicher Natur und nur dem Umfang nach als Bereicherungsanspruch ausgestaltet (BGHZ 71, 86, 99 = GRUR 1978, 492 – *Fahrradgepäckträger II*). Er verjährt in 30 Jahren (BGH NJW 1986, 2827, 2828). Da es sich um einen deliktsrechtlichen Anspruch handelt, nicht um einen Bereicherungsanspruch, dessen Voraussetzungen nicht gegeben wären, ist die durch unerlaubte Schutzrechtsverwarnung herbeigeführte Vermögensverschiebung zugunsten des Schädigers rückgängig zu machen, auch wenn sie sich nicht zwischen dem Schädiger und dem Geschädigten vollzogen und sie nicht in einem Eingriff in ein Zuweisungsgehalt aufweisendes Recht des Geschädigten bestanden hat (BGHZ 71, 86, 100). Herauszugeben sind daher Lizenzgebühren, die der Verwarner aufgrund der unberechtigten Verwarnung erhalten hat und sonst nicht erhalten hätte, ferner sonstige Gewinne.

3. Behaupten oder Verbreiten von Tatsachen als tatbestandsmäßige Handlungen

260 **Tatbestandsmäßige Handlungen im Sinne des § 14 UWG sind das Behaupten oder Verbreiten von Tatsachen.** Beide Begriffe haben grundsätzlich denselben Sinngehalt wie die identisch in § 824 Abs. 1 BGB gebrauchten, weshalb auf deren Erläuterung (oben Rdn. 100–103) und die dafür angeführten Beispiele aus der Rechtsprechung zu verweisen ist.

261 a) Eine wichtige Abweichung ergibt sich aus dem Wettbewerbszweck, der der nach § 14 UWG zu beurteilenden Anschwärzung zugrunde liegt. Eine Tatsache behauptet, wer die unwahre **Tatsachenbehauptung** in der Weise aufstellt, daß er sie als Ausdruck seiner eigenen Ansicht vorbringt oder sich die Behauptung eines Dritten zu eigen macht (BGH GRUR 1969, 624, 627 – *Hormoncreme;* RG GRUR 1934, 471 – *Lehrlingsarbeit*). Das muß nicht notwendig dadurch geschehen, daß eine Tatsache als Gegenstand eigenen Wissens oder eigener Überzeugung hingestellt wird. In der Äußerung eines Verdachts, im Aufwerfen einer Frage können Tatsachenbehauptungen liegen, ebenso in – schlüssigen – Handlungen. Die Behauptung kann verdeckt aufgestellt sein. Für nach §§ 823 Abs. 1, 824 Abs. 1 BGB zu beurteilende Tatsachenbehauptungen erfordert allerdings der Schutz der Meinungsfreiheit, daß der Behauptende grundsätzlich beim Wort genommen wird, in seine Äußerung nicht Aussagen erst hineininterpretiert werden, daß ein allgemein negativer Eindruck nicht für eine zusätzliche Aussage mit eigenständigem Tatsacheninhalt genommen wird[216]. Bloße Mehrdeutigkeit führt noch nicht dazu, dem Kritiker jeden möglichen Sinn seiner Äußerung zuzurechnen.

262 Für **zu Zwecken des Wettbewerbs** aufgestellte Tatsachenbehauptungen ist eine **andere Beuteilung** geboten. Über den Sinn einer Werbebehauptung entscheidet die Auffassung des Verkehrs (RG GRUR 1936, 263, 267 – *Nitritpökelungsverfahren*), an den sie sich wendet, wobei schon das Verständnis nicht völlig unbeachtlicher

---

216 BVerfGE 43, 130, 136; BGHZ 78, 9, 15, 16 = GRUR 1980, 1105 – *Das Medizin-Syndikat III;* BGH NJW 1992, 1312, 1313, 1314.

Teile der angesprochenen Verkehrskreise maßgeblich ist. Bei Mehrdeutigkeit ist dem Kritiker jeder seiner Aussage von nicht völlig unbeachtlichen Teilen der angesprochenen Verkehrskreise zugemessener Sinn zuzurechnen. Diese Maßgeblichkeit des Verständnisses der angesprochenen Verkehrskreise kann dazu führen, daß selbst die objektiv richtige Tatsachenbehauptung in einem Sinn zu verstehen ist, der ihre Unrichtigkeit ergibt. Das ist der für § 3 UWG gültige Maßstab (vgl. Großkomm./*Lindacher*, § 3 Rdn. 75, 89, 139 ff), der auch für § 14 UWG Bedeutung hat[217].

b) In der **Rechtsprechung** wurden die Äußerung des Verdachts, daß „allem Anschein nach" das angegriffene Unternehmen Kenntnis von Betrügereien seiner Reisenden habe (RGZ 95, 339, 341), die in Klammern gesetzte und mit Fragezeichen versehene Verdächtigung, daß Ware ohne Rechnung an Schwarzhändler verschoben werde (BGH GRUR 1951, 283, 285) als Tatsachenbehauptungen gewertet, die gegenüber der AOK gemachte Mitteilung einer Krankenschwester, bei Ausübung ihres Berufes bei einem namentlich benannten Kassenmitglied sei ihr mitgeteilt worden, ein bestimmter Arzt stelle Blanko-Verordnungen aus (BGH GRUR 1958, 448, 449 – *Blanko-Verordnungen*), als Verbreitung von Tatsachen beurteilt. Im Unterschieben einer anderen als der bestellten Ware ohne erläuternde Erklärung soll die schlüssige Tatsachenbehauptung, daß es sich um die bestellte Ware handele, liegen können (RGZ 60, 189, 191 – *Bergalter*). Macht eine Rundfunk- oder Fernsehsendung sich kritische Ansichten von Interview-Partnern oder Teilnehmern einer Gesprächsrunde nicht zu eigen, läßt sie die sprechenden Personen vielmehr nur selbst zu Wort kommen, ohne deren Äußerungen zu übernehmen, so liegen darin keine Tatsachenbehauptung und auch keine Tatsachenverbreitung (BGH GRUR 1969, 624, 627 – *Hormoncreme*), die jedoch anzunehmen ist, wenn in einer Magazin-Sendung, die sich unter dem Thema „Made in Germany" mit Beobachtungen über die nachlassende Qualität deutscher Erzeugnisse befaßt, als Ergebnis eigener Recherchen des Redakteurs von einer Teppichkehrmaschine mitgeteilt wird, daß sie jeden Teppich zerpflücke (BGH GRUR 1966, 633, 635 – *Teppichkehrmaschine*). Durch eine nur dem Betroffenen gegenüber aufgestellte negative Tatsachenbehauptung wird der Tatbestand des § 14 nicht verwirklicht, weil ihr die Eignung zur Kreditschädigung fehlt; ebensowenig liegt ein Verbreiten vor, wenn die weitergegebene Mitteilung eines anderen nur zur Kenntnis des Betroffenen gelangt (RGZ 101, 335, 338, 339; *v. Gamm* § 49 Rdn. 7). Deshalb erfüllt die nur an den angeblichen Verletzer gerichtete Schutzrechtsverwarnung nicht den Tatbestand des § 14. Die Übersendung von Grabstein-Entwürfen durch einen Grabstein-Hersteller an Händler, auf denen der Name eines Konkurrenten als Grabinschrift wiedergegeben ist, stellt die Tatsachenbehauptung seines Ablebens dar, wenn sie so auch nur mißverstanden werden kann (RG HRR 1939 Nr. 566). 263

Da die in bloßem Handeln liegende **schlüssige Erklärung** zur Verwirklichung des Tatbestandes ausreicht, kommt die Anwendung der Vorschrift auch in Betracht, wo der Verletzer sein minderwertiges oder mit dem Produktionsprogramm des Betroffenen in keiner Weise zu vergleichendes Produkt mit dem Namen eines anderen versieht und so beim angesprochenen Publikum den Eindruck erweckt, es handele sich um ein Produkt des Betroffenen. Die Handlung gleicht in ihrem Erklärungswert dem Unterschieben anderer als der verlangten Ware. 264

[217] BGHZ 13, 244, 253 = GRUR 1955, 37 – *Cupresa-Seide;* BGH GRUR 1964, 38, 41 – *Dortmund grüßt ...; Baumbach/Hefermehl* § 14 Rdn. 20; *Ulmer/Reimer* Rdn. 413; einschränkend gegenüber solchen Fehlvorstellungen der Verbraucher, wenn sie nicht schützenswert sind, neuerdings BGH GRUR 1991, 852, 855 – *Aquavit.*

4. **Bezug auf Erwerbsgeschäfte anderer, Person des Geschäftsleiters, Waren oder gewerbliche Leistungen anderer**

265 Tatsachenbehauptung oder -verbreitung müssen sich auf **das Erwerbsgeschäft eines anderen, auf die Person des Geschäftsinhabers oder -leiters oder auf die Waren oder gewerblichen Leistungen beziehen.** Die Gefährdung des Geschäftsbetriebs muß das Unternehmen nicht als ganzes treffen, wie das RG angenommen hatte, das die Eignung, den Absatz eines Artikels zu erschweren, nicht genügen ließ (RG JW 1930, 1732). Nach der Rechtsprechung des BGH reicht aus, daß nur der Absatz eines einzelnen Produktes durch die Verbreitung einer unwahren Tatsachenbehauptung erschwert werden kann (BGH GRUR 1966, 633, 635 – *Teppichkehrmaschine*). Darin stimmen § 824 BGB und § 14 UWG überein.

266 a) Das **Erwerbsgeschäft eines anderen** können Unternehmen wissenschaftlicher oder künstlerischer Art sein (BGH GRUR 1992, 527 ff – *Plagiatsvorwurf II* – eine Fehde zwischen freiberuflich tätigen Designern betreffend), ebenso Unternehmen der öffentlichen Hand, wenn sie im Bereich ihrer Teilhabe am Wirtschaftsleben betroffen sind[218].

267 Mit der **Person des Inhabers oder Leiters des Unternehmens** sind die Organe juristischer Personen, aber auch der Konkursverwalter, der Abwickler gemeint (*Baumbach/Hefermehl* § 14 Rdn. 14), soweit die Befassung mit ihrer Person das Unternehmen in seiner Teilhabe am Wirtschaftsleben trifft und nicht lediglich ihre Amtsführung kritisiert wird. Mit Angriffen auf sonstige Repräsentanten des Unternehmens, aber auch auf Mitarbeiter, ist das Erwerbsgeschäft selbst betroffen.

268 Angriffe, die die **Waren oder gewerblichen Leistungen** betreffen, können sich mit jeder Erscheinungsform der unternehmerischen Betätigung befassen, also auch der Preisgestaltung, dem Rechnungswesen, dem Geschäftsgebaren bei Teilnahme an einem Ausschreibungsverfahren (BGH GRUR 1992, 860 – *Bauausschreibungen*).

269 Unterlassungs- und Schadensersatzanspruch werden in § 14 Abs. 1 S 1 und 2 dem **Verletzten** gewährt. Damit ist klargestellt, daß entsprechend dem Schutzgegenstand nicht betroffenen Gewerbetreibenden, Verbänden und Kammern, die sonst nach § 13 UWG klagebefugt sind, die Ansprüche aus § 14 nicht zustehen, selbst wenn man anzunehmen hätte, die gemäß § 14 UWG verbotene Anschwärzung erfülle als Maßnahme des Behinderungswettbewerbs auch den Tatbestand des § 1 UWG (s. o. Rdn. 10, str.).

270 **Streitig** ist, ob auch für § 14 die **Einschränkung** gilt, daß er nur betriebsbezogene Eingriffe unter Ausschaltung bloß mittelbar oder reflexartig treffender Angriffe erfaßt, wie sie die Rechtsprechung für § 824 BGB annimmt (s. o. Rdn. 108–112). Soweit die Rechtsprechung bisher unmittelbaren Bezug der kreditgefährdenden Äußerung zu einem bestimmten Betroffenen verlangte und mittelbare Auswirkungen nicht genügen ließ, betraf sie Fälle, die wegen Fehlens eines wettbewerblichen Bezugs ausschließlich dem § 824 BGB zuzuordnen waren[219]. Der BGH begründet

[218] BGH GRUR 1984, 474, 476 – *Bundesbahnplanungsvorhaben;* im konkreten Fall wurde wettbewerblicher Schutz versagt, weil die die Verzögerung eines Neubauprojektes bewirkende Kritik eines Planungsvorhabens durch unwahre Behauptungen den Bereich der Teilhabe am Wirtschaftsleben nicht betreffe.

[219] BGH GRUR 1964, 162, 164 – *E-Orgeln;* m. krit. Anm. v. *Reimer* = JZ 1964, 509 m. zust. Anm. v. *Deutsch;* BGH NJW 1965, 36 – *Schwacke-Bericht* = JZ 1966, 26, 27 m. zust. Anm. v. *Deutsch;* BGH GRUR 1967, 540, 542 – *Die Nächte der Birgit Malmström,* m. zust. Anm. v. *Kleine;* BGH GRUR 1989, 222, 223 – *Filmbesprechung;* OLG Hamburg GRUR 1988, 480, 482 – *Schadstoff Zucker.*

seine Ansicht mit der Entstehungsgeschichte des § 824 BGB, der ein weiteres Schutzobjekt in das Gesetz einführen, aber nicht den Kreis möglicher Schadensersatzberechtigter habe ausdehnen wollen (BGH GRUR 1964, 164; BGH GRUR 1989, 223). Die gegenüber § 823 Abs. 2 BGB verschärfte Haftung auch für die Folgen nur fahrlässiger Verfehlung der Wahrheit sei nur zu rechtfertigen, wenn die Äußerung so, wie sie im Verkehr verstanden wird, sich gerade mit dem Betroffenen befasse, in enger Beziehung zu seinen Verhältnissen, seiner Betätigung oder gewerblichen Leistung stehe (BGH GRUR 1964, 164). *Ulmer/Reimer* (aaO Rdn. 417) ziehen für die Bestimmung des Betroffenen im Sinne des § 14 UWG die Parallele zur einschränkenden Anwendung des § 824 BGB durch den BGH.

Diese Auffassung ist für § 14 UWG dahin zu **modifizieren,** daß der Wettbewerbs- **271**
zweck der nach dieser Norm zu beurteilenden Anschwärzung es rechtfertigt, den Kreis der Verletzten so weit zu ziehen, wie das Wettbewerbsverhältnis reicht[220]. Dabei entscheidet die Auffassung der durch die zu beanstandende Tatsachenbehauptung angesprochenen Verkehrskreise darüber, gegen wen die herabsetzende Äußerung sich richtet, wer von einer Beschuldigung betroffen, wessen Waren oder Geschäftstätigkeit kritisiert werden. Kritische Befassung mit Waren oder Leistungen anderer, die nur als ganze Gruppe bezeichnet oder nur durch ihre Zugehörigkeit zum Kreis der die kritisierte Leistung erbringenden Gewerbetreibenden definiert sind, lassen alle Angehörigen der Gruppe als Betroffene erscheinen, wenn sie nur für den Empfänger als durch die Äußerung gemeinte erkennbar sind und der Kreis der Betroffenen nicht unübersehbar groß wird. Dabei ist ein gleichartiger Maßstab anzulegen, wie er für die kritisierende vergleichende Werbung gilt (*Jochen Meyer* S 254, 260–263). Es kommt darauf an, daß die Äußerung vom flüchtigen Verbraucher als auf den Konkurrenten bezogen verstanden wird; es genügt nicht, daß dieser nur ermittelbar ist; bei Werbung, die Fachkreise anspricht, entscheidet deren Verständnis[221].

So hat schon der BGH in seiner die Reichweite des § 824 BGB einschränkenden **272**
ersten Entscheidung vom 2. 7. 1963 (GRUR 1964, 163, 164 – *E-Orgeln*) klargestellt, daß sie den **wettbewerblich motivierten Leistungsvergleich nicht betreffe,** und das RG hat den Unterlassungsanspruch einem Handelsvertreter als nur mittelbar Betroffenem gewährt, von dessen Prinzipal es im Rundschreiben eines Konkurrenten unzutreffend hieß, er habe wegen Mißerfolgs mit minderwertiger Ware ein Moratorium in Anspruch nehmen müssen (RGZ 75, 61, 62). Der Händler, der in einer Inventurausverkaufs-Zeitungswerbung ankündigt, daß nur reguläre Lagerware verkauft werde, keine „Ramschware, wie in Warenhäusern vielfach üblich", schwärzt damit alle im Verbreitungsgebiet der Anzeige gelegenen Warenhäuser an (RG GRUR 1930, 200, 201 – *Ramschware*). Wer von ortsansässigen Einzelhändlern betriebenen Pelzhandel dem Geschäft fliegender Händler gegenüberstellt, die auf Pelzausstellungen verkaufen, trifft jeden Angehörigen dieser Gruppe (OLG Nürnberg WRP 1956, 129, 131 – *Fliegende Händler*). Alle von einem patentierten Konservierungsverfahren Gebrauch machenden Unternehmer sind durch die Kritik eines Konkurrenten an diesem Verfahren, die in Rundschreiben gegenüber Geschäftsfreunden

---

220 *Enger Tilmann* GRUR Int. 1983, 598, 599 und *Jochen Meyer* S. 252, die in der Bezugnahme auf einen anderen das der Anschwärzung ihren Unlauterkeitscharakter gebende Merkmal sehen.

221 RG GRUR 1933, 256, 257 – *Gesenkhammer;* RG GRUR 1938, 533, 535 – *Melkhilfsmittel;* BGH GRUR 1952, 416, 417 – *Dauerdose;* BGH GRUR 1973, 270, 272 – *Der sanfte Bitter.*

und in der Zeitung veröffentlicht wird, betroffen (RG GRUR 1936, 263, 265 – *Nitrit-Pökelverfahren*). Wo die den Tatbestand der Anschwärzung erfüllende Werbung sich an Sachkundige wendet, stellt deren Kenntnis von den vom kritisierten Verfahren oder den kritisierten Waren gebrauchmachenden Unternehmen den Bezug zwischen Kritiker und Kritisierten als Betroffenen her (RG GRUR 1944, 154 – *Vitamin D 3;* zu eng OLG Hamburg WRP 1956, 9, 11 – *Senfsaaten*). Die in einer Konfektions-Fachzeitschrift veröffentlichte Anzeige, die die vom Anzeigenden hergestellte Konfektionswatte damit anpreist, daß sie aus keimfreiem Rohstoff gefertigt und nicht mit Bazillen verunreinigt sei, wie sie millionenweise in den meisten Konfektionswatten versteckt seien, trifft alle anderen Erzeugerfirmen von Konfektionswatten (RG GRUR 1934, 473, 476 – *Konfektionswatte*). Offen gelassen hat der BGH die Frage, ob die Werbeaufforderung eines Lebensmittelhändlers, einen beworbenen Cognac mit anderen zu vergleichen, die durch großen Werbeaufwand auffallen, eine bestimmte Produzenten kritisierende vergleichende Werbung sei (BGH GRUR 1985, 982f – *Großer Werbeaufwand*). Eine Komparativwerbung und eine solche, die nur die eigene Ware lobt, führt unter dem Blickpunkt des § 14 UWG (wie unter dem des Verbots vergleichender Werbung) noch keinen Angriff auf die Konkurrenz (OLG Hamburg WRP 1960, 104 – *Mehr fürs Geld bei ...;* BGH GRUR 1965, 365, 367 – *Lavamat II*), und das auch dann nicht, wenn die Konkurrenten angesichts ihrer Marktstärke von jedem Adressaten der Werbung sofort identifiziert werden können (BGH GRUR 1987, 48, 50 – *Cola-Test,* m. Anm. v. *Sack*). Die Unterscheidung zwischen einerseits identifizierenden, andererseits abstrakten kritisierenden Werbevergleichen, wie sie *Sack* (RWW 3.2 Rdn. 580) trifft, dürfte auch für die Bestimmung des Kreises der Betroffenen im Sinne des § 14 UWG anwendbar sein.

273 c) Tatsachenbehauptung oder -verbreitung müssen geeignet sein, den **Betrieb des Geschäfts oder den Kredit des Inhabers zu schädigen.** Während in § 824 Abs. 1 BGB von der Eignung zur Gefährdung des Kredits eines anderen oder der Herbeiführung sonstiger Nachteile für dessen Erwerb oder Fortkommen die Rede ist, fordert § 14 Abs. 1 UWG die Eignung zur Schädigung von Geschäft oder Kredit des Geschäftsinhabers. Zwischen Eignung zur Gefährdung und Eignung zur Schädigung liegt kein sachlicher Unterschied (*Baumbach/Hefermehl* § 14 Rdn. 19; *Ulmer/Reimer* Rdn. 415). Die Schädigung, für die jeder Nachteil wirtschaftlicher Art genügt, liegt gerade schon in der Kreditgefährdung. Nicht nötig sind ehrenkränkende oder herabsetzende Natur der Behauptung; schon die Motive nannten als Beispiele für von § 14 (damals § 6) erfaßte Behauptungen, eine Fabrik sei durch Feuer zerstört, eine Kohlengrube von eindringenden Wassermassen betroffen (s. o. Rdn. 10). Die bloße Ehrenkränkung, wenn sie zur Kredit- oder Betriebsgefährdung nicht geeignet ist, erfüllt den Tatbestand nicht (*v. Gamm* § 49 Rdn. 24), denn Schutzobjekte sind der Betrieb des Erwerbsgeschäfts eines anderen oder der Kredit seines Inhabers. Darin stimmen § 824 BGB und § 14 UWG überein, so daß für das Tatbestandsmerkmal der Eignung zur Betriebs- oder Kreditschädigung auf die Erläuterung zu § 824 BGB und die dort angeführten Fälle aus der Rechtsprechung verwiesen werden kann (oben Rdn. 107–112).

5. Nicht-Erweislichkeit der Wahrheit

274 Weitere Tatbestandsvoraussetzung des § 14 Abs. 1 UWG ist, daß die behaupteten oder verbreiteten Tatsachen **nicht erweislich wahr** sind. Darin besteht ein wesentlicher Unterschied zu § 824 Abs. 1 BGB, der voraussetzt, daß der Wahrheit zuwider eine Tatsache behauptet oder verbreitet wird. Während für § 824 Abs. 1 BGB der Verletzte dem Handelnden die Unwahrheit der Behauptung nachweisen muß, trägt die Beweislast für die Wahrheit im Falle des § 14 Abs. 1 der Behauptende. Nichterweislichkeit der Wahrheit ist ein dem § 186 StGB nachgebildetes Merkmal.

a) Der **Begriff der Wahrheit** ist der des § 824 BGB, auf dessen Erläuterung daher **275**
verwiesen werden kann (oben Rdn. 97–99). Maßgebend ist daher, ob eine Tatsachenbehauptung in ihrem wesentlichen Kern zutreffend oder unzutreffend ist, wobei Auslassungen die an sich zutreffende Tatsachenbehauptung unwahr machen **276**
können. Maßstab der Wahrheitsprüfung ist das Verständnis, das sich dem unbefangenen Leser, Hörer als das nächstliegende aufdrängt; es können schon die Äußerung eines Verdachts oder eines Gerüchts, die Andeutung einer bloßen Möglichkeit als Behauptung einer nicht zutreffenden Tatsache genügen[222]. Maßstab des Verständnisses der Äußerung ist bei an das allgemeine Publikum gerichteter Werbung das des flüchtigen Lesers, Hörers, Betrachters; richten Tatsachenbehauptung oder -verbreitung sich an ein Fachpublikum, so kommt es auf dessen Verständnishorizont und Lese- oder Hörgewohnheit an; unmaßgeblich ist der Sinn, den der Behauptende oder Verbreitende seiner Äußerung beilegt (*Ulmer/Reimer* Rdn. 413). Bei Äußerungen, die sich aus Wahrem und Unwahrem zusammensetzen, entscheidet der Gesamteindruck (BGH GRUR 1954, 333 – *Molkereizeitung*); wahre Behauptungen können durch Auslassungen, Lücken nach ihrem Gesamteindruck unwahr werden, Preisübersichten beispielsweise durch die Nichtberücksichtigung wesentlicher Marktteilnehmer (*Brinkmann* GRUR 1988, 516, 519).

Gegenüber der Ansicht, der Begriff der Wahrheit im Sinne des § 14 UWG sei der **277**
gleiche wie der der Unrichtigkeit gemäß § 3 UWG, weshalb nicht die objektive Wahrheit, sondern die Wirkung der Äußerung auf die in Betracht kommenden Adressaten entscheide und auch eine objektiv wahre Mitteilung im Sinne des § 14 unwahr sein könne (*Baumbach/Hefermehl* § 14 Rdn. 20; *Ulmer/Reimer* Rdn. 413), ist eine **Differenzierung geboten.** Ihr liegt nämlich ebenso wie der Rechtsprechung, auf die sie sich beruft, eine Unschärfe des Ausdrucks zugrunde. Die Rechtsprechung betrifft Fälle, in denen Bezeichnungen, Beschaffenheitsangaben oder werbende Aussagen über Herstellungsmethoden von dem Publikum, an das sie sich auch wendeten, in einem Sinn verstanden wurden oder verstanden werden konnten, bei dem sie unrichtig waren – der aber nicht der der Fachsprache gemäße oder Eingeweihten bekannte Sinn war, bei welchem die beurteilte Aussage richtig war. So betrifft das als Leitentscheidung zu bezeichnende Urteil des BGH vom 11. 5. 1954 (BGHZ 13, 244, 253 = GRUR 1955, 37 – *Cupresa-Seide*) die Bezeichnung eines Kunstseidenfadens als Seide, die bei Fachleuten, welche „Seide" als Oberbegriff für naturseidene und kunstseidene Erzeugnisse verwenden, nicht irreführend ist, beim ebenfalls angesprochenen Verbraucher, dem dieser Oberbegriff unbekannt ist, dagegen irreführend als Naturprodukt verstanden wird. Für diesen Sachverhalt trifft die Aussage des BGH zu, es komme für die Beurteilung der Richtigkeit oder Unrichtigkeit einer Werbeangabe unter dem Blickpunkt des § 3 UWG allein darauf an, in welchem Sinne die Kreise, an die die Ankündigung sich wendet, die Angabe verstehen. Auf gleicher Ebene liegt das Urteil vom 28. 6. 1960 (BGH GRUR 1960, 567, 569 – *Kunstglas*), das den Begriff „Kunstglas" für einen organischen Kunststoff (ohne

---

222 BGH GRUR 1951, 283, 285 – *Möbelbezugsstoff*: Aufwerfen der Frage in einem Schreiben an Abgeordnete, ob von der Konkurrenz gehandelte Ware ohne Rechnung an Schwarzhändler gehe; *Ulmer/Reimer* Rdn. 413 zu Fn. 73.

aufklärenden Zusatz gebraucht) verbietet, weil ein nicht unbeträchtlicher Teil des Publikums das Wort (noch) im Sinne seines früheren Gebrauchs als Bezeichnung eines künstlerisch gestalteten Silikatglases verstehe, obwohl es inzwischen in größerem Umfange im Verkehr auch für Kunststoffe glasartigen Charakters Verwendung findet (ebenso BGH GRUR 1968, 200, 201 – *Acrylglas*). Im neuesten Urteil zu dem Problemkreis (GRUR 1991, 852, 855 – *Aquavit*) hatte der BGH sich schließlich mit der Werbeaussage zu befassen, ein „Linie-Aquavit" habe zweimal den Äquator passiert. Die Aussage war als unrichtig angegriffen worden, weil das höherprozentige Destillat den Äquator passiert hatte, nicht aber das trinkfertige Produkt, auf das die von der Werbung angesprochenen Verbraucher die Werbeaussage bezogen. Der BGH hat den Grundsatz, wonach eine objektiv richtige Werbeaussage irreführend im Sinne des § 3 UWG sein könne, wenn der Verkehr, für den sie bestimmt ist, ihr etwas Unrichtiges entnimmt, wiederholt, die Verletzung des § 3 jedoch verneint, weil die Fehlvorstellung der Verbraucher nicht schützenswert sei, da die durch die Werbeaussage gepriesene Qualität nicht bei dem der Fehlvorstellung entsprechenden Produktionsvorgang, sondern nur beim tatsächlichen Herstellungsvorgang gewährleistet ist.

278 In allen Fällen der objektiv wahren Mitteilung, die entsprechend der Verbrauchervorstellung unwahr sein könne, ging es daher um das Verbraucherverständnis vom **Sinn** der beurteilten Aussage, wogegen über **Wahrheit** oder **Unwahrheit** der Aussage in dem ihr vom Verbraucher (fehlerhaft) beigelegten Sinn nach objektiven Kriterien entscheiden wurde. Es beurteilt sich die Wahrheit oder Unwahrheit einer behaupteten oder verbreiteten Tatsache daher nach objektiven Kriterien; welche Tatsache behauptet oder verbreitet wurde, wie also die Äußerung zu verstehen, welcher Sinn ihr beizulegen sei, entscheidet dagegen das Verständnis des von ihr angesprochenen Adressatenkreises. In diesem Sinne ist die Aussage richtig, daß – wie für § 3 UWG – die objektiv wahre Mitteilung nach § 14 als unwahr zu behandeln sein kann (für die Parallele von §§ 3 und 14 im Hinblick auf Wahrheit oder Unwahrheit BGH GRUR 1964, 38, 41 – *Dortmund grüßt ...*).

279 b) Indem § 14 Abs. 1 UWG fordert, daß die behaupteten oder verbreiteten Tatsachen nicht erweislich wahr sind, überbürdet er dem Behauptenden die **Beweislast** für die Wahrheit. Damit ist die Wahrheit der zu Wettbewerbszwecken über das Erwerbsgeschäft eines anderen aufgestellten Tatsachenbehauptung, die geeignet ist, den Betrieb des Geschäfts zu schädigen, als Einwand des Behauptenden ausgestaltet (*v. Gamm* § 49 Rdn. 26). Der Angegriffene muß lediglich Wettbewerbszweck (wofür im Wettbewerbsverhältnis regelmäßig eine Vermutung streitet) und Eignung der Behauptung zur Geschäfts- oder Kreditschädigung beweisen.

280 Daran ändert auch nichts, daß der Angegriffene etwa selbst dem Behauptenden aus dem zwischen ihnen bestehenden Rechtsverhältnis (Auftragsverhältnis, Geschäftsbesorgungsverhältnis) rechenschaftspflichtig sein kann (BGH GRUR 1957, 93, 94 – *Jugendfilmverleih*). **Eine solche Rechenschaftspflicht kehrt die Beweislast nicht um,** weil sonst der Rechenschaftspflichtige gegenüber geschäftsschädigenden Äußerungen seines Vertragspartners, die dieser in Wettbewerbsabsicht verbreitet, schutzlos gestellt wäre (BGH aaO). Jedoch kann die Rechenschaftspflicht Einfluß auf das Maß der dem Betroffenen obliegenden Substantiierung haben, die dem Gericht eine Plausibilitätskontrolle ermöglichen soll und die in einem Zusammenhang mit der von einer Partei typischerweise zu erwartenden Sachverhaltskenntnis steht (*Stürner* Die Aufklärungspflicht der Parteien des Zivilprozesses, S. 117, 119, 120). Auch im Rahmen der Beweiswürdigung können Auskunfts- oder auch Rechnungslegungspflicht der betroffenen Partei Bedeutung gewinnen (BGH GRUR 1957, 93, 94).

Die Rechtsprechung hat in Einzelfällen demjenigen, der ein **Negativum** zu beweisen hat, die Darlegungs- und Beweislast erleichtert, indem sie der anderen Partei eine gesteigerte Substantiierungslast überbürdet hat[223]. Diese Rechtsprechung ist auf nach § 14 Abs. 1 UWG zu beurteilende Sachverhalte **nur in eingeschränktem Maße anwendbar.** Wenn das vom Verletzer zu beweisende Negativum nicht (wie z. B. im Fall der Verwirkung die Untätigkeit, im Fall eines Handelskaufs das Unterlassen der Mängelrüge, im Fall einer Abtretung die fehlende Kenntnis des Schuldners) zum abstrakten gesetzlichen Tatbestand gehörende Merkmale betrifft, sondern die Wahrheit von Tatsachenbehauptungen, welche aufgrund der vom Verletzer gewählten Formulierung ein Negativum bilden, ist diese Verantwortlichkeit des Verletzers für seine Formulierung zu berücksichtigen. Auch soll die Überbürdung der Beweislast für die Unwahrheit auf den Behauptenden in § 14 Abs. 1 UWG der besonderen Gefährlichkeit, die in der Anschwärzung als Tatbestand des Behinderungswettbewerbs liegt, Rechnung tragen und den Angegriffenen davor bewahren, daß er durch gesteigerte Substantiierung dem Angreifer womöglich Angriffsmittel selbst liefern muß. Deshalb darf die Erleichterung der Darlegungs- und Beweislast für den Fall des Beweises eines Negativums nur dem Verletzer zugute kommen, der zu der von ihm konkret gewählten negativ formulierten Tatsachenbehauptung gerade durch das Verhalten des Angegriffenen veranlaßt worden ist, dessen Verletzungshandlung sich etwa als Verteidigung gegen unlautere Wettbewerbsmethoden des Verletzten darstellt (BGH GRUR 1993, 572, 574 – *Fehlende Lieferfähigkeit*). Maßgebend für die Zubilligung der Erleichterung von Darlegungs- und Beweislast sind nämlich Zumutbarkeitserwägungen. 281

Die teilweise wahre, teilweise unwahre Tatsachenbehauptung muß sich **ihrem wesentlichen Inhalt nach als wahr erweisen,** soll sie nicht die Ansprüche aus § 14 Abs. 1 gegen den Behauptenden auslösen. Wer einem anderen bewußt wahrheitswidrige Behauptung vorwirft, hat den Wahrheitsbeweis noch nicht erbracht, wenn er nur die Unrichtigkeit der Behauptung nachgewiesen hat (*Baumbach/Hefermehl* § 14 Rdn. 26). Die Einkaufsgenossenschaft von Süßwarengroßhändlern, die einem Süßwarenhersteller über einen Süßwarenhändler, der ihr nicht angehört, berichtet, er betreibe Preisschleuderei, indem er auf sämtliche Süßwaren 8 bis 15% Rabatt auf die Einzelhandelspreise gewähre, hat den Wahrheitsbeweis noch nicht erbracht mit dem Nachweis, daß zwei bestimmten Händlern die beanstandeten überhöhten Preisnachlässe gewährt wurden, wenn zu den Abnehmern des Angegriffenen eine größere Zahl von Händlern gehört (BGH GRUR 1960, 331, 334 – *Schleuderpreise*). Wer mit seiner den Kritisierten treffenden Tatsachenbehauptung zugleich Behauptungen über seine eigene Leistungsfähigkeit aufstellt, trägt – in erweiternder Auslegung des § 14 Abs. 1 S 1 – auch für diese die Beweislast, weil der Kontext seiner Äußerung regelmäßig den Eindruck erwecken wird, es handele sich um Vorzüge, die dem Kritisierten fehlen (*Tilmann* GRUR Int. 1983, 598, 605). 282

Bei zwischen der Behauptung oder Verbreitung einerseits und dem dagegen gerichteten Vorgehen des Betroffenen andererseits wechselnder Tatsachenlage bestimmt sich der **maßgebliche Zeitpunkt für die Wahrheit der Tatsache** nach der Art des geltend gemachten Anspruchs. Für den Schadensersatzanspruch kommt es auf 283

---

223 BGH NJW 1958, 1188; BGH NJW 1962, 2718, 2719; BGH VersR 1966, 1021, 1022; BGH NJW 1985, 1774, 1775; BGH LM § 282 ZPO Beweislast Nr. 5.

Wahrheit oder Unwahrheit im Zeitpunkt der Äußerung an, so daß nachträgliches Wahrwerden dem Äußernden nicht nützt, nachträgliches Unwahrwerden ihm nicht schadet (RGZ 66, 227, 231 – *Nachdruck von Theaterzetteln; v. Gamm* § 49 Rdn. 26). Der auf ein zukünftiges Verhalten gerichtete Unterlassungsanspruch ist dagegen nur begründet, wenn die Tatsachenbehauptung oder -verbreitung noch im Zeitpunkt der letzten mündlichen Verhandlung in den Tatsacheninstanzen unwahr war. Ist sie im Verlauf des Prozesses wahr geworden, so ist der Unterlassungsanspruch nicht (mehr) begründet (*v. Gamm* § 49 Rdn. 26). War eine nicht erweislich wahre Tatsachenbehauptung oder -verbreitung im Zeitpunkt der Äußerung durch Wahrnehmung berechtigter Interessen gerechtfertigt, ist der Rechtfertigungsgrund aber später entfallen, so kommt es für den in die Zukunft wirkenden Unterlassungsanspruch darauf an, ob nunmehr – nach Wegfall des Rechtfertigungsgrundes – noch Wiederholungsgefahr besteht. Sie folgt nicht schon aus der einmal begangenen Handlung, weil diese damals rechtmäßig war (vgl. näher *Teplitzky*[6] Kap. 6 Rdn. 4 u. 5). Sie kann vielmehr als Gefahr erstmaliger Begehung nur daraus folgen, daß der Äußernde nach Wegfall des Rechtfertigungsgrundes weiterhin das Recht zur Äußerung beansprucht (BGH GRUR 1960, 500, 504 – *Plagiatsvorwurf I;* BGH GRUR 1962, 34, 35 – *Torsana*). Wegen des Einflusses einer Änderung der Tatsachenlage zwischen Äußerung und letzter mündlicher Verhandlung in der Tatsacheninstanz auf den Widerrufsanspruch s. u. Rdn. 317 ff.

III. Die Ansprüche im Regelfall des § 14 Abs. 1 UWG

284 Das Gesetz nennt als im Regelfall des § 14 Abs. 1 gegebene Ansprüche den **Schadensersatzanspruch,** § 14 Abs. 1 S 1, und den **Unterlassungsanspruch,** § 14 Abs. 1 S 2. Nach Häufigkeit der Durchsetzung und wirtschaftlicher Bedeutung steht der Unterlassungsanspruch, an zweiter Stelle genannt, durchaus im Vordergrund.

1. Der Unterlassungsanspruch

285 Es gilt grundsätzlich, was zur Haftung aus § 823 ABs. 2 BGB (s. o. Rdn. 59 ff) und § 824 BGB (s. o. Rdn. 140 ff) gesagt ist.

a) **Gegenstand des Unterlassungsanspruchs.** Der Anspruch ist darauf gerichtet, daß die (die Person des Inhabers oder Leiters des Geschäfts, die Waren oder die gewerblichen Leistungen eines anderen betreffende, zur Geschäfts- oder Kreditschädigung geeignete) Behauptung oder Verbreitung der (nicht erweislich wahren) Tatsachen unterbleibe, § 14 Abs. 1 S 2. Der Anspruch ist darauf gerichtet, daß die Wettbewerbshandlung, deren Wiederholung (weil bereits einmal begangen) oder drohend bevorstehende Begehung zu besorgen ist und die – weil § 14 Abs. 1 UWG entsprechend – Verletzungshandlung ist, in der **konkreten Verletzungsform,** in der sie die maßgeblichen Tatbestandsmerkmale der konkreten Verletzungshandlung bildet, untersagt werde[224]. Im einzelnen ist für Funktion, Voraussetzungen und Gegenstand des Unterlassungsanspruchs auf die Ausführungen *Köhlers* (Vor § 13 B Rdn. 22 ff) zu verweisen.

---

[224] Für Definition und Unterscheidung von Verletzungshandlung und Verletzungsform bei Wettbewerbsverstößen s. *Nirk/Kurtze* GRUR 1980, 645, 647; *Teplitzky*[6] Kap. 5 Rdn. 3 ff; BGHZ 89, 78, 80 f = GRUR 1984, 291 – *Heilpraktikerwerbung III;* BGH GRUR 1984, 593, 594 – *adidas-Sportartikel.*

Bei der Definition des Unterlassungsgebots sind im Interesse eines hinreichenden Rechtsschutzes gewisse **Verallgemeinerungen** zulässig, solange sie noch das Charakteristische der konkreten Verletzungsform treffen, weil eine in bestimmter Form begangene Verletzungshandlung nicht nur die Wiederholung der gleichförmigen Verletzungsform erwarten läßt, sondern auch eine **Vermutung** für die Begehung abgewandelter, aber in ihrem Kern gleicher Handlungen begründet[225]. Es ist daher zwar die Wiederholung des Wortlauts der zu beanstandenden Tatsachenbehauptung oder Tatsachenverbreitung im Klageantrag und Urteilsausspruch regelmäßig möglich, aber nicht immer erforderlich. Kürzungen, die Verwendung von Oberbegriffen, Abstraktionen sind möglich, sofern und soweit sie das Charakteristische der konkreten Verletzungsform treffen. Geht die Abstraktion im Klageantrag zu weit, so ist der Richter im Rahmen des § 308 ZPO befugt, seine Formulierung des Unterlassungsgebotes abweichend vom Antrag näher oder vollständig an der konkreten Verletzungshandlung zu orientieren, worin – wenn es sich nicht lediglich um eine Verbesserung der Formulierung gegenüber ungeschickter Antragsfassung handelt – ein Weniger gegenüber dem Begehrten besteht (vgl. BGH GRUR 1992, 625, 627 unter II, 3 – *Therapeutische Äquivalenz*). 286

b) aa) Der Unterlassungsanspruch erfordert **Wiederholungsgefahr als materielle Anspruchsvoraussetzung.** Wegen deren Bedeutung, Vorliegens und Wegfalls s. *Köhler* (Vor § 13 B Rdn. 27–74). Wiederholungsgefahr resultiert aus der Befürchtung, eine einmal begangene rechtswidrige Handlung werde erneut rechtswidrig begangen. Sie knüpft an Wiederholungsmöglichkeit und Wiederholungsabsicht des Verletzers, wobei die einmal vorgekommene Verletzungshandlung beim Handeln zu Zwecken des Wettbewerbs die tatsächliche Vermutung für Wiederholungsabsicht begründet[226]. 287

Bei **Veröffentlichungen in Presse, Rundfunk, Fernsehen** ist die Wiederholungsgefahr gegeben, wenn das Thema wegen eines über einen aktuellen Bezug hinausgehenden Interesses einer mehrfachen Erörterung zugänglich ist (BGH NJW 1966, 647, 648, 649 – *Reichstagsbrand*) oder auch die Möglichkeit zu wiederholenden, zusammenfassenden Darstellungen besteht (BGH GRUR 1961, 138, 140 – *Familie Schölermann; v. Gamm* § 48 Rdn. 32), weshalb nur in seltenen Fällen die Zeitgebundenheit des mitgeteilten Vorkommnisses eine Wiederholungsgefahr entfallen läßt[227]. Der Wegfall der Wiederholungsgefahr bildet auch bei Presseangriffen die Ausnahme. Hat ein Autor eines auf verdeckte ehrverletzende Tatsachenbehauptungen hin konzipierten Sachbuchs aufgrund einstweiliger Verfügung, die ihn zur Unterlassung bestimmter Behauptungen verurteilte, eine Neuauflage von beanstandeten Tatsachenbehauptungen gereinigt und die einstweilige Verfügung als verbindlich anerkannt, so ist dieses Verhalten auch bei der Beurteilung der Gefahr, von der einstweiligen Verfügung nicht erfaßte verdeckte Äußerungen würden wiederholt, bei der Fassung eines Unterlassungsgebots zu beachten; zum gänzlichen Wegfall der 288

[225] BGH GRUR 1984, 593, 594 – *adidas-Sportartikel;* BGH GRUR 1989, 445, 446 – *Professorenbezeichnung in der Arztwerbung;* BGH GRUR 1991, 672, 674 – *Anzeigenrubrik I;* BGH GRUR 1992, 858, 860 – *Clementinen; Teplitzky*[6] Kap. 6 Rdn. 3 und Kap. 10 Rdn. 16; kritisch dazu *Köhler* aaO Rdn. 29, vgl. dazu aber *Teplitzky* aaO Kap. 6 mit Fn. 4.

[226] BGHZ 14, 163, 170, 171 = GRUR 1955, 97 – *Constanze II;* BGH GRUR 1957, 93, 94f – *Jugendfilmverleih;* BGH GRUR 1962, 34, 36 – *Torsana;* BGH GRUR 1973, 208, 210 – *Neues aus der Medizin.*

[227] BGH GRUR 1966, 157, 159 – *Wo ist mein Kind?* – einen Bericht über Kindesentführung betreffend, der durch die Rückführung des Kindes seine Aktualität verloren hatte; *v. Gamm* aaO.

Wiederholungsgefahr führt die gereinigte Neuauflage indessen nicht (BGHZ 78, 9, 17–19 = GRUR 1980, 1105 – *Das Medizin-Syndikat III*).

289 bb) **Erstbegehungsgefahr** wird durch Behauptung des Rechts zur Vornahme der Handlung (Berühmung) begründet. Auch wer sich im Prozeß des Rechts berühmt, eine bestimmte Handlung vornehmen zu dürfen, begründet die Erstbegehungsgefahr, wenn er nicht eindeutig und unmißverständlich zum Ausdruck bringt, die Berühmung diene ausschließlich der Rechtsverteidigung und solle nicht die Inanspruchnahme des Rechts erneuter Begehung bedeuten[228].

290 Eine **Besonderheit** gilt im Falle der **Pressehaftung für Anzeigen,** deren Inhalt den Tatbestand des § 14 Abs. 1 erfüllt. Zwar sind Verleger und Redakteure bei der Entgegennahme von Anzeigenaufträgen zur Prüfung verpflichtet, ob die Veröffentlichung der Anzeige gesetzlichen Vorschriften zuwiderläuft; die Annahme solcher Anzeigen haben sie abzulehnen. Dabei gebietet aber die verfassungskonforme Auslegung des § 14 im Blick auf Art. 5 Abs. 1 GG, die Prüfungspflicht dahin abzumildern, daß sie sich auf grobe, vom Verleger oder Redakteur unschwer zu erkennende Verstöße beschränkt (s. o. Rdn. 130). Verteidigt sich ein Presseunternehmen im Wettbewerbsprozeß um die Unterlassung bei ihm erschienener Werbeinserate mit dem Einwand, es habe seine Prüfungspflicht bei Anlegung des genannten abgemilderten Maßstabes erfüllt, so begründet dieses Prozeßverhalten dennoch eine Erstbegehungsgefahr, sofern das Presseunternehmen nicht zugleich klar zum Ausdruck bringt, seine Verteidigung diene ausschließlich der Wahrnehmung seiner Rechte im Prozeß und solle nicht den Weg zukünftiger Fortsetzung des angegriffenen Verhaltens eröffnen (BGH GRUR 1992, 619 – *Pressehaftung II*). Es macht also die Veröffentlichung einer Anzeige, die trotz eines den Tatbestand des § 14 Abs. 1 erfüllenden Inhalts die Haftung der Presse wegen deren milderer Prüfungspflicht noch nicht begründet, für die Zukunft eine Distanzierung von solchem Verhalten erforderlich, wenn erst einmal der anschwärzende Charakter der erschienenen Anzeige erkannt ist. War eine nicht erweislich wahre Tatsachenbehauptung oder -verbreitung im Zeitpunkt ihrer Äußerung durch Wahrnehmung berechtigter Interessen gerechtfertigt, so kann nach Wegfall des Rechtfertigungsgrundes Begehungsgefahr bestehen, wenn der Äußernde weiterhin das Recht zur Äußerung beansprucht (s. o. Rdn. 283).

291 c) Der Unterlassungsanspruch kommt auch gegenüber solchen Tatsachenbehauptungen oder Tatsachenverbreitungen, die den Tatbestand des § 14 erfüllen, in Betracht, welche sich als **wissenschaftliche Leistungen** erweisen; es ist jedoch in diesem Falle der keinem Schrankenvorbehalt unterstellte Schutz aus Art. 5 Abs. 3 S 1 GG zu beachten (oben zu Rdn. 209–217 näher ausgeführt). Das gilt sinngemäß für Äußerungen, die sich als Kunstwerke erweisen und ebenfalls den Schutz des Art. 5 Abs. 3 genießen (s. o. Rdn. 217). Die Grundsätze über den Ausschluß negatorischen Rechtsschutzes gegenüber Parteivorbringen und Zeugenaussagen in gerichtlichen Verfahren (s. o. Rdn. 49–51) sind auch auf solche Äußerungen anzuwenden, die den Tatbestand des § 14 Abs. 1 UWG erfüllen.

292 d) An einen Ausschluß des Unterlassungsanspruchs könnte zu denken sein in Fällen, in denen dem von einer den Tatbestand des § 14 Abs. 1 erfüllenden Tatsachenbehauptung oder Tatsachenverbreitung Betroffenen vorzuwerfen ist, daß er

---

[228] BGH GRUR 1992, 404, 405 – *Systemunterschiede;* BGH GRUR 1973, 203, 204 – *Badische Rundschau;* wegen der Erstbegehungsgefahr s. im übrigen oben *Köhler* Vor § 13 B Rdn. 76–84 sowie neuestens *Teplitzky*[6] Kap. 10.

durch wettbewerbswidriges Verhalten die Reaktion des Kritikers erst hervorgerufen habe, die sich so als **Abwehrhandlung** erweise. Kann die Behauptung nicht erweislich wahrer Tatsachen, die zur Kreditschädigung eines anderen geeignet ist, als Notwehrmaßnahme gerechtfertigt sein?

Der BGH behandelt die **wettbewerbliche Abwehr,** wo sie nur nach § 1 UWG zu beurteilen ist, nicht als Notwehr im Sinne des § 227 BGB, sondern stellt schon die vorgelagerte Frage, ob eine Abwehrhandlung überhaupt den Tatbestand der wettbewerbswidrigen Handlung erfülle[229]. Diese Frage stellt sich im Falle des § 14 UWG nicht, da das Gesetz die Anschwärzung als unerlaubten Behinderungswettbewerb bewertet, weshalb für eine „Abwehr-Anschwärzung“ nicht die Tatbestandsmäßigkeit der Handlung, sondern nur ihre Rechtswidrigkeit unter dem Blickpunkt der Notwehr in Frage stehen kann. Wo sich die Rechtsprechung bisher mit Abwehr-Kritik gegen einen ungerechtfertigten Angriff zu befassen hatte, konnte sie entweder die Frage nach der Richtigkeit der vom Kritiker aufgestellten Tatsachenbehauptungen offen lassen (im Falle BGH GRUR 1968, 382, 385 – *Favorit II*), die Richtigkeit unterstellen (BGH GRUR 1971, 259, 260 – *WAZ*) oder die Unwahrheit der Tatsachenbehauptung positiv feststellen (BGH GRUR 1954, 337, 341, 342 – *Radschutz*). In einem Fall, in dem die Unwahrheit festgestellt war, spricht der BGH aus, die kritisierende Herabsetzung der Ware eines Mitbewerbers sei als Abwehrmaßnahme gegen einen ungerechtfertigten Angriff nur statthaft, wenn sie das zum Zwecke der Abwehr unumgänglich notwendige, das taugliche und adäquate Mittel darstelle und wahr sei; unwahre Behauptungen seien als Abwehrmaßnahme in keinem Falle zulässig (GRUR 1954, 337, 342 – *Radschutz*). **293**

Dieser Ansicht ist zu folgen. Sie läßt jedoch die Frage nach der Zulässigkeit einer solchen „Abwehr-Anschwärzung“ offen, die mit Tatsachenbehauptungen geführt wird, deren Wahrheit lediglich nicht erweislich, deren Unwahrheit aber auch nicht festzustellen ist. Je nach der Schwere des vorangegangenen Angriffs, gegen den der Kritiker sich mit seiner „Abwehr-Anschwärzung“ zu wehren hat, und nach der Notwendigkeit der Abwehr sollte eine solche Abwehr-Äußerung gerechtfertigt und daher nicht zu verbieten sein, die die Zweifelhaftigkeit der Frage nach der Wahrheit der Abwehr-Behauptung offenbart; gegenüber einer solche Zweifel nicht offenbarenden Abwehr-Behauptung sollte eine Verurteilung zur Unterlassung nur eingeschränkt dahin ergehen, daß die Wiederholung der Behauptung verboten wird, soweit die Behauptung ohne Hinweis auf die Zweifel an ihrer Richtigkeit wiederholt wird. Es wird also einer vorsichtigen Übernahme der für die Berechtigung der Presse zur Äußerung eines Verdachts (BGH NJW 1977, 1288, 1289 – *Abgeordnetenbestechung;* s. o. Rdn. 125) vertretenen Ansicht auf die zu Wettbewerbszwecken erfolgende Äußerung hier das Wort geredet. **294**

e) Die von *Kübler* (JZ 1984, 541, 546, 547) und *Stürner* (GutA A S 71) erwogene **Einschränkung des Unterlassungsanspruchs im Falle nicht feststehender Unwahrheit** der inkriminierenden Äußerung, die ein Vorbild in dem für den gleichen Fall eingeschränkten Widerrufsanspruch (s. dazu unten Rdn. 307 ff) hat, kommt für den Tatbestand der zu Wettbewerbszwecken begangenen Anschwärzung nach der Wertung des § 14 Abs. 1 UWG nicht in Betracht. **295**

---

229 BGH GRUR 1960, 193, 196 – *Frachtenrückvergütung;* BGH GRUR 1971, 259, 260 – *WAZ* m. zust. Anm. v. *Droste.*

296 f) Der Unterlassungsanspruch ist nicht selbständig abtretbar. Das ist weniger eine Folge der höchstpersönlichen Natur des geschützten Rechtsguts „Geschäftsehre" (so BGHZ 3, 270, 285 – *Constanze I,* RG HRR 1933 Nr. 919) als vielmehr Folge der Überlegung, daß der Anspruch nicht eine abspaltbare Forderung, sondern einen begriffsnotwendigen Teil des Rechts darstelle, mit diesem daher untrennbar verbunden sei und bei dessen Übertragung automatisch mit übergehe (BGHZ 60, 235, 240; BAG NJW 1985, 85, 87; s. näher *Teplitzky*[6] Kap. 15 Rdn. 2–4 mwN). Gesamtrechtsnachfolge ist in demselben Umfange möglich wie Einzelübertragung, also zusammen mit dem Übergang des Rechts (*Teplitzky* aaO Rdn. 7; *Köhler* Vor § 13 B Rdn. 241), beispielsweise bei der Unternehmensnachfolge (*Baumbach/Hefermehl* § 14 Rdn. 29).

2. Der Beseitigungsanspruch

297 Der **Beseitigungsanspruch** – in § 14 nicht genannt – ist als Ergänzung des wettbewerbsrechtlichen Unterlassungsanspruchs gewohnheitsrechtlich anerkannt und – anders als bei der nach §§ 823, 824 BGB zu beurteilenden Ehrverletzung, Kreditschädigung – einer Analogie aus § 1004 Abs. 1 S 1 BGB deshalb nicht mehr bedürftig (s. o. *Köhler* Vor § 13 B Rdn. 125). Daneben gibt es den schadensersatzrechtlichen Beseitigungsanspruch als Anspruch auf Wiederherstellung des störungsfreien Zustandes durch Naturalleistung. Dieser ist im Falle des § 14 Abs. 1 – wie der in § 14 Abs. 1 S 1 geregelte Schadensersatzanspruch – von einem Verschulden unabhängig und – anders als bei §§ 823, 824 BGB (s. dazu Rdn. 74) – vom wettbewerbsrechtlichen Beseitigungsanspruch nicht verschieden. Wegen des Beseitigungsanspruchs im allgemeinen ist auf die Darstellung von *Köhler* (oben Vor § 13 B Rdn. 125–198) zu verweisen.

298 a) Der **Zweck** des Beseitigungsanspruchs ist die Behebung eines durch die nach § 14 Abs. 1 tatbestandsmäßige Handlung geschaffenen Zustandes fortdauernder Störungen, der sich für den Verletzten als stetig neu fließende und fortwirkende Quelle der Kreditschädigung darstellt. Der Beseitigungsanspruch wirkt daher in der Zukunft (s. o. *Köhler* aaO Rdn. 126 zu Fn. 51), knüpft jedoch regelmäßig an einen
299 in der Vergangenheit liegenden Tatbestand an. Fraglich ist, ob er eine konkrete Verletzungshandlung voraussetzt, daher – anders als der Unterlassungsanspruch – nicht schon bei bloßer Erstbegehungsgefahr begründet ist (so *Teplitzky*[6] Kap. 22 Rdn. 14; s. auch BGH GRUR 1993, 556, 558 – *TRIANGLE* – für den Fall der Klage auf Zurücknahme einer Warenzeichenanmeldung). Dem von *Lindacher* (GRUR 1985, 423, 424) und *Köhler* (oben aaO Rdn. 130) für den wettbewerbsrechtlichen Beseitigungsanspruch generell verfochtenen Standpunkt, er setze keine konkrete Verletzungshandlung voraus, sondern komme schon im Falle des Bestehens von Erstbegehungsgefahr in Betracht, ist mit Einschränkungen zu folgen: Das von *Köhler* gebildete Beispiel der Anfertigung eines Klischees für wettbewerbswidriges Werbematerial wird auf § 14 derart zu übertragen sein, daß ein Anspruch auf Zerstörung lediglich gedruckter – noch nicht verbreiteter – Druckschriften oder Klischees für Druckschriften, deren Verbreitung den Tatbestand des § 14 erfüllt, in Betracht kommt. Dagegen scheidet ein Anspruch auf Widerruf oder Richtigstellung einer noch nicht geäußerten Tatsachenbehauptung oder Tatsachenverbreitung aus, wie auch die Gestattung der Veröffentlichung eines Unterlassungsurteils nach § 23 Abs. 2 UWG nicht in Betracht kommt, wo ein Wettbewerbsverstoß noch nicht vorgekommen ist, eine Verletzungshandlung nur wegen Erstbegehungsgefahr untersagt

wurde[230]. Ist die Wiederholungsgefahr nur durch Abgabe einer strafbewehrten Unterlassungserklärung des Störers entfallen, so kann als Beseitigungsmaßnahme unter den Voraussetzungen des wettbewerblichen Beseitigungsanspruchs die Veröffentlichung einer der Unterlassungserklärung angepaßten Mitteilung verlangt werden, auch wenn § 23 Abs. 2 UWG nicht zur Verfügung steht (BGH GRUR 1967, 362, 366 – *Spezialsalz*).

b) Der mögliche **Inhalt des Beseitigungsanspruchs** ist vielgestaltet und an den **300** Maßstäben des zur Beseitigung der Störungsquelle Notwendigen und Geeigneten orientiert (s. o. *Köhler* aaO Rdn. 133, 134).

aa) Der Beseitigungsanspruch kann **inhaltlich mit dem Unterlassungsanspruch** **301** **übereinstimmen.** Das ist dort der Fall, wo die Nichtbeseitigung gleichbedeutend mit der Fortsetzung der Verletzungshandlung wäre (BGH GRUR 1977, 614, 616 – *Gebäudefassade,* zu Einzelheiten und Zweifelsfragen – auch der Terminologie – vgl. *Teplitzky*[6] Kap. 22 Rdn. 4–13, besonders Rdn. 5 und Fn. 13 f). Als Beispiel kommt in Betracht die die Anschwärzung eines Konkurrenten enthaltende Plakat- oder Schaufensterwerbung. Die Unterlassung erfordert ein Handeln, nämlich die Beseitigung des im Schaufenster aufgestellten Werbeträgers, Entfernen oder Überkleben des Plakates. Lautet das gegen den Störer ergangene Urteil auf Unterlassung einer näher bezeichneten Behauptung (die er durch Plakat- oder Schaufensterwerbung aufgestellt hat), so schuldet er die zur Befolgung der Titelanordnung erforderliche Handlung, wobei ihm im Falle gleichwertiger Handlungen (Beseitigung des Plakates, Überkleben, Beseitigung des Schaufenster-Aufstellers, Verschließen des Fensters) die Auswahl überlassen bleibt und im Falle der Zuwiderhandlung die Zwangsvollstreckung nach § 890 ZPO stattfindet (Großkomm./*Jestaedt* Vor § 13 E Rdn. 2). Statt dessen kann – was durch Auslegung des sachlichen Inhaltes der Titelanordnung zu ermitteln ist – die Verurteilung auch nur auf eine konkrete Beseitigungsmaßnahme gerichtet sein, wenn der Verletzte sich auf diesen Anspruch beschränkt hat, was ihm freisteht. Die Zwangsvollstreckung richtet sich dann nach § 887 ZPO, besteht also in der Ermächtigung des Gläubigers, auf Kosten des Störers die Beseitigungshandlung vornehmen zu lassen. Ein Nebeneinander beider Vollstreckungsmöglichkeiten (nach § 890 ZPO einerseits, §§ 887, 888 ZPO andererseits), wie von *Lindacher* (GRUR 1985, 423, 425 f) vertreten, ist abzulehnen (wegen Einzelheiten vgl. Großkomm./*Jestaedt* Vor § 13 E Rdn. 2; *Teplitzky* aaO).

bb) Nicht mehr Unterlassung durch positives Tun, sondern schon **Beseitigung** **302** **einer Störungsquelle** ist die Reinigung von Archiven, Datenspeichern, über die vor allem Medien verfügen, von unrichtigen Daten, die – erneut oder, wenn Begehungsgefahr besteht, erstmals – Quelle einer falschen Berichterstattung werden könnten (*Stürner* GutA A 89). Zu weit ginge es, die Löschung auch solcher Daten zu verlangen, deren Unrichtigkeit nur zweifelhaft ist, kann doch bei sorgfältiger Recherche, Hinweis auf die Zweifelhaftigkeit und gegebenem Interesse der Öffentlichkeit sogar ihre Verbreitung rechtmäßig sein (s. o. Rdn. 125; *Stürner* aaO S 89).

cc) Als nach dem Grad ihrer Einflußnahme auf den Willen des Störers nächst **303** schärfere Beseitigungsmaßnahme kommt der Anspruch auf Abdruck einer **Gegendarstellung** in Betracht, wie er gegenüber in Presse, Rundfunk und Fernsehen aufge-

[230] BGH GRUR 1957, 231, 236 f – *Taeschner/Pertussin;* BGH GRUR 1962, 91, 97 – *Jenaer Glas; Baumbach/Hefermehl* § 23 Rdn. 9; zur (ausnahmsweisen) Zubilligung eines Beseitigungsanspruchs ohne vorangegangene Verletzungshandlung vgl. jetzt auch den Fall BGH GRUR 1993, 556, 558 – *TRIANGLE.*

stellten Tatsachenbehauptungen nach den Landespressegesetzen sowie Rundfunkgesetzen und Rundfunkstaatsverträgen gegeben ist (s. o. Rdn. 155). Wo die Rechtsordnung dem Betroffenen einen presserechtlichen Anspruch auf Gegendarstellung gewährt, hat die Rechtsprechung diesen Anspruch bei der Entscheidung darüber, welche Maßnahmen zur Beseitigung der Störungsquelle erforderlich und zumutbar sind, mitberücksichtigt und dort, wo die Gegendarstellung schnell zu erlangen war, als Beseitigungsmaßnahme für ausreichend erachtet[231]. Es soll die kostspieligere Beseitigungsmaßnahme des Ganges an die Öffentlichkeit mit eigenen Erklärungen auf Kosten des Störers dem Verletzten nur dann zur Verfügung stehen, wenn die konkreten Umstände eine solche Maßnahme zur Schadensverhütung oder Schadensminderung bei voller Würdigung der schutzwürdigen Belange des Störers nicht nur als wirksam, sondern auch als angebracht erscheinen lassen (BGHZ 70, 39, 43).

304 Wenn der Angriff in der in unrichtiger Tatsachenbehauptung bestehenden **Herabsetzung einer Ware** bestand, kommt jedoch mit Rücksicht auf die Verbrauchererwartung, daß der Hersteller über seine Ware durch Werbeanzeigen informiert, entweder schon ein Gegendarstellungsanspruch in der Form publikumswirksamer Aufmachung als Werbeanzeige im Anzeigenanteil des verantwortlichen Medienunternehmens auf dessen Kosten in Betracht oder aber der im Anspruch auf kostenlosen Abdruck einer solchen Anzeige bestehende Beseitigungsanspruch (BGHZ 70, 39, 43, 44; näher dazu *Köhler* Vor § 13 B Rdn. 192 ff; kritisch zur Engherzigkeit der Rechtsprechung bei der Zubilligung solcher Ansprüche *Teplitzky*[6] Kap. 26 Rdn. 38–41 und die Kommentierung oben Rdn. 155).

305 dd) Die graduell nächst einschneidendere Beseitigungsmaßnahme ist die Gestattung des Abdrucks der **Veröffentlichung eines Unterlassungsgebots** oder Unterlassungsversprechens in der Presse, und zwar je nach dem Erscheinungsort der anschwärzenden Tatsachenbehauptung oder Tatsachenverbreitung in Tagespresse oder Fachpresse[232]. Die Grundlage für die Zuerkennung der Veröffentlichungsbefugnis bilden die Spezialvorschrift des § 23 Abs. 2 UWG im Falle der Verurteilung zur Unterlassung, im übrigen der daneben anwendbare den Unterlassungsanspruch ergänzende wettbewerbsrechtliche Beseitigungsanspruch (BGH GRUR 1967, 362, 366 – *Spezialsalz;* näher dazu *Köhler* Vor § 13 B Rdn. 189 ff und *Teplitzky* § 23
306 Rdn. 2 und 16–18). Decken sich Veröffentlichung des Unterlassungsurteils oder Widerruf der inkriminierenden Erklärung nach ihrem Adressatenkreis, so ist unter dem Blickpunkt der Zumutbarkeit der Widerrufsanspruch durch die Veröffentlichungsbefugnis ausgeschlossen, um die im Widerruf liegende Demütigung des Störers zu vermeiden, es sei denn, das Gewicht der Störung fordere die weitergehende Maßnahme, was von einer sorgfältigen Interessenabwägung im Einzelfall abhängig zu machen ist, die auch zu berücksichtigen hat, daß etwa der Verletzte zuvor die Leistung des Störers herabgesetzt und diesem damit Anlaß zu seinem Gegenangriff gegeben hatte (BGH GRUR 1992, 527, 528 ff – *Plagiatsvorwurf II*). In jedem Falle erfordert die Zuerkennung der Veröffentlichungsbefugnis eine Interessenabwägung, die berücksichtigen muß, in welchem Maße der Verletzte auf die Veröffentlichung zur Beseitigung einer fortwirkenden Störungsquelle angewiesen ist (RG GRUR 1930, 200, 201 – *Ramschware*).

---

[231] BGHZ 66, 182, 194 = GRUR 1976, 651 – *Der Fall Bittenbinder;* BGHZ 70, 39, 42, 43 = GRUR 1978, 187 – *Alkoholtest.*

[232] Beispielsfälle: BGH GRUR 1966, 272, 274 – *Arztschreiber;* BGH GRUR 1992, 527, 529 – *Plagiatsvorwurf II;* differenzierend zum Verhältnis von Veröffentlichungs- und Widerrufsanspruch *Teplitzky*[6] Kap. 26 Rdn. 31.

ee) Die **schärfste Form** des Beseitigungsanspruchs ist der Anspruch auf **Widerruf** (dazu im einzelnen *Köhler* aaO Rdn. 148 ff; etwas abweichend *Teplitzky*[6] aaO). **307**

Die Rechtsprechung, die allerdings nur zu Tatbeständen der Ehrkränkung oder Kreditgefährdung nach §§ 823, 824 BGB ergangen ist, unterscheidet zwischen uneingeschränktem Widerruf als Erklärung, daß eine Behauptung zurückgenommen werde, eingeschränktem Widerruf als Erklärung, daß die Behauptung nicht aufrechterhalten werde oder nicht mehr aufrechterhalten werden könne (zu dieser Differenzierung s. *Schnur* GRUR 1979, 139, 140) und stellt unterschiedliche Anforderungen an den Beweis der Unwahrheit der Tatsachenbehauptung dafür, daß uneingeschränkter Widerruf, lediglich eingeschränkter Widerruf verlangt werden kann oder der Widerrufsanspruch gänzlich zu versagen ist.

Voraussetzung eines Anspruchs auf uneingeschränkten Widerruf ist danach, **daß die Unwahrheit der Behauptung feststeht,** wofür den klagenden Betroffenen die Beweislast trifft (BGHZ 37, 187, 189 = GRUR 1962, 662 – *Eheversprechen;* s. *Köhler* aaO Rdn. 153). Die Forderung wird damit begründet, der uneingeschränkte Widerruf einer Tatsachenbehauptung bestehe darin, daß der Störer die aufgestellte Behauptung als unrichtig erkläre, wozu er gemäß § 888 ZPO durch Geldstrafe oder Haft angehalten werden kann. Diese äußerste Einwirkung auf seinen Willen soll nur in Betracht kommen, wenn die Unwahrheit der Behauptung unzweifelhaft ist. **308**

Dem Feststehen der Unwahrheit **gleichgestellt** wird der Fall, daß der Störer seine anschwärzende Behauptung, deren Unwahrheit der Betroffene geltend macht, im Prozeß nicht näher substantiiert und dafür keinen Beweis angetreten hat, obwohl ihm Substantiierung und Beweisantritt hätten möglich sein müssen[233]. Es wird weiter verlangt, daß die unwahre Behauptung von einigem Gewicht war und so als Störungsquelle nachhaltig wirken konnte[234]. **309**

Steht die Unwahrheit der Behauptung nicht fest, ist aber dem Störer auch der Beweis der Wahrheit nicht gelungen, so kommt nach der Rechtsprechung ein uneingeschränkter Widerruf nicht in Betracht. Vielmehr soll ein **abgeschwächter Widerruf** des Inhalts, der Störer halte die Tatsachenbehauptung nicht aufrecht, verlangt werden können, wofür überdies vorauszusetzen sei, daß wenigstens eine gewisse Wahrscheinlichkeit für die Unwahrheit der Tatsachenbehauptung erwiesen ist, so daß es für einen objektiven Beurteiler an ernstlichen Anhaltspunkten für die Wahrheit fehlt[235]. Sind ernsthafte Anhaltspunkte für die Wahrheit einer ehrenrührigen Behauptung nicht ausgeräumt, soll nicht einmal der eingeschränkte Widerruf verlangt werden können (BGHZ 69, 181, 182 f = GRUR 1977, 745, 747 – *Heimstättengemeinschaft*). **310**

In jedem Falle der Verurteilung zum (eingeschränkten oder uneingeschränkten) Widerruf soll der Störer, damit er nicht gedemütigt, sein Wille nicht gebrochen wird, berechtigt sein, in seiner Erklärung zum Ausdruck zu bringen, daß er sie in Erfüllung des gegen ihn ergangenen rechtskräftigen Urteils abgebe (BVerfGE 28, 1, 10 **311**

---

233 BGH NJW 1959, 2011, 2012; BGH GRUR 1975, 36, 38 – *Arbeitsrealitäten;* BGH GRUR 1987, 397, 399 – *Insider-Wissen; Wenzel* Rdn. 13.16.

234 Verneint für den Vorwurf der im Versuch des Verkaufs unterhalb gebundener Preise liegenden Wettbewerbswidrigkeit: BGH GRUR 1970, 254, 256 f – *Remington.*

235 BGH GRUR 1960, 500, 503 – *Plagiatsvorwurf;* BGHZ 37, 187, 190, 191 = GRUR 1962, 652 – *Eheversprechen;* BGH NJW 1966, 647, 648 – *Reichstagsbrand;* BGH GRUR 1976, 268, 272 – *Warentest II;* BGHZ 59, 181, 182 f = GRUR 1977, 745, 747 – *Heimstättengemeinschaft; Kübler* JZ 1984, 541, 546, 547; *Schnur* GRUR 1979, 140, 141; *Wenzel* Rdn. 13.53, 13.54.

– *Strauß/Spiegel;* BGHZ 68, 331, 338 – *Abgeordnetenbestechung;* BGHZ 69, 181, 184 = GRUR 1977, 745 – *Heimstättengemeinschaft*).

312 Sind ernsthafte Anhaltspunkte für die Wahrheit einer ehrverletzenden Behauptung nicht ausgeräumt, so soll der Anspruch auf eingeschränkten Widerruf auch nicht in der (weiter eingeschränkten) Form des erklärenden Zusatzes, daß die Behauptungen nicht bewiesen werden konnten, zuzubilligen sein (BGHZ 69, 181, 184 = GRUR 1977, 745 – *Heimstättengemeinschaft*).

313 Dieser Auffassung ist für den auf Widerruf gerichteten Beseitigungsanspruch aus Anlaß der den Tatbestand des § 14 Abs. 1 UWG erfüllenden Betriebs- und Kreditschädigung nur in einer der gesetzlichen Wertung dieser Störungshandlung entsprechenden **Differenzierung**, wie sie aus §§ 14 Abs. 1 und 2 sowie 23 Abs. 2 UWG ersichtlich ist, zu folgen. Der auf Widerruf gerichtete Beseitigungsanspruch, der den wettbewerbsrechtlichen Unterlassungsanspruch ergänzt, ist unter dessen Voraussetzungen, also in dem Falle gegeben, in dem die zur Betriebs- oder Kreditschädigung geeigneten Tatsachenbehauptungen nicht erweislich wahr sind. Er knüpft also daran an, daß dem Störer der Wahrheitsbeweis mißlungen ist. Das ist eine Konsequenz des § 14 Abs. 1 S 1 und Ergebnis der auch § 23 Abs. 2 zu entnehmenden Wertung. Der in § 23 Abs. 2 dem Betroffenen zugebilligte Anspruch auf Gestattung der Veröffentlichung des Unterlassungsurteils ist im Falle des § 14 Abs. 1 S 1 nur davon abhängig, daß wegen Mißlingens des vom Störer versuchten Wahrheitsbeweises ein Unterlassungsurteil gegen den Störer ergangen ist. Weder das Unterlassungsgebot noch der Anspruch auf Gestattung der Veröffentlichung erfordern ein gesteigertes Maß an Wahrscheinlichkeit, daß die behauptete Tatsache unwahr sei. Die in der Rechtsprechung zu §§ 823, 824 BGB gestellte Frage nach ernstlichen Anhaltspunkten für oder gegen die Wahrheit der Behauptung wird in §§ 14 Abs. 1 oder auch 23 Abs. 2 UWG nicht gestellt. Es würde mit dieser Frage eine Unsicherheit in die Beurteilung getragen, die dem Zweck der Beweislastregel des § 14 Abs. 1 S 1 widerspräche, dem Störer Wahrheitsbeweis und Folgen seines Mißlingens aufzuerlegen, weil er der Angreifer war, der mit der zur Betriebs- oder Kreditschädigung geeigneten Äußerung eine Gefährdung der Rechtsgüter des Betroffenen herbeigeführt hat (*Schnur* GRUR 1979, 140, 143).

314 Allerdings muß der an den Unterlassungsanspruch des § 14 Abs. 1 anknüpfende Widerrufsanspruch darauf Rücksicht nehmen, daß seine Grundlage lediglich die Nichterweislichkeit der Wahrheit, also das Scheitern des Wahrheitsbeweises für die inkriminierende Tatsachenbehauptung ist. Es kommt daher immer nur ein **eingeschränkter Widerruf** in Betracht, der dem Umstand Rechnung trägt, daß die Unwahrheit der Behauptung nicht bewiesen ist. Der Widerruf ist nicht auf Zurücknahme der Behauptung gerichtet, sondern auf die Erklärung, die Behauptung werde nicht aufrechterhalten. Mit Recht weist *Schnur* (GRUR 1979, 139, 142) darauf hin, es sei dem Störer nicht etwa der Zusatz zu erlauben, daß zwar die Wahrheit seiner Behauptung nicht habe bewiesen werden können, ihre Unwahrheit aber ebenfalls nicht oder daß der Wahrheitsbeweis gescheitert sei; darin läge nämlich für das Verständnis der Adressaten einer solchen Widerrufserklärung, auf das es im Wettbewerbsrecht allgemein ankommt, die verdeckte Wiederholung der inkriminierenden Behauptung. Aus diesem Grund sind auch wenigstens für den Bereich des § 14 UWG gegen die Auffassung des BVerfG (in E 28, 1, 10 – *Strauß/Spiegel*) Bedenken anzumelden, die den Hinweis gestattet, der Widerruf werde aufgrund rechtskräftiger Verurteilung dazu oder nur aus Respekt gegenüber einem entsprechenden Urteil

erklärt, liegt doch darin häufig genug nur ein neuerlicher Angriff, der den Betroffenen zum Blamierten werden läßt (s. o. Rdn. 146).

Erstrebt der Betroffene jedoch den uneingeschränkten Widerruf (gerichtet auf Zurücknahme der inkriminierenden Äußerung ex nunc), so ist **ihm die Beweislast** für die Unwahrheit des Behaupteten zu überbürden, weil er damit mehr verlangt, als dem Tatbestand des § 14 Abs. 1 UWG entspricht. **315**

Besteht die Störungshandlung in unwahrer Tatsachenverbreitung, so ist der Widerrufsanspruch auf Richtigstellung oder Abrücken von der verbreiteten Äußerung beschränkt und nicht auf Zurücknahme gerichtet, da der Äußernde selbst nichts zurückzunehmen hat (BGHZ 14, 163, 176 = GRUR 1955, 97 – *Constanze II;* BGH GRUR 1976, 651, 653 – *Der Fall Bittenbinder*). Nicht Zurücknahme, sondern lediglich Richtigstellung kann auch verlangt werden, wenn die Tatsachenbehauptung oder Tatsachenverbreitung nur zum Teil unwahr ist, etwa durch einseitige Zeichnung eines ungünstigen Bildes vom Kritisierten, Unvollständigkeit, Übertreibung[236]. **316**

Eine Verpflichtung zur Berichtigung besteht auch dann, wenn die im Zeitpunkt der Erklärung wahre Tatsachenbehauptung oder Tatsachenverbreitung infolge späterer **Änderung der Verhältnisse** unrichtig geworden ist und als Quelle möglicher Störungen weiterwirkt[237]. Der Widerruf muß gegenüber dem Adressaten oder sonstigen Empfänger der inkriminierenden Äußerung erfolgen. Ist die inkriminierende Äußerung im „kleinen Kreis" einer Versammlung von acht Aktionären gefallen, so ist ihnen gegenüber der Widerruf zu erklären (BGHZ 89, 198, 202 = GRUR 1984, 301 – *Aktionärsversammlung*). Der Klageantrag muß angeben, wem gegenüber die Widerrufserklärung abgegeben werden soll (BGH GRUR 1966, 272, 274 – *Arztschreiber*). **317**

ff) Der Störer kann dem Beseitigungsanspruch in der Gestalt der Ansprüche auf eingeschränkten Widerruf oder auch auf Gestattung der Veröffentlichung eines Unterlassungsgebots mit dem **Einwand der Wahrnehmung berechtigter Interessen** begegnen[238]. Voraussetzung ist, daß der Rechtfertigungsgrund im Zeitpunkt der Entscheidung über das Widerrufsverlangen noch besteht. Sobald der Rechtfertigungsgrund entfällt, werden die Fortdauer der Schädigung rechtswidrig und der Äußernde verpflichtet, die Fortwirkung der von ihm geschaffenen Störungslage durch geeignete Erklärungen zu beheben (BGH GRUR 1958, 448, 449 – *Blanko-Verordnungen*). **318**

Die Berücksichtigung der Wahrnehmung berechtigter Interessen als möglicher Einwand gegenüber dem auf § 14 Abs. 1 gestützten Anspruch auf eingeschränkten Widerruf oder Gestattung der Veröffentlichung eines Unterlassungsurteils im Falle der Behauptung oder Verbreitung nicht erweislich wahrer Tatsachen ist die Folge der für die Zubilligung des Veröffentlichungsanspruchs oder auch des Widerrufsanspruchs vorzunehmenden umfassenden Interessenabwägung. Diese **Interessenabwä-** **319**

---

[236] BGHZ 31, 308, 318 = GRUR 1960, 449 – *Alte Herren;* BGH NJW 1961, 1913 f – *Honorarvereinbarung;* BGH GRUR 1976, 651, 653 – *Der Fall Bittenbinder;* BGH GRUR 1987, 397, 399 – *Insider-Wissen; Helle* S. 34.

[237] BGHZ 57, 325, 328 ff = GRUR 1972, 666 – *Freispruch;* BGH GRUR 1958, 30, 31 – *Außenleuchte; v. Gamm* § 48 Rdn. 36; *Wenzel* Rdn. 13.69 ff; von *Stürner,* GutA A S. 72 „Ergänzungsanspruch" genannt.

[238] BGH GRUR 1958, 448, 449 *„Blanko-Verordnungen";* BGH GRUR 1960, 500, 502 – *Plagiatsvorwurf;* BGH NJW 1966, 647, 648 – *Reichstagsbrand; Schnur* GRUR 1979, 140, 141, 143.

gung ist daher auch der Ort, an dem Meinungsfreiheit und Pressefreiheit als Gegenrechte gegenüber dem wettbewerblichen Beseitigungsanspruch ins Spiel kommen. An dieser Stelle sind daher die Abwägungen vorzunehmen, die die herrschende Meinung bei Beurteilung der Äußerung von Massenmedien, Warentests oder auch Preisverlgeichen von Testinstituten und Verbraucherverbänden dazu veranlaßt, schon vom Fehlen einer Wettbewerbsabsicht und daraus resultierend einer Unanwendbarkeit des Wettbewerbsrechts auszugehen (s. dazu oben ausführlich Rdn. 187–198).

320 c) Von der Frage, ob Unterlassungs- oder auch Beseitigungsansprüche aus § 14 UWG **vermögensrechtlicher Natur** sind, hängt nach § 546 Abs. 1 S 1 ZPO die Statthaftigkeit der sogenannten Wertrevision ab. Daß die Frage im Falle des § 824 BGB von der Rechtsprechung kontrovers beurteilt wird, ist oben (Rdn. 160) dargestellt. Für den auf § 14 UWG zu stützenden Unterlassungs- wie Beseitigungsanspruch sollte immer vermögensrechtliche Natur anzunehmen sein, die aus der Existenz eines Wettbewerbsverhältnisses zwischen Betroffenem und Angreifer folgt (vgl. auch *Teplitzky*[6] Kap. 2 Rdn. 13).

3. Der Schadensersatzanspruch

321 a) Der Schadensersatzanspruch aus § 14 Abs. 1 S 1 ist allein davon abhängig, daß durch das zu Wettbewerbszwecken erfolgte Behaupten oder Verbreiten nicht erweislich wahrer Tatsachen über das Erwerbsgeschäft eines anderen, über Inhaber oder Geschäftsleiter oder über Waren oder gewerbliche Leistungen ein Schaden verursacht wurde. Ein **Verschulden** ist – anders als in den Fällen der §§ 823, 824 BGB – **nicht erforderlich.** Es handelt sich insofern um einen Fall der Gefährdungshaftung, anknüpfend allein an Gefährlichkeit und Mißbilligung der zu Wettbewerbszwecken erfolgenden Anschwärzung eines anderen[239]. Das bedeutet, daß Entschuldigungsgründe nicht entlasten, selbst die größte Sorgfalt bei der Tatsachenrecherche von der Ersatzpflicht so wenig befreit wie die Einholung von Erkundigungen, Rechtsrat, Gutachten bei Experten zur Frage der Rechtmäßigkeit des Verhaltens. Auch die Presse wird bei Anwendung der sogenannten pressemäßigen Sorgfalt von der Schadensersatzpflicht aus § 14 Abs. 1 S 1 UWG nicht befreit (*Wenzel* Rdn. 14, 20); darin weicht die zu Wettbewerbszwecken begangene Anschwärzung von der Kreditgefährdung des § 824 BGB ab.

322 Da kein Verschulden erforderlich ist, schließt **Unzurechnungsfähigkeit** im Sinne des § 827 S 1 BGB die Schadensersatzhaftung nicht aus; die Vorschrift ist nur auf Fälle der Verschuldenshaftung und nicht dort anwendbar, wo die Verantwortlichkeit ohne das gesetzliche Erfordernis eines Verschuldens besteht (*Palandt/Thomas*[52] (1993) § 827 Rdn. 1; MK/*Gitter*[2] (1984) Vor § 104 Rdn. 40). Da § 14 Abs. 1 S 1 UWG jedoch ein Handeln zu Zwecken des Wettbewerbs erfordert, das auch eine subjektive Wettbewerbsförderungsabsicht voraussetzt (s. o. Rdn. 183), ist die Fähigkeit zur Bildung eines natürlichen Willens unentbehrlich.

---

[239] BGH GRUR 1957, 93, 95 – *Jugendfilmverleih;* BGH GRUR 1970, 254, 255 – *Remington;* BGH GRUR 1980, 116, 117 – *Textildrucke;* s. *Köhler* Vor § 13 B Rdn. 278; *Ahrens* S. 86; *Baumbach/Hefermehl* § 14 Rdn. 30; *Emmerich* § 7, 8 b; *Nirk* Gewerblicher Rechtsschutz S 416; *Nirk/Kurtze* Rdn. 25; *Nordemann* Rdn. 571; *Ulmer/Reimer* Rdn. 412; allg. Meinung; mißverständlich *v. Gamm* § 49 Rdn. 27: Das Verschulden liege in der Verbreitung der nicht beweisbaren, den Betroffenen schädigenden Behauptung.

323 Wie allgemein im Recht der Gefährdungshaftung ist die **Mitverschuldensregelung** des § 254 BGB geeignet, die Ersatzpflicht zu verringern[240]. Dabei ist auf Seiten des Geschädigten die haftungsmindernde Mitverantwortung nicht von einem „Verschulden“ abhängig, da auch der Schädiger ohne Verschulden haftet (*Larenz* Schuldrecht Bd. I[14] (1987) § 31 I b). Ebensowenig kommt es auf Schuldfähigkeit des Geschädigten an.

324 b) Wegen des **Inhalts und Umfangs des Schadensersatzanspruchs** ist auf die Darstellung von *Köhler* (Vor § 13 B Rdn. 297–320) zu verweisen.

aa) Da sich Inhalt und Umfang des Schadensersatzes nach den §§ 249 ff BGB richten, ist grundsätzlich Schadensersatz durch **Wiederherstellung in Natur** zu leisten, § 249 S 1 BGB. Naturalrestitution, die als Gegenstand wettbewerbsrechtlicher Schadensersatzansprüche regelmäßig zurücktritt, hat in Anschwärzungsfällen eine gewisse Bedeutung. So kommt für mit unwahrer Tatsachenbehauptung oder -verbreitung arbeitende Kritik an gewerblichen Leistungen oder Waren in Medien eine an gleicher Stelle (in Zeitung, Zeitschrift, Rundfunk, Fernsehen) wiederzugebende Werbung für die kritisierte Ware, Leistung in Betracht[241].

325 Zur Abwehr des durch Beeinträchtigung des wirtschaftlichen Rufes des Geschädigten oder seiner Waren oder Leistungen entstehenden Schadens kommt bei schwerer Beeinträchtigung, für die Gegendarstellung oder Gegenanzeige an gleicher Stelle, an der die kreditschädigende Äußerung veröffentlicht wurde, zur Schadensbehebung nicht genügen, die Erstattung der Kosten einer Anzeigenaktion in anderen Zeitschriften, Medien in Betracht[242]. Die Rechtsprechung zieht dafür die Rechtsfigur der Ersparnisbereicherung (BGH GRUR 1962, 261 f – *Öl regiert die Welt*), des Folgeschadens (BGHZ 66, 182, 192 = GRUR 1976, 651 – *Der Fall Bittenbinder;* BGH GRUR 1979, 804, 805 – *Falschmeldung*) heran, wobei sie eine Anspruchsbeschränkung durch Anwendung des § 254 Abs. 2 BGB auf den Maßstab des Notwendigen erreicht (s. o. *Köhler* aaO Rdn. 298).

326 Näher liegt die von *Köhler* (oben aaO) aus der ratio des § 249 S 2 BGB hergeleitete Erwägung, dem Geschädigten in Fällen der Kreditschädigung, Beeinträchtigung des Rufs seiner Ware oder Leistung das Recht zur **Selbstbeseitigung des Schadens** durch geeignete Anzeigen, Werbung zu überlassen, weil dem Geschädigten die Naturalrestitution durch den Schädiger nicht zuzumuten ist. Richtig ist, wegen der regelmäßig vorhandenen Neigung, mit einer solchen Gegenaktion zusätzliche Eigenwerbung auf Kosten des Schädigers zu betreiben, als Voraussetzung für den Geldanspruch eine Beeinträchtigung von gewisser Schwere zu fordern und den Umfang auf das Maß des unbedingt Nötigen zu beschränken. Hat der Betroffene Schadensbeseitigungsmaßnahmen veranstaltet, die das Maß des Erforderlichen überschritten, so ist der Anspruch auf dieses Maß beschränkt. Fraglich ist, ob der Anspruch voraussetzt, daß der Betroffene die für eine Gegenanzeige in erforderlichem Umfang nöti-

---

240 S. oben *Köhler* Vor § 13 B Rdn. 291–296; *Teplitzky*[6] Kap. 30 Rdn. 25; Kap. 36 Rdn. 49 i. V. mit Rdn. 4; *Wenzel* Rdn. 14.20.

241 BGHZ 70, 39, 43 = GRUR 1978, 187 – *Alkoholtest;* BGH GRUR 1979, 804, 805 – *Falschmeldung:* Gegendarstellung als schadensrechtlich wirtschaftlichster und deshalb im allgemeinen zunächst gewiesener Weg der Ersatzleistung; dazu kritisch *Teplitzky*[6] Kap. 26 Rdn. 20 f; BGH GRUR 1990, 1012, 1015 – *Pressehaftung:* Gegenanzeige in derselben Zeitung, die ein Inserat eines Mitbewerbers mit den Betroffenen herabsetzendem Inhalt veröffentlicht hatte; s. o. *Köhler* aaO Rdn. 298.

242 BGHZ 66, 182, 193 f = GRUR 1976, 651 – *Der Fall Bittenbinder;* BGH GRUR 1978, 187, 189 – *Alkoholtest;* BGH GRUR 1979, 804, 805 – *Falschmeldung;* BGH GRUR 1986, 330, 332 – *Warentest III;* BGH GRUR 1990, 1012, 1014 – *Pressehaftung.*

gen Kosten tatsächlich zu dieser Art der Schadensbehebung verwendet (s. *Köhler* aaO Rdn. 299–301). Der BGH hat in einem Fall nach § 3 UWG zu beurteilender unlauterer Werbung den Nachweis konkret aufgewendeter Gegenanzeige-Kosten gefordert und die Heranziehung fiktiver Kosten einer auf die Beseitigung der Marktverwirrung gerichteten und hierfür geeigneten Werbung auch nur als Schätzungsgrundlage für den zu ersetzenden Schaden abgelehnt (BGH GRUR 1982, 489, 491 – *Korrekturflüssigkeit;* unter Ablehnung der von *Leisse/Traub* GRUR 1980, 1, 7 ff befürworteten Durchbrechung des Prinzips der konkreten Schadenberechnung in den Fällen der Marktverwirrung). Dabei ist jedoch die von der Rechtsprechung sonst (BGHZ 63, 182, 184; BGHZ 88, 385, 391) dem Geschädigten zugebilligte Befugnis zur Disposition über den nach § 249 S 2 BGB geleisteten Schadensersatz nicht bedacht (zu dieser Dispositionsbefugnis und der Kritik daran ausführlich *Köhler* Vor § 13 B Rdn. 299).

327 Als sonstige mit der Schadensabwehr verbundene Kosten sind **Rechtsverfolgungskosten** (wie Anwaltskosten, Sachverständigenkosten, Kosten für die Einholung von Rechtsrat) zu ersetzen (BGH GRUR 1990, 1012, 1014 f – *Pressehaftung; Teplitzky*[6] Kap. 34 Rdn. 3 f).

328 bb) **Entgangener Gewinn** wird nach § 252 BGB geschuldet. Jedoch steht die für die Verletzung von Urheberrechten, Patentrechten, Gebrauchsmusterrechten, Geschmacksmusterrechten, Warenzeichen, Namens- und Firmenrechten sowie vergleichbar wettbewerblich geschützte Leistungspositionen traditionell entwickelte Methode der dreifachen Schadensberechnung (dazu oben *Köhler* aaO Rdn. 321–351) für nach § 14 zu beurteilende Wettbewerbsverstöße nach herrschender Meinung nicht zur Verfügung (*Köhler* Rdn. 322). Das gilt auch, wenn man die Erstrekkung dieser Art der Schadensberechnung auf die Verletzung von Persönlichkeitsrechten bedenkt, soweit solche Eingriffe üblicherweise nur gegen Entgelt gestattet werden (*Köhler* Rdn. 322). Selbst wenn die Erstreckung des allgemeinen Persönlichkeitsrechts auf Personengesellschaften des Handelsrechts (BGH GRUR 1981, 846, 847 – *Rennsportgemeinschaft*) oder Kapitalgesellschaften erwogen wird (BGH GRUR 1986, 759, 761 – *BMW;* näher zu beidem mwN *Teplitzky*[6] § 16 Rdn. 14), kommt die Schadensberechnung nach Maßgabe einer angemessenen Lizenzgebühr oder in der Gestalt eines vom Verletzer erzielten Gewinns nur dort in Betracht, wo der Eingriff in das Persönlichkeitsrecht darin bestand, daß der Verletzer sich eine dem Betroffenen vorbehaltene Nutzung „aneignete". Damit ist der von § 14 erfaßte Tatbestand der Anschwärzung nicht vergleichbar.

329 cc) Ersatz **immateriellen Schadens** schließt § 253 BGB aus (*Baumbach/Hefermehl* § 14 Rdn. 30). Schutzgut des § 14 UWG sind die wirtschaftlichen Interessen des von der Anschwärzung Betroffenen, nicht dessen soziale Geltung. Die Ehrkränkung allein ist gerade nicht geeignet, den Tatbestand des § 14 zu erfüllen (s. o. Rdn. 273).

330 dd) Der **Presse** steht das **Haftungsprivileg** aus § 13 Abs. VI UWG beim Schadensersatzanspruch aus § 14 Abs. 1 S 1 nicht zu (BGH GRUR 1990, 1012, 1014 – *Pressehaftung;* kritisch dazu zwar Großkomm./*Erdmann* § 13 Rdn. 160; jedoch nur mit Bezug auf § 1 UWG, nicht auch § 14 UWG; für Anwendung auch bei § 14 UWG *Baumbach/Hefermehl* § 13 Rdn. 58).

4. Der Auskunftsanspruch

331 Als Hilfsanspruch kommt ein **Auskunftsanspruch** in Betracht, der sich als Nebenanspruch an den Beseitigungs- oder auch Schadensersatzanspruch knüpfen

läßt. Wegen der Voraussetzungen, des Inhalts und des Umfangs dieses Anspruchs kann auf die Erläuterung von *Köhler* (Vor § 13 B Rdn. 399–436) sowie – neuestens – auf *Teplitzky*[6] (Kap. 38) verwiesen werden.

Der Auskunftsanspruch setzt die **Existenz eines Hauptanspruchs** voraus, dessen Durchsetzung er dient und für dessen Durchsetzung der Anspruchsgläubiger seiner bedarf. Grundlage ist § 242 BGB[243]. Der Anspruch setzt voraus, daß der Verletzte in entschuldbarer Weise über den Umfang der Verletzung und damit über Bestehen und Umfang seines Anspruchs im Unklaren ist, während der Verletzer unschwer Auskunft geben kann. Dabei kommt als Hauptanspruch ebenso wie der Schadensersatzanspruch ein Widerrufsanspruch in Betracht, wenn Grund zu der Annahme besteht, daß der, welcher eine unwahre Behauptung zu widerrufen hat, diese nicht nur einem bekannten Dritten, sondern auch anderen gegenüber aufgestellt hat (RGZ 178, 377, 380). Da der Auskunftsanspruch lediglich Hilfsanspruch zum Widerrufs- oder auch Schadensersatzanspruch ist, kann er frühestens mit dessen Begründung entstehen[244]. Er darf daher nicht dazu dienen, Verletzungshandlungen auszuforschen für die Zeit vor der ersten nachgewiesenen Begehung (BGH GRUR 1992, 61, 64 – *Preisvergleichsliste*). Er ist auch nicht dazu gegeben, außer bekannten weitere Verletzungshandlungen aufzudecken, sondern soll nur die Auswirkungen eines Wettbewerbsverstoßes, die dem Verletzten unbekannt sind, aufzuklären helfen (RG GRUR 1939, 72, 80 – *Toschi/Eternit II*). Gewährt man mit der hier vertretenen Ansicht einen Beseitigungsanspruch schon im Falle des Bestehens von Erst-Begehungsgefahr (s. o. Rdn. 298, 299), so muß diesem Widerrufsanspruch ein ebensolcher Auskunftsanspruch entsprechen (*Stürner* GutA A 88/89). Die Grenze der Auskunftspflicht verläuft für die Medien dort, wo das Zeugnisverweigerungsrecht zum Zwecke des Informantenschutzes aus §§ 383 Abs. 1 Nr. 5 ZPO, 53 Abs. 1 Nr. 5 StPO beginnt (*Stürner* GutA A 88). 332

5. Der Anspruchsschuldner

a) Schuldner des Unterlassungsanspruchs ist der **wettbewerbliche Störer**. Mit dem Begriff des Störers ist eine eigenständige Erscheinungsform des Täters oder Teilnehmers an einer wettbewerbswidrigen Handlung bezeichnet, die an die Stelle der dem allgemeinen Deliktsrecht zu entnehmenden Begriffe von Täter, Teilnehmer, Anstifter tritt und eigenen Regeln unterliegt. Wegen aller Einzelheiten ist auf die Erläuterung des Begriffs des Störers beim Abwehranspruch durch *Köhler* (Vor § 13 B Rdn. 199–220) sowie – neuestens – auf *Teplitzky*[6] (Kap. 14 Rdn. 4–13) zu verweisen. 333

Für den Unterlassungsanspruch aus § 14 Abs. 1 setzt die Feststellung der **Störer-Eigenschaft** voraus, daß eine im Sinne des § 14 Abs. 1 wettbewerbswidrige Hand- 334

---

243 RGZ 158, 377, 380; BGH GRUR 1980, 227, 232 – *Monumenta Germaniae Historica;* BGH GRUR 1988, 307, 308 – *Gaby;* gewohnheitsrechtlich anerkannt, vgl. *Teplitzky* Kap. 38 Rdn. 5 (in Fn. 7 auch krit. zur neuerdings abweichenden Meinung von *Jacobs* in diesem Kommentar Vor § 13 D Rdn. 225).

244 BGH (I. Zs.) GRUR 1988, 307, 308 – *Gaby;* BGH WRP 1991, 575, 578 – *Betonsteinelemente; Köhler* aaO Rdn. 416; *Teplitzky*[6] Kap. 38 Rdn. 7 mwN; weitergehend BGH (X. Zs.) GRUR 1992, 612, 616 – *Nicola;* Großkomm./*Jacobs* Vor § 13 Rdn. 229 und 233; *Krieger* GRUR 1989, 802 ff und *Tilmann* GRUR 1990, 160 ff: Anspruch auf Auskunft auch über Verletzungshandlungen, die vor der ersten bekanntgewordenen liegen; diese kritischen Stimmen beziehen sich jedoch sämtlich auf Auskunftsansprüche wegen Schutzrechtsverletzungen und dürften daher – selbst wenn man ihnen folgte – für Ansprüche aus § 14 UWG kaum relevant werden.

lung vorliegt, daß also eine Person den vollen Tatbestand der Norm verwirklicht, insbesondere auch in der Absicht gehandelt hat, eigenen oder fremden Wettbewerb zu fördern. Außer dieser Person kommen dann als Schuldner des Unterlassungsanspruchs alle diejenigen in Betracht, die sonst in irgendeiner Weise willentlich und adäquat kausal an der Herbeiführung der wettbewerbswidrigen Beeinträchtigung mitgewirkt haben, auch wenn sie ohne eigene Wettbewerbsförderungsabsicht handelten. Für die Inanspruchnahme des Störers kommt es nämlich nicht darauf an, wie sein eigener Tatbeitrag geartet war und welches Interesse er selbst am Verletzungserfolg hatte[245].

335 Es kann danach als **Störer** der Alleinimporteuer einer ausländischen Wochenzeitschrift auf Unterlassung des Vertriebs in Anspruch genommen werden, wenn aufgrund vorausgegangener Störungshandlungen zu erwarten ist, daß die Wochenzeitschrift erneut unwahre beeinträchtigende Tatsachenbehauptungen über einen anderen aufweisende Artikel enthalten werde (BGH GRUR 1977, 114, 115 – *VUS*). Es kommen als Unterlassungsschuldner der Verleger oder auch der verantwortliche Redakteur von Zeitschriften in Betracht, die – selbst ohne Wettbewerbsförderungsabsicht handelnd – durch Berichte über Leistungen von Schönheitschirurgen oder auch Scheidungsanwälten deren in der Zulassung der Berichterstattung liegende wettbewerbswidrige Handlung ermöglichen[246]. Als Störer persönlich haftet auch, wer die Störungshandlung nicht im eigenen Interesse oder selbst bestimmten Fremdinteresse vorgenommen hat, sondern in seiner Eigenschaft als Organ oder gesetzlicher Vertreter einer juristischen Person (BGH GRUR 1964, 88, 89 – *Verona-Gerät;* BGH GRUR 1985, 1063, 1064 – *Landesinnungsmeister*).

336 § 14 Abs. 3 UWG, der die entsprechende Anwendung des § 13 Abs. 4 vorsieht, begründet die **Unterlassungshaftung des Betriebsinhabers** für die von seinem Angestellten oder Beauftragten begangenen Anschwärzungshandlungen. Die Vorschrift betrifft nur den Abwehranspruch, nicht den Schadensersatz- oder auch Auskunftsanspruch (BGH GRUR 1980, 116, 117 – *Textildrucke,* m. zust. Anm. v. *Schulze zur Wiesche;* allg. M., vgl. Großkomm./*Erdmann* § 13 Rdn. 145; *Teplitzky*[6] Kap. 14 Rdn. 26). Der Begriff des Beauftragten im Sinne der §§ 14 Abs. 3, 13 Abs. 4 UWG ist weit auszulegen entsprechend dem Zweck der Vorschrift, es dem Betriebsinhaber zu verwehren, daß er sich hinter wettbewerbswidrigen Handlungen von ihm Abhängiger verbirgt. Beauftragte sind daher auch selbständige Unternehmer, wenn sie nur vom Betriebsinhaber vertraglich abhängig sind (*Teplitzky*[6] Kap. 14 Rdn. 25 mwN), wie Handelsvertreter (BGH GRUR 1980, 116, 117 – *Textildrucke*) oder Werbeagenturen (BGH GRUR 1973, 208, 209 – *Neues aus der Medizin;* vgl. aber auch – abgrenzend – BGH GRUR 1990, 1039, 1040 – *Anzeigenauftrag*).

337 Die **Eigenständigkeit des Begriffs des wettbewerblichen Störers** gegenüber dem Täter- und Teilnehmerbegriff des allgemeinen Deliktsrechts hat zur Folge, daß auch die Wirkungen der wechselseitigen Tilgung, wie sie Gesamtschuldnern nach §§ 840,

---

245 BGH GRUR 1957, 352, 354 – *Teschner/Pertussin II;* BGH GRUR 1976, 256, 257 – *Rechenscheibe;* BGH GRUR 1977, 114, 115 – *VUS;* BGH GRUR 1988, 829, 830 – *Verkaufsfahrten II;* BGH GRUR 1990, 373, 374 – *Schönheitschirurgie;* BGH GRUR 1990, 463, 464 – *Firmenrufnummer.*

246 BGH GRUR 1990, 373, 374 – *Schönheitschirurgie:* Störerhaftung verneint, weil keine wettbewerbswidrige Handlung des Schönheitschirurgen festgestellt; OLG München GRUR 1992, 410 – *Die besten Scheidungsanwälte:* Störerhaftung wegen Feststellung eigener Wettbewerbsförderungsabsicht des verantwortlichen Redakteurs angenommen, obwohl Feststellung der in der Zulassung des Artikels liegenden wettbewerbswidrigen Handlung der porträtierten Scheidungsanwälte genügt hätte.

421, 422 BGB zugute kommen, nicht eintreten (*Köhler* aaO Rdn. 214 zu Fn. 126). Es ist daher je eigenständig zu prüfen, ob die Beseitigung der Wiederholungsgefahr durch einen Störer den Unterlassungsanspruch gegen einen anderen erledigt oder nicht. Im Regelfall beseitigen das gegen einen Störer ergangene Unterlassungsurteil oder die strafbewehrte Unterlassungserklärung eines Störers die Wiederholungsgefahr der Störung durch einen anderen und daher den Unterlassungsanspruch gegen diesen nicht (BGH GRUR 1973, 208, 209 f – *Neues aus der Medizin*). Es kann jedoch – ohne daß es sich dabei um die Wirkung der Erfüllungsleistung eines Gesamtschuldners für andere handeln würde (so zutreffend *Köhler* aaO Rdn. 214 gegen *Tilmann* GRUR 1986, 691, 695) – die Gefahr der Wiederholung oder der erstmaligen Begehung einer Störungshandlung durch einen Störer tatsächlich entfallen, wenn ein anderer zur Unterlassung verurteilt wurde oder sich strafbewehrt zur Unterlassung verpflichtet hat. Das ist immer dann der Fall, wenn die Störungshandlung des anderen von derjenigen tatsächlich oder rechtlich abhängig ist, deren Unterlassung aufgrund Verurteilung oder strafbewehrten Unterlassungsversprechens zu erwarten ist. So ist von der Werbeagentur aus tatsächlichen Gründen die Werbung für einen der Haftung aus § 14 Abs. 1 ausgesetzten Störer nicht mehr zu erwarten, der sich zur Unterlassung der Störungshandlung verpflichtet hat oder dazu verurteilt wurde. Aus rechtlichen Gründen ist die Gefahr der Begehung einer dem § 14 Abs. 1 unterfallenden Störungshandlung durch einen Zeitungsverleger nicht mehr zu erwarten, wenn der Zeitungsverleger selbst den Tatbestand des § 14 Abs. 1 nicht verwirklichte, weil er ohne Wettbewerbsabsicht publizierte, der den Tatbestand verwirklichende Interview-Partner jedoch zur Unterlassung seiner dem § 14 Abs. 1 unterfallenden Tatsachenbehauptung verurteilt ist oder sich verpflichtet hat.

Wegen der bei **Presse** und sonstigen **Medien** als Störer in Betracht kommenden **338**
Personen kann auf die Darstellung von *Köhler* (aaO Rdn. 204) verwiesen werden.

b) **Schuldner des Beseitigungsanspruchs** ist, wer Störer und insofern Herrscher **339**
über die fortwirkende Störungsquelle ist, als er zu ihrer Beseitigung tatsächlich und rechtlich in der Lage ist. Daher ist die Entscheidung darüber, wer Schuldner des Beseitigungsanspruchs ist, vom Inhalt des Anspruchs, der Art und Weise der geschuldeten Beseitigungshandlung abhängig. Schaufensterreklame mit anschwärzendem Inhalt zu beseitigen kann nur der Geschäftsinhaber verpflichtet sein. Als Schuldner Anspruchs auf Beseitigung oder Schwärzung kreditschädigender unwahrer Tatsachenbehauptungen in Plakatwerbung, Litfaßsäulenwerbung kommen der Urheber der Behauptung sowie der Eigentümer des Werbeträgers in Betracht. Wenn die Rechtsprechung einen Anspruch auf Rückruf beeinträchtigenden Werbematerials gegen den Versender nur gewährt, solange dieser noch die Verfügungsgewalt über das versandte Material hat, weil in die Rechte unbeteiligter Dritter nicht eingegriffen werden dürfe[247], ist dies zu eng gesehen, da der mit seiner Werbung sich Äußernde zu verpflichten sein kann, den Eigentümer der Werbeträger zu deren Vernichtung oder Schwärzung aufzufordern, um diese zu bitten oder die Werbeträger zurückzukaufen (zutreffend *Köhler* Vor § 13 B Rdn. 137; vgl. – jetzt auch – mwN – *Rheineck* Rückrufspflichten des Unterlassungsschuldners?, WRP 1992, 753 ff).

Schuldner des Gegendarstellungsanspruchs können entsprechend dessen gesetzli- **340**
cher Ausgestaltung in den Pressegesetzen der verantwortliche Redakteur und der

---

[247] BGH GRUR 1974, 666, 669 – *Reparaturversicherung*, m. zust. Anm. v. *Pietzcker;* weitere Nachweise bei *Ahrens* S. 61, 62 Fn. 28.

Verleger eines periodischen Druckwerks, einer Zeitung oder Zeitschrift sein, beim Hörfunk und Fernsehen die Rundfunkanstalt, die für die redaktionelle Gestaltung der Sendung verantwortlich ist (*Löffler* Presserecht[3] (1983) Bd. I LPG § 11 Rdn. 71 und 230 ff). Widerruf kann vom Urheber der Äußerung verlangt werden, der mit dem Inhaber des Medienträgers (Buchverlag, Zeitungs- Zeitschriftenverlag, Rundfunkanstalt) einen entsprechenden Vertrag schließen muß, ferner vom Medienträger selbst, wenn dieser Störer – ihm also die Äußerung als Herrn der Sendung selbst zuzurechnen – ist (BGH GRUR 1976, 651, 652 f – *Der Fall Bittenbinder*).

341 c) **Schuldner des Schadensersatzanspruchs** ist, wer in seiner Person den Tatbestand des § 14 Abs. 1 S 1 UWG verwirklicht. Weitere Schuldner sind Mittäter, Gehilfen und Anstifter nach Maßgabe des § 830 BGB. Täter, Mittäter, Gehilfen und Anstifter haften als Gesamtschuldner (§§ 840, 421 ff BGB; s. *Köhler* Vor § 13 B Rdn. 261). Als Täter haftet auch, wer für das Verhalten anderer (nach §§ 31 oder 831 BGB; s. *Köhler* Rdn. 252–258, 261) einzustehen hat. Für den Schadensersatzanspruch aus § 14 Abs. 1 S 1 UWG gilt die in § 13 Abs. 4 angeordnete Haftung des Betriebsinhabers für Angestellte oder Beauftragte nicht; der in § 14 Abs. 3 für entsprechend anwendbar erklärte § 13 Abs. 4 bezieht sich nur auf den Unterlassungsanspruch (BGH GRUR 1980, 116, 117 – *Textildrucke*, m. zust. Anm. v. *Schulze zur Wiesche;* BGH GRUR 1987, 524, 525 – *Chanel No 5 II;* Großkomm./*Erdmann* § 13 Rdn. 145; *Teplitzky*[6] Kap. 31 Rdn. 10 und 12).

IV. Anspruchsbeschränkung bei vertraulichen Mitteilungen im berechtigten Interesse, § 14 Abs. 2 UWG

342 Eine **Einschränkung** des Unterlassungs- sowie des Schadensersatzanspruchs ordnet § 14 Abs. 2 UWG an für den Fall, daß die den Tatbestand des § 14 Abs. 1 erfüllende Tatsachenbehauptung oder Tatsachenverbreitung vertraulich und im berechtigten Interesse des Mitteilenden oder des Empfängers der Mitteilung erfolgt ist. Der Unterlassungsanspruch ist dann beschränkt auf die Behauptung oder Verbreitung solcher Tatsachen, deren Unrichtigkeit feststeht; der Schadensersatzanspruch ist von Kenntnis oder fahrlässiger Unkenntnis des Mitteilenden von der Unrichtigkeit der Tatsachen abhängig. Die Norm war im Gesetz vom 27. 5. 1896 (RGBl. 145) so noch nicht enthalten. Damals lautete der Absatz II des dem heutigen § 14 entsprechenden § 6:

> Die Bestimmungen des ersten Absatzes finden keine Anwendung, wenn der Mitteilende oder der Empfänger der Mitteilung an ihr ein berechtigtes Interesse hat.

Es war also keine Vertraulichkeit der Mitteilung gefordert; der Schadensersatzanspruch war auch bei fahrlässiger Unkenntnis von der Unrichtigkeit der Tatsachen ausgeschlossen (nicht allerdings bei Vorsatz, für den § 7 eine dem heutigen § 15 entsprechende Regelung enthielt). Die Begründung des Gesetzentwurfs vom 3. 12. 1895 (stenographische Berichte des Reichstags, Legislaturperiode IV 1895/1897, 1. Anlageband S. 98 ff, 106) rechtfertigte die Ausnahme vom Anschwärzungsverbot mit der für die kaufmännischen Kreditbeziehungen bei reellem Betriebe nützlichen Einrichtung der Auskunfteien, sei es der gewerblich betriebenen oder der von kaufmännischen oder gewerblichen Schutzvereinen zur Sicherung ihrer Mitglieder gegen Verluste oder von Kaufleuten im gegenseitigen Verkehr unterhaltenen. Die heutige Fassung hat § 14 Abs. 2 durch das Gesetz vom 7. 6. 1909 (RGBl. S 499) erhalten, die im Gesetzesentwurf vom 8. 1. 1909 (stenographische Berichte des Reichstags, XII. Legislaturperiode I. Session 1907/1909, Anlageband 252 Anlage Nr. 1109) damit begründet war, ein Ausschluß des Unterlassungsanspruchs sei nicht angebracht, wenn die zu Zwecken des Wettbewerbs gemachte Behauptung objektiv unwahr sei. Damit ist freilich die Zubilligung des verschuldensunabhängigen Schadensersatzanspruchs nicht erklärt.

1. Der Tatbestand – Allgemein

Von § 824 Abs. 2 BGB **unterscheidet** § 14 Abs. 2 UWG sich darin, daß er die Schadensersatzhaftung im Falle fahrlässiger Unkenntnis der Unrichtigkeit der behaupteten oder verbreiteten Tatsachen bestehen läßt. In die Kategorien des Rechtfertigungs- oder Schuldausschließungsgrundes läßt sich die Wahrnehmung berechtigter Interessen nach § 14 Abs. 2 daher nicht einordnen. Es handelt sich um eine an eine Interessenabwägung geknüpfte Beschränkung der Ansprüche des Betroffenen (BGH GRUR 1992, 860 – *Bauausschreibungen*). **343**

a) Die Norm wird von der **Rechtsprechung** dahin verstanden, daß die Anspruchsbeschränkung das Vorliegen einer vertraulichen Mitteilung und zugleich ein berechtigtes Interesse des Mitteilenden oder des Empfängers der Mitteilung erfordert, daß also eines der beiden Tatbestandsmerkmale allein für die Anspruchsbeschränkung nicht ausreicht[248]. Diese Auslegung wird entweder mit dem Wortlaut der Norm (BGH GRUR 1960, 331, 333 – *Schleuderpreise*) oder damit begründet, daß Anschwärzungen wegen ihrer oft unabsehbaren Wirkungen vom Gesetz mit Recht scharf angefaßt würden (*Baumbach/Hefermehl* § 14 Rdn. 31). **344**

Dieser Ansicht ist **nur für den Regelfall** zu folgen. *Reimer* (3. Aufl. Kap. 97 Rdn. 26) vergleicht § 14 Abs. 2 mit § 824 Abs. 2 BGB, der Vertraulichkeit der Mitteilung nicht verlangt, und stellt die Frage, ob die Anforderung, daß die in berechtigtem Interesse des Mitteilenden oder des Mitteilungsempfängers gemachte Äußerung immer auch vertraulich geschehen sein müsse, in ihrer Verallgemeinerung nicht zu weit gehe, da sich beispielsweise der Mitteilende gegen einen in aller Öffentlichkeit erfolgten Angriff mit vertraulicher Abwehr nicht erfolgreich wehren könne (s. dazu auch *Ulmer/Reimer* Rdn. 420 zu Fn. 104). Der BGH hat die Frage ausdrücklich offen gelassen (in BGH GRUR 1960, 331, 333 – *Schleuderpreise*). Sie gewinnt besondere Bedeutung für Presse, Rundfunk, Fernsehen und Film, wenn sie sich in einer Art und Weise, die den Tatbestand der zu Wettbewerbszwecken begangenen Handlung erfüllt, eines die Öffentlichkeit interessierenden Themas annehmen. Nach der herrschenden Auslegung des § 14 Abs. 2 wäre die Anspruchsbeschränkung dann regelmäßig zu versagen, weil trotz vorhandenen berechtigten Interesses sowohl des Mitteilenden als auch des Mitteilungsempfängers das Merkmal der Vertraulichkeit der Mitteilung notwendig nicht erfüllt sein kann. Das mag einer der Gründe dafür gewesen sein, weshalb Rechtsprechung und überwiegende Ansicht in der Literatur für Medienäußerungen schon das Merkmal eines Handelns zu Zwecken des Wettbewerbs ablehnen, um die Presse, aber auch die Presseinformanten, Warentester, Verbraucherverbände zum Zwecke der Wahrung von Meinungs- und Pressefreiheit **345**

[248] RG MuW Jg. 1924/25, 272, 273 – *Textilfarben;* RG GRUR 1934, 471, 472 – *Lehrlingsarbeit;* RG GRUR 1937, 237, 240 – *Klischeevertrieb;* BGH GRUR 1957, 93, 95 – *Jugendfilmverleih;* BGH GRUR 1959, 31, 33 – *Feuerzeug als Werbegeschenk;* BGH GRUR 1960, 331, 333 – *Schleuderpreise;* BGH GRUR 1992, 860, 861 – *Bauausschreibungen;* BGH GRUR 1993, 572, 573 – *Fehlende Lieferfähigkeit; Baumbach/Hefermehl* § 14 Rdn. 31; *v. Gamm* § 49 Rdn. 29; *Ulmer/Reimer* Rdn. 420; *Emmerich* § 7 7a – allg. Meinung; a. A. nur *Kohler* Kap. 48 VI S. 240.

nicht der strengen Haftung aus § 14 aussetzen zu müssen, der sonst nicht auszuweichen wäre (s. dazu oben Rdn. 186–198 und *Diemer* in FS *Klaka* 44, 50 ff).

346 b) Folgt man der hier vertretenen Ansicht, die Testberichte, wissenschaftliche Gutachten, Presseinformationen sowie Äußerungen der Massenmedien nicht schon wegen des grundrechtlichen Schutzes von Meinungsfreiheit, Presse-, Rundfunk- oder Filmfreiheit durch Ablehnung des Merkmals eines „Handelns zu Zwecken des Wettbewerbs" von der Beurteilung nach § 14 UWG ausnimmt (s. o. Rdn. 192–198), so steht man vor der Notwendigkeit, den Grundrechten der **Meinungs- und Pressefreiheit** durch eine an Art. 5 Abs. 1 GG orientierte erweiternde Auslegung des § 14 Abs. 2 UWG zur Drucksetzung zu verhelfen. Der Wortlaut des § 14 Abs. 2 UWG steht einer solchen Auslegung der Norm nicht zwingend entgegen, die Vertraulichkeit der Mitteilung einerseits und berechtigtes Interesse des Mitteilenden oder des Mitteilungsempfängers andererseits nicht kumulativ, sondern alternativ verstünde. Diese schon von *Kohler* (§ 48 VI S 240) – damals freilich nicht aus Gründen eines Schutzes der Meinungsfreiheit – vertretene Auslegung wird von
347 *Baumbach/Hefermehl* (§ 14 Rdn. 31) mit Recht als sprachlich möglich bezeichnet. Dann ist sie aber als **verfassungskonforme Auslegung** des § 14 Abs. 2 geboten, die die verfassungsrechtliche Gewährleistung der Meinungs- und Pressefreiheit beachten muß (BVerfGE 60, 234, 242 = GRUR 1982, 498 – *Kredithaie*), an der auch Tatsachenbehauptungen teilhaben[249], solange sie nicht unwahr sind (BVerfG aaO). Auch Art. 10 EMRK kennt den Unterschied zwischen Meinungsäußerungsfreiheit und Informationsfreiheit nicht. Es ist daher § 14 Abs. 2 UWG verfassungskonform dahin auszulegen, daß auf das Merkmal einer Vertraulichkeit der Mitteilung überall dort verzichtet werden kann, wo der Schutz von Meinungs- sowie Pressefreiheit die zu Fragen von politischer, kultureller, geschichtlicher oder wirtschaftlicher Bedeutung im öffentlichen Interesse der Bevölkerung, im Interesse der Verbraucher oder im volkswirtschaftlichen Gesamtinteresse liegende Mitteilung in öffentlicher Form erfordert, weil ihr Zweck durch eine vertrauliche Mitteilung verfehlt würde.

2. Vertraulichkeit der Mitteilung

348 **Vertraulichkeit der Mitteilung** ist der Gegensatz zur öffentlichen, damit aber noch nicht hinreichend erklärt. Zur Vertraulichkeit gehört, daß die Mitteilung nicht öffentlich, also nicht gegenüber einem beliebigen Personenkreis gemacht, und daß ihrem Empfänger vertrauliche Behandlung ausdrücklich zur Pflicht gemacht sind, solche Vertraulichkeit sich aus den Umständen ergibt[250] oder etwa Bestandteil der Berufspflichten des Mitteilungsempfängers (Verschwiegenheitspflicht des Rechtsanwalts, des Wirtschaftsprüfers, des Arztes) ist. Dabei ist immer die gesetzgeberische Absicht zu beachten, einen Freiraum für gewerbliche Auskunfteien, kaufmännische oder gewerbliche Schutzvereine zur Sicherung ihrer Mitglieder gegen Verluste oder von Kaufleuten im gegenseitigen Verkehr zu schaffen (s. o. Rdn. 343). Vertraulichkeit der Mitteilung fehlt daher nicht schon dann, wenn jedermann die Mitteilung bei einer gewerblichen Auskunftei entgeltlich erlangen kann, falls sie von dieser Auskunftei nur ihm im Rahmen ihres Vertragsverhältnisses und unter dem Verbot

---

249 BVerfGE 61, 1, 8 – *Die NPD Europas;* BVerfG AfP 1992, 53, 55 – *Kritische Bayer-Aktionäre; Diemer* FS Klaka S. 52.

250 RG MuW 1927/28, 177, 178; RG GRUR 1930, 626, 627; RG GRUR 1941, 378, 382; BGH GRUR 1960, 135, 136 – *Druckaufträge;* BGH GRUR 1992, 860, 861 – *Bauausschreibungen; Baumbach/Hefermehl* § 14 Rdn. 32.

der Weitergabe erteilt wird. Vertraulichkeit fehlt wegen der unbestimmten Vielzahl des Empfängerkreises bei im Abonnement versandten Wirtschaftsbriefen (auch wenn diese als „vertrauliche Mitteilungen" oder ähnlich bezeichnet wären).

a) **Vertraulichkeit** ist wegen der Größe des Empfängerkreises **nicht gegeben** bei 349
der Versendung eines Rundschreibens an sieben Abnehmerfirmen, auch wenn das Rundschreiben als „vertraulich" oder „persönlich" bezeichnet ist (RG GRUR 1941, 378, 382), ebensowenig bei der Weitergabe an jeden Empfänger eines Vertragsangebotes (RG GRUR 1930, 626, 627). Als nicht vertraulich wurde die Mitteilung von Zahlungsschwierigkeiten eines Unternehmens in einer Besprechung unter sechs Gläubigern jenes Unternehmens gewertet, da den Gesprächsteilnehmern kein Schweigegebot auferlegt und ein solches auch nicht aus den Umständen zu entnehmen war (RG MuW 1926/1927, 355, 356). Trotz ausgesprochenem Gebot zu vertraulicher Behandlung ist Vertraulichkeit abzulehnen, wenn die Weitergabe der Mitteilung durch deren Empfänger ohne weiteres aus seinem aus den Umständen sich ergebenden Interesse folgt, etwa die Instruktion an Vertreter des eigenen Unternehmens, damit sie die Mitteilung im Kundengespräch einsetzen können (RG MuW Jg. 1909/1910, 390 – *Minimax*) oder gegenüber einem Wirtschaftsverband, in dessen Interesse die Weitergabe an seine Mitglieder liegt (RG GRUR 1934, 317, 319; BGH GRUR 1992, 860, 861 – *Bauausschreibungen*).

b) **Bei Mitteilungen an Verbände, Körperschaften des öffentlichen Rechts oder** 350
auch Behörden ist zu differenzieren. In Partei- oder Anwaltsschriftsätzen, welche in gerichtlichen oder behördlichen Verfahren eingereicht werden, enthaltene Anschwärzungen sind von der Anwendung des § 14 schon deshalb ausgenommen, weil solche gerichtlichen oder behördlichen Verfahren nicht durch Unterlassungs-, Widerrufs- oder Schadensersatzprozesse sollen gestört werden können (s. o. Rdn. 49–52). Das muß beispielsweise auch für zu Wettbewerbszwecken gemachte Eingaben an Staatsanwaltschaft, Kartellbehörden, Industrie- und Handelskammern, Handwerkskammern, Innungen gelten, wenn mit solchen Eingaben ein förmliches, von Regeln der Sachverhaltsaufklärung und Wahrheitsfindung regiertes Verfahren (etwa nach §§ 24, 30 VwVfG) in Gang gebracht werden soll. Von dieser Privilegierung nicht erfaßt wird die durch den Mitteilenden veranlaßte Weitergabe der Mitteilung oder auch der Tatsache einer Verfahrenseinleitung an die Presse (BGH GRUR 1980, 257, 258 f – *Abgeordnetenindemnität*).

Sonstige **Mitteilungen an Behörden,** Anzeigen bei solchen (z. B. die von einem 351
Teilnehmer an einem Ausschreibungsverfahren gegenüber einer Gemeinde, einem sonstigen öffentlichen Auftraggeber geäußerte kritische Behauptung über Leistungsfähigkeit oder Person eines Bewerbers) sind als vertrauliche Mitteilungen nur zu werten, wenn ihr Empfänger einer **gesetzlichen Schweigepflicht** unterliegt. Im gebildeten Beispiel wäre Vertraulichkeit anzunehmen, weil der Auftraggeber eines nach der VOB/A sich abspielenden Ausschreibungsverfahrens eine Verschwiegenheitspflicht zu beachten hat (*Ingenstau/Korbion* VOB Teile A und B[12] (1993) Einl. Rdn. 55). Außerhalb solcher Verfahren an Behörden gerichtete Mitteilungen sind dann nicht vertraulich, wenn der Mitteilende dem Mitteilungsempfänger Vertraulichkeit nicht auferlegt hat und nach Umfang und Arbeitsweise der Behörde solche auch nicht erwarten kann. So ist die an die Zentralstelle der Reichsbahn (Bundesbahn) gerichtete Mitteilung eines Zulieferers über Waren oder Leistungsfähigkeit eines anderen nicht vertraulich, wenn die Mitteilung naturgemäß dazu bestimmt ist, von der Zentralstelle an Zweigstellen, Direktionen, Maschinenämter weitergeleitet zu werden, welche selbständig ihre Aufträge vergeben (RG GRUR 1939, 72, 75 –

Toschi/Eternit II). Die Unterscheidung, die das RG zwischen einer an die Zentrale gemachten Mitteilung, welche von dort an untergeordnete Dienststellen weitergegeben wird, und einer an eine solche untergeordnete Dienststelle gegebenen Mitteilung, die von dort an auf gleicher Ebene liegende Dienststellen gelangt, gemacht hat (RGZ 156, 1, 15, 16 – *Toschi/Eternit I*), leuchtet ebensowenig ein wie die allgemeine Aussage, die Reichsbahn sei eine einzige Rechtspersönlichkeit (RGZ 156, 1, 15).

352 Ebensowenig wäre Vertraulichkeit anzunehmen, wenn eine an den **Vorstand einer großen AG** gemachte Mitteilung ihrer Art nach zur Weitergabe an deren mehrere mit Einkauf oder Verkauf selbständig befaßte Filialen oder Geschäftsstellen bestimmt ist. Insofern ist der Ansicht (etwa von *Baumbach/Hefermehl*[17] § 14 Rdn. 32) zu widersprechen, eine juristische Person sei in diesem Zusammenhang nur eine einzige Person. Die nicht mit einem Weiterverbreitungsverbot versehene und einen Wettbewerber anschwärzende Mitteilung an die Stelle einer Firma, welche über Einkäufe entscheidet, ist vertraulich, wenn sie ihrem Gegenstand nach nicht dazu geeignet ist, weiterverbreitet zu werden (BGH GRUR 1960, 135, 136 – *Druckaufträge*). Beim Vorstand eines Wirtschaftsverbandes angebrachte Kritik über ein Verbandsmitglied, die zur Einleitung eines Ausschlußverfahrens gegen dieses bestimmt ist, genießt ohne ausdrücklichen Vermerk keine Vertraulichkeit, wenn ihre Verwendung innerhalb des Verbandes freigestellt ist (BGH GRUR 1992, 860, 861 – *Bauausschreibungen*). Ebensowenig vertraulich ist die Nachricht im Mitteilungsblatt eines Wirtschaftsverbandes, welches ausschließlich an Verbandsmitglieder verteilt wird (BGH GRUR 1956, 212, 215 – *Deutsches Wirtschaftsarchiv*).

353 Vertraulichkeit der Mitteilung an eine Behörde, die zur Geheimhaltung verpflichtet ist, wird nicht dadurch aufgehoben, daß dieselbe Tatsachenbehauptung zugleich gegenüber einem anderen Adressaten in nicht vertraulicher Weise aufgestellt wird (RG GRUR 1944, 156). Es bildet dann nur diese, nicht jene Mitteilung den Wettbewerbsverstoß.

354 c) Sind die Voraussetzungen der Vertraulichkeit – also Mitteilung an einen begrenzten Adressatenkreis, Auferlegung der Verpflichtung zur vertraulichen Behandlung oder aus den Umständen oder auch aus einer Berufspflicht sich ergebende Verpflichtung hierzu – erfüllt, **so schadet dem Mitteilenden nicht, wenn der Empfänger der Mitteilung unter Verstoß gegen seine Verpflichtung zu vertraulicher Behandlung die Mitteilung weiterverbreitet.** Die Weiterverbreitung durch den Mitteilungsempfänger kann aber für diesen die Haftung aus § 824 BGB begründen. Handelt der Mitteilungsempfänger bei der Weiterverbreitung zu Wettbewerbszwecken, so kommt seine Haftung nach § 14 UWG in Betracht. In diesem Fall kann allerdings der Unterlassungsanspruch sich auch gegen den ersten Mitteilenden als Störer richten.

355 d) Die **Beweislast** für das Vorliegen der Voraussetzungen der Vertraulichkeit trägt der Mitteilende (RG MuW 1927/28, 180, 181). Da Vertraulichkeit der Mitteilung und berechtigtes Interesse des Mitteilenden oder des Empfängers kumulativ vorliegen müssen – von der oben (Rdn. 346, 347) näher begründeten Ausnahme für Mitteilungen der Medien abgesehen – Vertraulichkeit einer Mitteilung aber für ein Schreiben, einen Bericht insgesamt zu beurteilen und relativ einfach festzustellen ist, empfiehlt sich bei der Berufung auf § 14 Abs. 2, die Frage der Vertraulichkeit vorab zu prüfen. Fehlt dieses Merkmal, so kommt es auf die für jede einzelne Aussage einer Mitteilung gesondert zu beurteilende Frage nach dem berechtigten Interesse nicht mehr an (RG GRUR 1939, 72, 74 – *Toschi/Eternit II*).

3. Berechtigtes Interesse an der Mitteilung

Nach allgemeiner Meinung soll § 14 Abs. 2 UWG – wie § 824 Abs. 2 BGB – ein **objektiv berechtigtes Interesse** des Mitteilenden oder des Mitteilungsempfängers fordern; das von § 193 StGB auch geschützte vermeintliche berechtigte Interesse soll nicht genügen[251]. Die Unterscheidung wird aus dem unterschiedlichen Wortlaut einerseits der §§ 14 Abs. 2, 824 Abs. 2 („hat der Mitteilende oder der Empfänger der Mitteilung an ihr ein berechtigtes Interesse") und andererseits des § 193 StGB („Äußerungen, welche ... zur Wahrnehmung berechtigter Interessen gemacht werden") gefolgert (*Baumbach/Hefermehl* § 14 Rdn. 33). Die Ansicht ist irreführend. Es handelt sich um das Problem der entlastenden Wirkung des Irrtums über die objektiven Voraussetzungen des berechtigten Interesses, der im Strafrecht vorsatzausschließend wirkt[252], wogegen der Irrtum über die rechtlichen Grenzen des § 193 StGB Verbotsirrtum im Sinne des § 17 StGB ist (*Schönke/Schröder/Lenckner* aaO). Die Ansicht, daß die irrtümliche Annahme des Täters, an der Behauptung oder Verbreitung der Äußerung bestehe ein berechtigtes Interesse, die Schadensersatzhaftung ausschließen könne, findet sich jedoch auch zu § 824 BGB[253]. Es soll also die subjektiv nicht vorwerfbare, aber objektiv irrtümliche Bejahung eines berechtigten Interesses das Verschulden und damit die Schadensersatzhaftung nach § 824 BGB ausschließen. 356

Das ist ein auf § 14 UWG nicht übertragbarer Gedanke, da § 14 Abs. 1 S 1 die Schadensersatzhaftung des zu Zwecken des Wettbewerbs Anschwärzenden wegen der Gefährlichkeit der Handlung unabhängig von einem Verschulden vorsieht (s. o. Rdn. 321, 322). Der Begriff des berechtigten Interesses ist daher für § 14 Abs. 2 UWG – wie für § 824 Abs. 2 BGB – derselbe, wie er sich unter § 193 StGB findet. Nur die Frage des Irrtums über berechtigte Interessen und seiner Wirkung – vorsatzausschließend für § 193 StGB, unter Umständen schuldausschließend für § 824 Abs. 2 BGB, irrelevant für § 14 UWG – ist unterschiedlich zu beantworten. Auch darin besteht kein Unterschied zu § 193 StGB, daß § 14 Abs. 2 – wie § 824 Abs. 2 BGB – auch den Schutz der Interessen des Mitteilungs-Empfängers privilegiert. Auch § 193 StGB wird heute in diesem Sinne verstanden, jedenfalls auch auf die Mitteilungen von Auskunfteien an ihre Vertragspartner angewandt[254]. 357

a) Die Feststellung berechtigter Interessen – des Mitteilenden oder des Mitteilungsempfängers – erfordert eine an den Umständen des Einzelfalles orientierte[255] **Güter- oder Interessenabwägung,** wie sie für die Beurteilung des gleichnamigen Rechtfertigungsgrundes gegenüber einer Haftung nach § 823 Abs. 2 BGB (s. o. Rdn. 28 ff) oder § 824 BGB (s. o. Rdn. 117 ff) vorzunehmen ist (*Baumbach/Hefermehl* § 14 Rdn. 33). 358

---

251 RGZ 51, 369, 379; RGZ 56, 271, 285; RGZ 85, 440, 442 – je zu § 824 Abs. 2 BGB ergangen; RG GRUR 1937, 237, 240 – *Klischee-Vertrieb;* RG GRUR 1938, 53, 57 – je zu § 14 Abs. 2 UWG ergangen; RGSt. 59, 414, 415; BGH U. v. 26. 9. 1961 V StR 402/61 – je zu § 193 StGB ergangen; *Baumbach/Hefermehl* § 14 Rdn. 33; *v. Gamm* § 49 Rdn. 30; *Ulmer/Reimer* Rdn. 421 zu Fn. 110.

252 *Dreher/Tröndle* § 193 Rdn. 20; *Schönke/Schröder/Lenckner* § 193 Rdn. 24; je mwN.

253 MK/*Mertens* § 824 Rdn. 76–78; RGRK/*Steffen* § 824 Rdn. 52; *Tilmann* NJW 1975, 758, 763, 764 verficht eine Haftungsmilderung wie bei § 254 BGB.

254 RGSt. 38, 331; *Dreher/Tröndle* § 193 Rdn. 13; *Schönke/Schröder/Lenckner* § 193 Rdn. 13; LK/*Herdegen* § 193 Rdn. 28; *Jäger* NJW 1956, 1224 f.

255 RGSt. 62, 83, 93; BGH GRUR 1958, 448, 450 – *Blanko-Verordnungen; v. Gamm* § 48 Rdn. 30 zu Fn. 163, 165; *Ulmer/Reimer* Rdn. 398.

359 Die Beantwortung der Frage, **welche Interessen des Mitteilenden oder des Mitteilungsempfängers als berechtigte in Betracht kommen,** hat von der Verwirklichung des Tatbestandes des § 14 Abs. 1 S 1 UWG auszugehen, also davon, daß der Mitteilende zu Zwecken des Wettbewerbs über das Erwerbsgeschäft eines andern, über die Person des Inhabers oder Leiters des Geschäfts, über die Waren oder gewerblichen Leistungen des anderen zur Kredit- oder Geschäftsschädigung geeignete Tatsachen behauptet oder verbreitet hat; nur die Frage ihrer Unwahrheit ist offenzulassen, wenn die Berechtigung des Interesses beurteilt werden soll. Es ist also – wie im Falle des § 824 BGB (s. o. Rdn. 82 und 118; BGH GRUR 1986, 188, 190 – *Türkeiflug I*) – für die gebotene Güterabwägung die Wahrheit der Tatsachenbehauptung so lange zu unterstellen, wie ihre Unwahrheit nicht festgestellt ist, aber eben im übrigen von der Verwirklichung des Tatbestandes der zur Kredit- oder Geschäftsschädigung geeigneten Äußerung auszugehen.

360 Die Frage, welche Interessen an einer zu Zwecken des Wettbewerbs aufgestellten Behauptung kreditschädigender Art über einen anderen als berechtigt zu bezeichnen sein können, läßt sich **abstrakt dahin beantworten, daß es sich um Interessen von erheblichem Gewicht handeln muß,** also von einem engen Begriff des berechtigenden Interesses auszugehen ist (anders *Baumbach/Hefermehl* § 14 Rdn. 33). Die Vermutung für die Freiheit der Rede gilt für die zu Wettbewerbszwecken erfolgende Behauptung oder Verbreitung von zur Kreditschädigung geeigneten Tatsachen über Person, Waren oder Leistungen eines anderen grundsätzlich nicht. Das Interesse des Betroffenen zur Wahrung seines Rechts am Unternehmen gegenüber zu Wettbewerbszwecken erfolgenden kritisierenden Angriffen der Konkurrenz geht vor. Insbesondere genügen der verfolgte Wettbewerbszweck, das Streben nach Verbesserung der eigenen wettbewerblichen Stellung als berechtigendes Interessse allein nicht, und auch mit der bloßen Berufung auf das Grundrecht der Meinungsfreiheit ist ein zu Wettbewerbszwecken erfolgender Angriff auf Kredit oder Geschäftsbetrieb eines anderen nicht generell zu rechtfertigen[256].

361 Vielmehr ist anhand der zu § 1 UWG entwickelten Kriterien **im Einzelfall zu prüfen,** ob eine – wie zu unterstellen ist: wahrheitsgemäße – gegen die Person, die Ware, die Leistung oder das Unternehmen eines Mitbewerbers gerichtete und zur Kredit- oder Geschäftsschädigung geeignete Behauptung nach der Auffassung redlicher verständiger Durchschnittsgewerbetreibender und der Allgemeinheit wettbewerbsgemäß oder als wettbewerbsfremd zu mißbilligen ist (BGH GRUR 1962, 45, 48 – *Betonzusatzmittel*), wobei der Umstand, daß der Kritisierende von seinem Grundrecht der Meinungsfreiheit Gebrauch machte, nicht den Ausschlag für die Berechtigung der Kritik gibt[257]. Soweit die europäische Kommission für Menschenrechte im Bericht vom 18. 12. 1987 zu dem vom BGH und vom BVerfG entschiedenen Fall „Der Club X" eine abweichende Ansicht auf die Auslegung des Art. 10 Abs. 1 EMRK gestützt hat, betrifft sie die Verbreitung von Information durch die Presse und nicht die Werbung durch Wettbewerbsteilnehmer[258]. Der EGMR hat in

---

256 Kritisch dazu *Kresse* WRP 1985, 536, 541; *Friauf/Höfling* AfP 1985, 249, 255; *Jochen Meyer* S. 138 ff.

257 BGH U. v. 16. 1. 1980 – I ZR 65/77 – Der Club X, nicht veröffentlicht, aber auszugsweise wiedergegeben bei *Krüger* GRUR 1989, 738, 740; BVerfG GRUR 1984, 357, 360 – *markt-intern* (zum gleichen Sachverhalt ergangen).

258 S. den Bericht der Europäischen Kommission für Menschenrechte vom 18. 12. 1987, AfP 1988, 231, 235 r. Sp. unter Begründungserwägung Nr. 251; zu diesem Problem allgemein *Krüger* GRUR 1989, 738 ff.

seiner mit Stimmengleichheit ergangenen Entscheidung vom 20. 11. 1989[259] eine Verletzung des Art. 10 Abs. 1 EMRK durch die Entscheidungen des BGH und des BVerfG verneint. Gelangt die Prüfung zu dem Ergebnis, die mit wahrheitsgemäßer Tatsachenbehauptung oder Tatsachenverbreitung zu Wettbewerbszwecken an einem anderen geübte zur Kredit- oder Geschäftsschädigung geeignete Kritik sei wettbewerbswidrig, so ist ein Interesse des Mitteilenden oder des Mitteilungsempfängers an der Äußerung nicht berechtigt, da es ein berechtigtes Interesse an wettbewerbswidrigen Äußerungen nicht gibt[260].

b) Für die Beantwortung der Frage, wann **Interessen an bezugnehmender Kritik** berechtigt sind, ist die Rechtsprechung zur vergleichenden kritisierenden Werbung heranzuziehen[261]. Berechtigte Interessen – und zwar sowohl des Mitteilenden als auch des Mitteilungsempfängers – sind regelmäßig dann gegeben, wenn eine kritisierende vergleichende Werbung für zulässig zu erachten ist. Das ist nach der Rechtsprechung des RG und des BGH als Ausnahme vom grundsätzlichen Verbot einer vergleichenden Werbung dann der Fall, wenn ein hinreichender Anlaß zum kritischen Vergleich besteht und sich die Angaben nach Art und Maß in den Grenzen des Erforderlichen und der wahrheitsgemäßen sachlichen Erörterung halten. Hinreichenden Anlaß und Erforderlichkeit hat die Rechtsprechung angenommen in Fällen der Abwehr einer – rechtmäßigen oder rechtswidrigen – vergleichenden Werbung des nunmehr Angegriffenen, einer Antwort auf eine Kundenanfrage oder auch eines Allgemeininteresses, das sich aus einer Gefährdung der Abnehmer des kritisierten Produkts oder der kritisierten Leistung ergeben kann[262]. **362**

Die **Grenze** zwischen der zu Zwecken der Abwehr, des Systemvergleichs oder der Warnung des Publikums vor ihm drohenden Gefahren zulässigen Kritik an Waren oder Leistungen des Mitbewerbers und unzulässiger vergleichender Reklame verläuft dort, wo zur Hervorhebung der Vorzüge eines Systems vor einem anderen die Nennung von Namen des Produzenten oder Händlers des kritisierten Systems nicht erforderlich gewesen wäre (RG GRUR 1939, 72, 76 – *Toschi/Eternit II*), es sei denn, es hätte sich um einen Wettbewerber gehandelt, der – als der einzige in Betracht kommende – dem Empfänger der Mitteilung ohnedies bekannt gewesen wäre (RGZ 156, 1, 8 – *Toschi/Eternit I*). Nicht im Rahmen des Erforderlichen hält sich die kritisierende Werbung, die auf Kunden-Fragen nach den Vorteilen der einen **363**

259 Az 3/1988/147/201 – *Case of markt-intern-Verlag GmbH and Klaus Beermann*, bisher nicht veröffentlicht, sondern nur kurz referiert in recht-Information des BMdJ 63/1989 v. 20. 11. 1989; s. dazu *v. Gamm* GRUR 1990, 313, 315, 316.

260 RG JW 1919, 993, 994 – *Kriegswucher;* RG GRUR 1938, 53, 57; BGH U. v. 18. 12. 1956 – I ZR 40/55; *Baumbach/Hefermehl* § 14 Rdn. 34; *v. Gamm* § 49 Rdn. 30; *Ulmer/Reimer* Rdn. 421; krit. *Diemer* FS Klaka S. 44 ff für Tatsacheninformationen von Wettbewerbern an die Presse.

261 Wie früher der § 6 als Vorgänger des § 14 UWG umgekehrt den Prüfungsmaßstab für die Zulässigkeit der vergleichenden Werbung lieferte, s. *Jochen Meyer* aaO S. 43.

262 RG GRUR 1937, 237, 238 – *Klischee-Vertrieb;* RGZ 156, 1, 7 ff – *Toschi/Eternit I;* RG GRUR 1938, 53, 56; RG GRUR 1939, 72, 76 – *Toschi/Eternit II;* BGH GRUR 1962, 45, 48 – *Betonzusatzmittel;* BGHZ 49, 325, 329 = GRUR 1968, 443 – *40% können Sie sparen;* BGH GRUR 1969, 283, 285 – *Schornsteinauskleidung;* BGH GRUR 1970, 422, 423 – *Tauchkühler;* BGH GRUR 1971, 159, 160 – *Motoryacht;* BGH GRUR 1981, 748, 749 – *Leserstrukturanalyse;* BGH GRUR 1986, 618, 620 – *Vorsatz-Fensterflügel;* BGHZ 107, 136 – *Bioäquivalenzwerbung;* BGH GRUR 1989, 668 – *Generikum-Preisvergleich;* BGH GRUR 1992, 61 – *Preisvergleichsliste;* BGH GRUR 1992, 625 – *Therapeutische Äquivalenz;* dazu allgemein *Jochen Meyer* aaO S. 79 ff, 114 ff; zur Diskussion einer Aufhebung des Verbots der vergleichenden Werbung im Gebiet der EG zuletzt *Bühler* WM 1992, 677 ff; zu Einzelheiten zur vergleichenden Werbung vgl. die Kommentierung zu § 1 UWG sowie *Baumbach/Hefermehl*[17] § 1 Rdn. 329–437.

oder anderen Ware oder Leistung sich nicht auf die Hervorhebung der Güte der eigenen beschränkt, sondern unnötig die Leistung von Wettbewerbern herabsetzt oder bei Fragen nach Gründen für den Mißerfolg eines Konkurrenten nicht auf eine zur Auskunftserteilung berufene unbeteiligte Stelle verweist, sondern die ungünstigen Angaben über den Konkurrenten als Werbemittel für die eigene Leistung benutzt (RG GRUR 1937, 237, 240 – *Klischeevertrieb;* vgl. aber auch – mit gewissen Einschränkungen – BGH GRUR 1971, 748, 749 – *Motoryacht* und BGH GRUR 1986, 618, 620 – *Vorsatz-Fensterflügel*).

364 Die durch eine Kundenfrage veranlaßte Kritik an der Leistung eines Konkurrenten hält die Grenze des Erforderlichen nur ein, wenn sie in einer Art und Weise erfolgt, die die **Nachprüfung ihrer Richtigkeit** erlaubt, sich also nicht auf eine pauschale Herabsetzung beschränkt[263].

365 Wird für ein Erzeugnis wahrheitswidrig mit Eigenschaften geworben, deren Fehlen einen Käufer **ernsthaft gefährden** könnte (Beispiel: Seetüchtigkeit einer Motoryacht), so darf der Kritiker Kaufinteressenten über diesen Mangel auch dann aufklären, wenn er zugleich für seine eigene Ware wirbt (BGH GRUR 1971, 159, 160 – *Motoryacht*). Jedoch ist gegenüber der Nennung des Namens eines Konkurrenten Zurückhaltung geboten. Bei geringem Aufklärungsinteresse muß darauf verzichtet werden[264]. Ist die zu Wettbewerbszwecken erfolgende Kritik an Ware oder Leistung des Mitbewerbers durch Fragen aus der Kundschaft, als Systemvergleich oder zur Aufklärung des Publikums über ihm drohende Gefahr von einem berechtigten Interesse begleitet, so ändert daran nichts, daß der Kritisierende zugleich aus verwerflichen Beweggründen, etwa Rachsucht handelt (RGSt. 20, 164; RG JW 1919, 993, 994). Doch ist bei Zweifeln an der Richtigkeit der Kritik erforderlich, daß der Kritiker von ihr wenigstens überzeugt war und nach der Sachlage überzeugt sein durfte (RGZ 156, 1, 11 – *Toschi/Eternit I*).

366 c) **Für Presseäußerungen, Warentests, Marktübersichten, Branchenvergleiche, Preisspiegel, Bestsellerlisten, Restaurant- und Hotelführer, Theater- und Filmkritiken, Informationsschriften der Verbraucherverbände sowie für Tatsacheninformation, die an die Presse gegeben wird,** ist in den Fällen, in denen die herrschende Meinung im Interesse der Pressefreiheit das Tatbestandsmerkmal des Handelns zu Zwecken des Wettbewerbs verneint (s. o. Rdn. 186 ff), nach der hier vertretenen Ansicht, die Handeln zu Zwecken des Wettbewerbs für möglich (s. o. Rdn. 192 ff) und das Erfordernis einer Vertraulichkeit der Mitteilung für entbehrlich hält (s. o. Rdn. 346, 347), ein berechtigtes Interesse sowohl des Mitteilenden als auch des Mitteilungsempfängers anzunehmen. Die Berechtigung des Interesses folgt aus dem mit dem Gebrauch der Meinungsfreiheit oder auch der Pressefreiheit verfolgten Zweck, einen Beitrag zur Auseinandersetzung in einer die Öffentlichkeit wesentlich berührenden Frage auch wirtschaftlicher Art zu leisten. Der im Vordergrund der Kritik stehende Zweck, einen Beitrag in einer die Öffentlichkeit wesentlich interessierenden Frage zu leisten, erweist das Interesse des Mitteilenden oder des Mitteilungsempfängers als berechtigt, obwohl mit der Mitteilung zugleich der nicht völlig

[263] RG GRUR 1938, 53, 57; BGH GRUR 1958, 485, 486 – *Odol;* BGH GRUR 1963, 371, 374 – *Wäschestärkungsmittel;* BGH GRUR 1967, 30, 33 – *Rum-Verschnitt;* BGH GRUR 1973, 270, 273 – *Der sanfte Bitter;* BGH GRUR 1981, 823, 826 – *Ecclesia-Versicherungsdienst.*

[264] BGH GRUR 1984, 823 – *Charterfluggesellschaft;* BGH GRUR 1989, 668 – *Generikum-Preisvergleich;* s. dazu auch *v. Gamm* GRUR 1990, 316 zu Fn. 34.

im Hintergrund stehende Zweck der Förderung eigenen oder fremden Wettbewerbs verfolgt wird.

Das gilt für vom Grundrecht der Pressefreiheit erfaßte Beiträge aber dann nicht, wenn mit ihnen **ausschließlich der Zweck der Förderung von Wettbewerbsinteressen** einer Wirtschaftsgruppe (des Fachhandels zum Beispiel) gegenüber einer anderen (der Großmärkte zum Beispiel) verfolgt wird, wenn also die Presseäußerung nur dazu dient, in den individuellen Bereich des wirtschaftlichen Wettbewerbs bestimmter Marktkonkurrenten einzugreifen[265]. Mit dem Interesse des Mitteilungsempfängers zu rechtfertigen ist bei einem durch die Presse befriedigten ernsthaften Informationsinteresse die Information an die Presse auch dann, wenn sie eigenen oder fremden Wettbewerb fördert (BGHZ 50, 1 ff = GRUR 1968, 645, 647 – *Pelzversand*). 367

Ihre **Grenze** finden der Gebrauch von Meinungs- und Pressefreiheit immer dort, wo der Kritisierende den Bereich geistiger Einwirkung auf die Adressaten verläßt und physischen, wirtschaftlichen oder vergleichbaren Druck zur Verstärkung der geäußerten Meinung einsetzt, also etwa einen Boykottaufruf mit der Androhung der Nichtbelieferung verbindet (BVerfGE 25, 256, 264 – *Blinkfüer*). Ein Boykottaufruf – der den Adressaten mit argumentativen Mitteln zu einem Verhalten veranlassen soll – wird von berechtigtem Interesse des Aufrufenden regelmäßig nicht gedeckt, wenn dem Aufrufenden andere Mittel zur Kritik zur Verfügung stehen (BVerfG AfP 1988, 236, 237 – *Mietboykott,* die Annahme der Verfassungsbeschwerde gegen BGH GRUR 1985, 470 – *Mietboykott* – ablehnend). 368

Von berechtigtem Interesse nicht gedeckt ist schließlich die Äußerung, die sich des Mittels der **Schmähung,** der **Diffamierung** der Person oder auch **polemisch-überspitzter Kritik** bedient[266]. Allerdings liefert eine scharfe zugespitzte Sprache noch keinen Grund, einer kritischen Äußerung die Wahrnehmung berechtigter Interessen zu versagen, wenn das Geschäftsgebaren des Kritisierten zu solcher Kritik Veranlassung gab[267]. 369

Berechtigte Interessen des Mitteilungsempfängers führen zur Anspruchsbeschränkung ebenso wie solche des Mitteilenden. Empfänger der Mitteilung ist derjenige, für den sie nach dem Willen des Mitteilenden bestimmt war, nicht ein zufälliger Hörer oder jemand, der sich ohne den Willen des Äußernden von der Mitteilung Kenntnis verschafft hat (*v. Gamm* § 49 Rdn. 31; *Baumbach/Hefermehl* § 14 Rdn. 36). Die Öffentlichkeit, die Verbraucher, durch gemeinsame Interesse verbundene Marktteilnehmer mit anonymem Personenkreis, Fachkreise kommen nicht als Mitteilungsempfänger in Betracht, deren Interesse dem § 14 Abs. 2 unterfallen könnte. Jedoch handelt es sich bei Mitteilungen an solche Leser, Hörer häufig um Äußerungen der Medien oder auch von der Kunstfreiheit, der Wissenschaftsfreiheit oder Meinungsfreiheit des Äußernden gedeckte Beiträge zur öffentlichen Meinungsbildung in einer den Adressatenkreis wesentlich berührenden Frage, die daher vom berechtigten Interesse des Mitteilenden getragen wird. Berechtigtes Interesse des Mitteilungsempfängers kann dessen eigenes oder ein ihm anvertrautes fremdes Interesse sein. Ob ein berechtigtes Interesse am Empfang der Mitteilung zugleich die Weiterverbreitung rechtfertigen kann, ist gesondert zu prüfen. 370

[265] BGH GRUR 1984, 214, 216 – *Copy Charge;* BVerfG GRUR 1984, 357, 360 – *markt-intern;* s. dazu im übrigen oben Fn. 255–257.

[266] BGH GRUR 1971, 529, 531 – *Dreckschleuder;* BGH GRUR 1977, 801 – *Halsabschneider;* BGH GRUR 1980, 309, 310 – *Straßen- und Autolobby;* BVerfG NJW 1991, 95 f = AfP 1990, 192, 193 – *Zwangsdemokrat.*

[267] BGH GRUR 1969, 304, 306 – *Kredithaie;* BVerfGE 54, 129, 139 – *Römerberggespräche;* BVerfGE 60, 234, 242 = GRUR 1983, 498, 499 – *Kredithaie.*

4. **Rechtsfolgen der Vertraulichkeit der Mitteilung und des berechtigten Interesses daran**

371 a) Als Folge des Umstandes, daß es sich um vertrauliche Mitteilungen handelt und der Mitteilende oder der Empfänger der Mitteilung an ihr ein berechtigtes Interesse hat, ordnet § 14 Abs. 2 S 1 UWG an, daß der Anspruch auf **Unterlassung** nur zulässig sei, wenn die Tataschen **der Wahrheit zuwider** behauptet oder verbreitet sind; § 14 Abs. 2 S 2 UWG sieht vor, der Anspruch auf **Schadensersatz** könne nur geltend gemacht werden, wenn der Mitteilende **die Unrichtigkeit der Tatsachen kannte oder kennen mußte.** Mit Zulässigkeit des Anspruchs auf Unterlassung und Möglichkeit zur Geltendmachung des Anspruchs auf Schadensersatz ist das gleiche gemeint, nämlich eine Beschränkung dieser Ansprüche unter bestimmten Umständen.

372 Die Frage, ob § 14 Abs. 2 UWG eine **Einrede** gewährt (*Baumbach/Hefermehl* § 14 Rdn. 37) oder eine **Einwendung** beschreibt, ist nicht für alle an die Tathandlung der zur Kreditgefährdung geeigneten unwahren Tatsachenbehauptung oder Tatsachenverbreitung geknüpften Ansprüche einheitlich zu beantworten, wobei man sich zunächst über die zu verwendende Terminologie Klarheit verschaffen muß. Mit dem Gegensatzpaar „Einrede/Einwendung" werden nämlich einmal die Wirkungsweise bestimmter (rechtshindernder, rechtsvernichtender und rechtshemmender) Tatbestände beschrieben, zum anderen aber auch (und das ist der beispielsweise bei *Baumbach/Hefermehl* § 14 Rdn. 37 geübte Sprachgebrauch) die Voraussetzungen für das Zustandekommen der Wirkungen (ob von einer Geltendmachung durch den Schuldner abhängig oder allein an die Tatsache ihres Bestehens geknüpft; zu dieser Terminologie und Unterscheidung vgl. *Jahr,* JuS 1964, 125, 126, 129–132, 218, 221, 293, 296). Unter Einrede wird in der folgenden Erläuterung das der Geltendmachung eines Anspruchs entgegenstehende Recht verstanden, das den Anspruch nicht vernichtet, ihn bei seinem Wegfall also wieder durchsetzbar oder doch in jedem Falle erfüllbar werden läßt; mit Einwendung wird die den Anspruch endgültig rechtsvernichtende Tatsache bezeichnet.

373 Gegenüber dem **Unterlassungsanspruch** sind die Tatbestände der Vertraulichkeit und des berechtigten Interesses **rechtsvernichtende Einwendungen.** Der Unterlassungsanspruch setzt nämlich zu seiner Wiederentstehung Wiederholungsgefahr oder Erst-Begehungsgefahr voraus, die nach Wegfall von Vertraulichkeit und gerechtfertigtem Interesse nicht schon daraus folgen, daß die Handlung einmal begangen wurde, sondern davon abhängig sind, ob der Äußernde weiterhin das Recht zur Äußerung beansprucht[268].

374 Für den **Beseitigungsanspruch** liefert § 14 Abs. 2 UWG lediglich eine **rechtsausschließende Einrede.** Die Ansprüche auf eingeschränkten Widerruf oder auch Gestattung der Veröffentlichung eines Unterlassungsgebots, überhaupt der Anspruch auf eine geeignete Erklärung des Kritikers zur Behebung der Fortwirkung einer von ihm geschaffenen Störungslage bestehen durchsetzbar wieder, wenn die Rechtfertigung des Interesses an der Äußerung entfällt und die Fortdauer der Schädigung dadurch rechtswidrig wird (BGH GRUR 1958, 448, 449 – *Blanko-Verordnungen;* s. o. Rdn. 318).

375 Der auf **Gefährdungshaftung beruhende Schadensersatzanspruch** aus § 14 Abs. 1 S 1 UWG dagegen wird durch Vertraulichkeit und berechtigtes Interesse **vernichtet,**

[268] BGH GRUR 1960, 500, 504 – *Plagiatsvorwurf;* BGH GRUR 1962, 34, 35 – *Torsana;* BGH GRUR 1992, 618 – *Pressehaftung II;* s. o. Rdn. 283.

denn § 14 Abs. 2 UWG läßt nur einen von Verschulden abhängigen Schadensersatzanspruch bestehen. Die Gefährdungshaftung lebt bei Wegfall von Vertraulichkeit und berechtigtem Interesse nicht wieder auf, ist nicht wieder durchsetzbar, erfüllbar. Dafür wirkt § 14 Abs. 2 UWG daher als Einwendung.

Von der Wirkungsweise als Einrede oder Einwendung zu unterscheiden ist die **376** Frage nach dem **Zustandekommen der Wirkungen:** Ob sie von einer Geltendmachung durch den Schuldner abhängig, also als Gegenrecht, Leistungsverweigerungsrecht und daher Gestaltungsrecht ausgebildet sind, oder ob die Tatsache ihres Bestehens anspruchsbeschränkend wirksam ist (zu dieser Unterscheidung s. *Jahr* JuS 1964, 124, 129–132 und 293, 296; vgl. auch Großkomm./*Köhler* Vor § 13 Rdn. 439). Nichts im Wortlaut des § 14 Abs. 2 UWG deutet darauf hin, daß der Äußernde sich auf Vertraulichkeit und berechtigtes Interesse berufen haben müßte, damit diese Wirksamkeit entfalten könnten. Das kommt auch offenbar nicht in Betracht für einen Tatbestand, der, bei gleichem Wortlaut, gegenüber dem Unterlassungs- wie Schadensersatzanspruch als Einwendung, gegenüber dem Beseitigungsanspruch aber als Einrede wirkt. Deshalb hat im Prozeß die bloße Feststellung des Sachverhaltes des § 14 Abs. 2 UWG bereits die anspruchsbeschränkende Wirkung; daß der Beklagte sich auf diesen Tatbestand berufen hätte, ist nicht erforderlich (anders *Baumbach/Hefermehl*[17] § 14 Rdn. 37).

b) aa) Die Wirkung des § 14 Abs. 2 UWG auf den **Unterlassungsanspruch** ist **377** eine Umkehrung der Beweislast für die Unwahrheit der Äußerung. Der von der Anschwärzung Betroffene muß – wie immer – die Äußerung und ihre Eignung zur Kreditgefährdung behaupten und beweisen. Der Äußernde trägt die Behauptungs- und Beweislast für Vertraulichkeit und berechtigtes Interesse. Für deren Prüfung ist die Äußerung als wahr zu unterstellen (s. o. Rdn. 359). Nunmehr kann der Betroffene mit der Behauptung und dem Beweis der Unwahrheit der Äußerung die Voraussetzungen des Unterlassungsanspruchs dartun. Fallen Vertraulichkeit oder berechtigtes Interesse später weg, so ist die Beweislastverteilung wieder diejenige des § 14 Abs. 1 S 2 UWG. Jedoch erfordert der Unterlassungsanspruch Wiederholungs- oder Erst-Begehungsgefahr als Tatbestandsmerkmale, die beispielsweise bei Inanspruchnahme des Rechts zur Äußerung im Prozeß (über die bloße prozessuale Verteidigung hinaus) gegeben sein können (s. o. Rdn. 373).

bb) Für den **Beseitigungsanspruch** gilt dieselbe Beweislastverteilung. Jedoch las- **378** sen der Wegfall von Vertraulichkeit oder berechtigtem Interesse die Beweislastverteilung des § 14 Abs. 1 S 2 UWG wieder entstehen, woran sich der Beseitigungsanspruch ohne neuerliche Entstehung von Wiederholungs- oder Erst-Begehungsgefahr knüpft (s. o. Rdn. 374). Allerdings ist ohne solche neuerliche Wiederholungs- oder Erst-Begehungsgefahr der Beseitigungsanspruch beschränkt dahin, daß der Angreifer erklärt, die streitigen Behauptungen würden nicht mehr aufrechterhalten, oder eine gleichartige Erklärung abgibt (BGH GRUR 1958, 448, 449 – *Blanko-Verordnungen; Ulmer/Reimer* Rdn. 421 zu Fn. 113).

cc) Der **Schadensersatzanspruch** verlangt Kenntnis oder Kennenmüssen des Mit- **379** teilenden von der Unrichtigkeit der Tatsachen (womit das gleiche gemeint ist wie mit Unwahrheit der Tatsachenbehauptung oder Tatsachenverbreitung). Fahrlässigkeit ist gegeben, wenn der Behauptende eine Prüfungspflicht verletzt hat. Das ist etwa dann der Fall, wenn er eine kreditschädigende Behauptung ohne greifbare Unterlagen, allein aufgrund eines Gerüchts, weiterverbreitet hat (RGZ 118, 133, 134 – *Getreidespedition*). Das RG hat in einem Fall des nach § 1 UWG beurteilten

Systemvergleichs den Sittenverstoß davon abhängig gemacht, daß der Kritiker seine die Leistung des Angegriffenen kritisierende Behauptung entweder wider besseres Wissen oder zumindest leichtfertig wahrheitswidrig aufgestellt, daß er also grob fahrlässig gehandelt hat (RGZ 156, 1, 11 – *Toschi/Eternit I*). Dieser mildere Maßstab war dort gerechtfertigt, weil die Unwahrheit der kritisierenden vergleichenden Äußerung nicht feststand. Der Schadensersatzanspruch des § 14 Abs. 2 S 2 setzt aber die Feststellung der Unrichtigkeit der Tatsachen voraus. Da unwahren Tatsachenbehauptungen oder Tatsachenverbreitungen kein berechtigtes Interesse zugrundeliegen kann, besteht keine Veranlassung zu einer Milderung des Schuldmaßstabes. Es genügt daher gewöhnliche Fahrlässigkeit.

380 Wo die **Meinungsfreiheit als rechtfertigendes Interesse** ins Spiel kommt, hat das BVerfG dem Art. 5 Abs. 1 S 1 GG die Wertung entnommen, daß jemand, der eine herabsetzende Tatsachenbehauptung über Dritte aufstellt, welche nicht seinem eigenen Erfahrungsbereich entstammt, sich **zur Erfüllung seiner Darlegungslast auf unwidersprochene Pressemitteilungen beziehen dürfe;** schon der Anspruch auf Unterlassung und Widerruf seien ausgeschlossen, wenn der Kritiker sich für seine kritischen Äußerungen auf unwidersprochene Pressemitteilungen stützen kann (BVerfG AfP 1992, 53, 55, 56 – *Kritische Bayer-Aktionäre*). Auch das ist nicht der Maßstab des § 14 Abs. 2, da der Schutz von Presse- oder auch Meinungsfreiheit geringeren Rang genießen bei zu Wettbewerbszwecken erfolgenden und wirtschaftlichen Interessen des Äußernden dienenden Tatsachenbehauptungen (s. o. Rdn. 360). Es bleibt daher bei der Haftung nach § 14 Abs. 2 S 2 UWG auch im Falle nur leichter Fahrlässigkeit. Das Haftungsprivileg aus § 13 Abs. 6 UWG steht der Presse beim Schadensersatzanspruch aus § 14 nicht zu (s. o. Rdn. 329).

381 Die **Beweislast für Verschulden** trägt der Angegriffene.

382 c) **Die Haftung für Dritte** ist für die einzelnen Anspruchsarten unterschiedlich ausgestaltet.

In § 14 Abs. 3 ist für den **Unterlassungsanspruch** die Anwendbarkeit des § 13 Abs. 4 UWG angeordnet, der die Haftung für Beauftragte vorsieht. Die Verweisung betrifft nur den Unterlassungsanspruch und den ihn ergänzenden Beseitigungsanspruch (s. o. Rdn. 336 und 341).

383 Für den **Schadensersatzanspruch** richtet die Haftung für Dritte sich nach §§ 31, 831 BGB. Es ist die Haftung des Betriebsinhabers daher an vermutetes Auswahl- oder auch Überwachungsverschulden geknüpft und im übrigen nur von widerrechtlichem Handeln seines Gehilfen abhängig, auf dessen Verschulden oder auch nur Schuldfähigkeit es nicht ankommt (MK/*Mertens* § 831 Rdn. 52, 54; irrig *Baumbach/Hefermehl* § 14 Rdn. 40).

V. Verhältnis der Anschwärzung, § 14 UWG, zur wettbewerbsrechtlichen Generalklausel, § 1 UWG

1. § 14 UWG als wettbewerbsrechtliche Spezialnorm

384 § 14 Abs. 1 ist die **wettbewerbsrechtliche Spezialnorm** der nicht erweislich wahren Tatsachenbehauptung oder Tatsachenverbreitung über Erwerbsgeschäft eines anderen, Person des Inhabers, Waren oder gewerbliche Leistungen mit der Eignung, den Geschäftsbetrieb oder Kredit des Inhabers zu schädigen. Das heißt, daß im Falle der Verwirklichung des Tatbestandes des § 14 Abs. 1 die Rechtsfolgen nur diesem,

nicht der Generalklausel des § 1 UWG zu entnehmen sind, obwohl es sich um einen Tatbestand des Behinderungswettbewerbs handelt, dessen Erscheinungsformen im übrigen von § 1 UWG erfaßt sind. Die gebräuchliche und bequeme Auffassung, beide Normen überschnitten einander, weshalb in Fällen, in denen die Wahrheit der kritisierenden Tatsachenbehauptung umstritten ist, eine Beweiserhebung hierüber unterbleiben könne, weil nach § 1 UWG sich auch an wahre einen anderen kritisierende Werbebehauptungen Unterlassungs- und Schadensersatzansprüche knüpfen könnten (so zum Beispiel BGH GRUR 1962, 45, 48 – *Betonzusatzmittel*), die zu einer weitgehenden Verdrängung des § 14 durch § 1 UWG geführt hat (*Schricker* AcP 172, 203, 206, 207), darf nicht den Blick dafür verstellen, daß das Verhältnis der Spezialität des § 14 gegenüber § 1 an die Verwirklichung des Tatbestandes des § 14 auch Rechtsfolgen knüpft, die eine Anwendbarkeit der mit der Verwirklichung des § 1 verbundenen ausschließt.

a) Unterlassungs- und Schadensersatzanspruch sind in § 14 Abs. 1 nur dem **Verletzten** zugesprochen; das gilt ebenso von dem den Unterlassungsanspruch ergänzenden Beseitigungsanspruch und dem Hilfsanspruch auf Auskunft. Es steht daher den sonstigen Gewerbetreibenden, die Waren oder gewerbliche Leistungen gleicher oder verwandter Art vertreiben, den rechtsfähigen Verbänden zur Förderung gewerblicher Interessen, Verbraucherverbänden sowie Kammern, die nach § 13 Abs. 2 im Falle des § 1 UWG Inhaber eines Unterlassungsanspruchs sind, der Unterlassungsanspruch aus § 14 Abs. 1 S 2 nicht zu, obwohl es sich bei § 14 um einen Tatbestand des Behinderungswettbewerbs handelt, der im übrigen grundsätzlich von § 1 UWG erfaßt wird. Der Grund liegt darin, daß § 14 individuelle Rechtsgüter (des Verletzten) und nur diese schützt (s. o. Rdn. 10 und Fn. 15; ferner Großkomm./*Erdmann* § 13 Rdn. 44 zu Fn. 128). **385**

b) **Spezialität** kommt § 14 gegenüber § 1 auch insofern zu, als bei Verwirklichung des Tatbestandes des § 14 Abs. 1 und Vorliegen der Tatbestandsvoraussetzungen des § 14 Abs. 2 (vertrauliche Mitteilungen in berechtigtem Interesse des Mitteilenden oder auch des Mitteilungsempfängers) Unterlassungs- wie Schadensersatzanspruch der Einschränkung des § 14 Abs. 2 unterliegen, falls nicht zusätzliche Merkmale der Sittenwidrigkeit zur Erfüllung des Tatbestandes auch des § 1 führen. Es läßt sich also nicht etwa die Anspruchsbeschränkung nach § 14 Abs. 2 damit überwinden, daß man den Anschwärzungstatbestand zugleich als einen dem § 1 unterfallenden Tatbestand des Behinderungswettbewerbs wertet, der der Anspruchsbeschränkung gemäß § 14 Abs. 2 nicht ausgesetzt wäre. Wo die Rechtsprechung trotz Vertraulichkeit und berechtigtem Interesse nicht zu einer Anspruchsbeschränkung aus § 14 Abs. 2 gelangt ist, lagen zusätzliche Merkmale der Sittenwidrigkeit vor wie die Äußerung geringschätziger Werturteile, der Gebrauch diffamierender Wendungen (RG GRUR 1938, 53, 57 – *Heilpraktikerwerbung*), oder es handelte sich um einen Fall vergleichender Werbung, der auch unter der Voraussetzung der (nicht geprüften) Wahrheit der die Leistung des Konkurrenten kritisierenden Tatsachenbehauptung dem Verbot der vergleichenden Werbung nach § 1 UWG unterfallen wäre (RG GRUR 1937, 237, 238–240 – *Klischee-Vertrieb*). **386**

2. Reichweite des § 1 UWG

Für die Fälle kreditschädigender Äußerungen über Wettbewerber geht der Anwendungsbereich des § 1 über den des § 14 weit hinaus, da auch wahre Tatsachenbehauptungen und -verbreitungen dem § 1 unterfallen können, ferner Werturteile, die von § 14 nicht erfaßt werden. Es kann deshalb die Nachprüfung der **387**

Wahrheit einer kreditschädigenden Tatsachenbehauptung unterbleiben, wenn die Behauptung auch für den Fall ihrer Wahrheit dem Tatbestand des § 1 unterfiele. Es kann in diesen Fällen auch das Vorliegen der Voraussetzungen des § 14 Abs. 2 nicht zu einer Anspruchsbeschränkung führen.

E. Internationales Recht

388 Im internationalen Recht wird die Anschwärzung in der **Pariser Verbandsübereinkunft** zum Schutz des gewerblichen Eigentums (PVÜ) geregelt. Art. 10bis der PVÜ – und zwar sowohl in der Londoner Fassung von 1934 als auch in der Lissaboner Fassung von 1958 – verpflichtet die Verbandsländer, den Verbandsangehörigen einen wirksamen Schutz gegen unlauteren Wettbewerb zu sichern, und definiert als Tatbestand unlauteren Wettbewerbs insbesondere

> die falschen Angaben im Handelsbetriebe, die den Ruf der Niederlassung, der Waren oder der gewerblichen oder kaufmännischen Betätigung eines Wettbewerbers gefährden (Art. 10bis Abs. 3 Nr. 2 PVÜ in der Londoner Fassung von 1934)

oder

> die falschen Behauptungen im geschäftlichen Verkehr, die geeignet sind, den Ruf der Niederlassung, der Erzeugnisse oder der gewerblichen oder kaufmännischen Tätigkeit eines Wettbewerbers herabzusetzen (Art. 10bis Abs. 3 Nr. 2 PVÜ, Lissaboner Fassung von 1958).

§ 15 Geschäftliche Verleumdung

(1) Wer wider besseres Wissen über das Erwerbsgeschäft eines anderen, über die Person des Inhabers oder Leiters des Geschäfts, über die Waren oder gewerblichen Leistungen eines anderen Tatsachen der Wahrheit zuwider behauptet oder verbreitet, die geeignet sind, den Betrieb des Geschäfts zu schädigen, wird mit Freiheitsstrafe bis zu einem Jahre oder mit Geldstrafe bestraft.

(2) Werden die in Absatz 1 bezeichneten Tatsachen in einem geschäftlichen Betriebe von einem Angestellten oder Beauftragten behauptet oder verbreitet, so ist der Inhaber des Betriebs neben dem Angestellten oder Beauftragten strafbar, wenn die Handlung mit seinem Wissen geschah.

Übersicht

Alphabetische Übersicht

Literatur

Baumbach/Hefermehl Wettbewerbsrecht, 17. Aufl. 1993; *Bruch* Zur Frage der Anwendbarkeit der Strafvorschriften des Gesetzes gegen den unlauteren Wettbewerb (§§ 15, 17, 18 und 20 UWG) bei Verletzung nicht-deutscher Unternehmen durch deutsche Staatsbürger, NStZ 1986, 259 f; *Erbs/Kohlhaas* Strafrechtliche Nebengesetze (§ 15 Stand: 98. Ergänzungslieferung 1. 2. 1992); *Fuhrmann* Die Wahrnehmung berechtigter Interessen durch die Presse – BGHSt. 18, 182, JUS 1970, 70 ff; *v. Gamm* Gesetz gegen den unlauteren Wettbewerb, 3. Aufl. 1993; *Göhler* Zur strafrechtlichen Verantwortlichkeit des Betriebsinhabers für die in seinem Betrieb begangenen Zuwiderhandlungen, FS Ed. Dreher 1977, 611 ff; *Hansen* Üble Nachrede im Interesse des Verletzten, JR 1974, 406 ff; *Pfeiffer* Die geschäftliche Verleumdung nach § 15 UWG, FS Quack 1991, 89 ff.

A. Entstehung, Zweck, wirtschaftliche Bedeutung

I. Entstehungsgeschichte

Schon das Gesetz zur Bekämpfung unlauteren Wettbewerbs vom 27. 5. 1896 1 (RGBl. 1896, 145) enthielt in § 7 eine dem heutigen § 15 Abs. 1 gleichartige Bestimmung. Während § 15 Abs. 1 verbietet, über Erwerbsgeschäfte Inhaber, Waren oder Leistungen eines anderen bewußt „Tatsachen der Wahrheit zuwider" zu behaupten oder zu verbreiten, die zur Geschäftsschädigung geeignet sind, untersagte § 7 das Aufstellen oder Verbreiten solcher „unwahren Behauptungen tatsächlicher Art" – darin dem § 6 Abs. 1 des Gesetzes von 1896 gleichend. Der Entwurf des Gesetzes gegen den unlauteren Wettbewerb vom 8. 1. 1909[1] gebrauchte in § 11 Abs. 1 dieselbe Wendung. Sie wurde zugunsten des heutigen Wortlauts im Verlauf der Gesetzesberatung aufgegeben, weil die durch sie nahegelegte Unterscheidung zwischen Angaben tatsächlicher Natur und Angaben urteilenden Charakters allzu subtil sei (Nachweise wie zu § 14 Abs. 1, s. dort Rdn. 9).

Die in § 15 Abs. 2 des heutigen Gesetzes vorgesehene **Haftung des Betriebsinhabers für Handlungen seiner Angestellten oder Beauftragten** kannten weder § 7 des 2 Gesetzes von 1896 noch der dem heutigen § 15 Abs. 1 entsprechende § 12 des Gesetzesentwurfs vom 8. 1. 1909. Die Bestimmung wurde wie § 4 Abs. 2, dem sie gleicht, auf Vorschlag der Kommission eingeführt und so in der zweiten Beratung des Gesetzesentwurfs am 17. 5. 1909 beschlossen[2].

Die **Strafdrohung,** die im Gesetz von 1896 Geldstrafe bis zu 1.500,– Mark oder 3 Gefängnis bis zu einem Jahr vorsah, in der Gesetzesfassung von 1909 (RGBl. I 1909, 499) Gefängnis bis zu einem Jahr und Geldstrafe bis zu 5.000,– Mark oder eine dieser Strafen, erhielt die heutige Fassung (Freiheitsstrafe bis zu einem Jahr oder Geldstrafe) durch Art. 4 des ersten Strafrechtsreformgesetzes (BGBl. 1969, 645) und sodann Art. 139 Nr. 7 des Einführungsgesetzes zum Strafgesetzbuch (BGBl. 1974, 469).

Änderungsvorhaben wie der am 1. 12. 1971 von der Bundesregierung beschlos- 4 sene Entwurf eines Einführungsgesetzes zum StGB (BTDrS VI/3250) betrafen die Verschärfung der Betriebsinhaberhaftung des § 15 Abs. 2 durch die geplante Einführung eines § 15 a, der lauten sollte:

(1) Wer als Inhaber eines geschäftlichen Betriebes vorsätzlich oder fahrlässig die Aufsichtsmaßnahmen unterläßt, die erforderlich sind, um zu verhindern, daß ein Angestellter

[1] Band 252 der stenographischen Berichte des Reichstags, 12. Legislaturperiode, I. Session 1907/1909, Anlage Nr. 1109 = GRUR 1909, 39 ff.

[2] Siehe den Bericht der 35. Kommission Anlage Nr. 1390 der Verhandlungen des Reichstags Band 255 und RT-Verhandlungen XII. Legislaturperiode, I. Session 1909, Band 236 Bl. 8521.

oder Beauftragter in dem Betrieb eine rechtswidrige Tat nach § 15 begeht, handelt ordnungswidrig, wenn eine solche Tat begangen wird, die durch gehörige Aufsicht hätte verhindert werden können. § 130 Abs. 1 Satz 2 Abs. 2, 3 des Gesetzes über Ordnungswidrigkeiten gilt entsprechend.

(2) Die Ordnungswidrigkeit kann mit einer Geldbuße bis zu 50.000,– Deutsche Mark geahndet werden.

Der kritisierte Entwurf[3] fiel dem vorzeitigen Abbruch der 6. Legislaturperiode des Deutschen Bundestages zum Opfer und wurde mit dem zweiten Gesetz zur Bekämpfung der Wirtschaftskriminalität vom 15. 5. 1986 (BGBl. I, S. 721) nicht wieder aufgegriffen (zur vergleichbaren Gesetzesgeschichte des § 4 s. Großkomm./*Otto* Vor § 4 Rdn. 3–6, § 4 Rdn. 1, 2).

II. Zweck der Strafvorschrift

5 **Zweck** der Strafvorschrift nach der Begründung des Gesetzesentwurfs vom 3. 12. 1985 (stenographische Berichte des Reichstags, Legislaturperiode IV 1895/1897, 1. Anlageband, S. 98, 105, 106) war es, die in § 187 StGB unter Strafe gestellte bewußt unwahre Tatsachenbehauptung oder Tatsachenverbreitung, die die Ehre eines anderen zu verletzen oder dessen Kredit zu gefährden geeignet ist, auf solche Tatsachenbehauptungen und -verbreitungen auszudehnen, die – ohne den Kredit eines Gewerbetreibenden schädigen zu können – doch dessen Geschäftsbetrieb, insbesondere dessen Absatz, empfindlich beeinträchtigen können. Der Gesetzesentwurf nennt als Beispiele die Behauptungen, eine Fabrik sei durch Feuer zerstört, eine Kohlengrube von eindringenden Wassermassen betroffen, der Vertrieb eines bestimmten Erzeugnisses habe Verfolgung wegen Patentverletzung hervorgerufen, ein Färber benutze giftige Stoffe, ein Konservenfabrikant bleihaltige Gefäße. Daß die lediglich Fälle der Kreditschädigung unter Strafe stellenden Bestimmungen des StGB solche Tatbestände nicht erfaßten, der Schutz des gewerblichen Fortkommens gegen die wider besseres Wissen aufgestellten nachteiligen Behauptungen aber die Strafklage erfordere, wurde als Grund für § 7 genannt (*v. Boetticher,* 7. Sitzung des Reichstags am 13. 12. 1895, Legislaturperiode IX 1895/1897, stenographische Berichte Band 1 S. 107, 110).

III. Wirtschaftliche Bedeutung

6 Mißt man die **wirtschaftliche Bedeutung** der Vorschrift an der Zahl der strafrechtlichen Verurteilungen, so erscheint sie als gering. Die Strafverfolgungsstatistik weist die einzelnen UWG-Straftatbestände – wohl ihrer Bedeutungslosigkeit wegen – nicht gesondert aus. Die Anzahl der Aburteilungen (durch Urteil oder Strafbefehl) belief sich für alle UWG-Straftatbestände im Jahr 1990 im alten Bundesgebiet auf 260[4]. Die Zahlen in den Vorjahren lagen darunter (s. die Übersicht bei Großkomm./*Otto* Vor § 4 Rdn. 13–16). Es ist jedoch zweifelhaft, ob allein aus der geringen Zahl der Aburteilungen auf geringe Bedeutung der Vorschrift geschlossen werden kann, belief sich doch im Jahre 1990 auch die Anzahl der Aburteilungen wegen Verleumdung, § 187 StGB, auf lediglich 194 Fälle, ohne daß daraus die Bedeutungslosigkeit der Strafnorm gefolgert würde.

---

[3] Vergleiche Memorandum des Zentralausschusses der Werbewirtschaft, abgedruckt in WRP 1972, 298, 303.

[4] Quelle: Veröffentlichungen des statistischen Bundesamtes, Rechtspflege Fachserie 10, Reihe 3 Strafverfolgung, 1990.

B. Geschütztes Rechtsgut, Geltungsbereich

I. Geschütztes Rechtsgut

Geschütztes Rechtsgut ist der **wirtschaftliche Ruf** eines geschäftlichen Betriebs, 7
des Betriebsinhabers, des Betriebsleiters, ihrer Waren oder gewerblichen Leistungen. Wie § 187 StGB schützt § 15 UWG ein individuelles Rechtsgut des Betroffenen. Jene Vorschrift schützt die Ehre, diese den Betrieb[5]. Wenn es bisweilen heißt (bei *Fuhrmann* aaO; *Pfeiffer* aaO), § 15 diene dem Schutz „der Wirtschaft" vor kredit- und geschäftsschädigenden Behauptungen, udn wenn *Otto* (Vor § 4 Rdn. 11) ausführt, bei § 15 stehe der Schutz des Mitbewerbers „und des Wettbewerbs als Institution" im Vordergrund, ist darunter nur zu verstehen, daß die Wirtschaft, der Wettbewerb als Reflex des Schutzes individueller Wettbewerbsteilnehmer begünstigt werden. Daß geschütztes Rechtsgut allein das des betroffenen Geschäftsinhabers oder Geschäftsleiters ist, ergibt § 22 UWG, der die Verfolgung der Tat vom Strafantrag des Verletzten abhängig macht und ein Einschreiten der Strafverfolgungsbehörde von Amts wegen ebenso ausschließt wie ein Antragsrecht anderer Gewerbetreibender, der Verbände oder Kammern.

Da § 15 den **Betrieb**, nicht die Ehre schützt, erfordert die Verwirklichung des 8
Tatbestandes keine Herabwürdigung des Betroffenen in der öffentlichen Meinung (*Baumbach/Hefermehl* § 15 Rdn. 1; *Pfeiffer* FS Quack 89, 91). Das ergeben schon die in der Gesetzesbegründung von 1896 für die Notwendigkeit, eine Ergänzung des § 187 StGB zugunsten der Gewerbetreibenden zu schaffen, angeführten Beispiele (oben Rdn. 5). Der Tatbestand ist daher beispielsweise auch verwirklicht bei den die persönliche Ehre oder die Geschäftsehre völlig unangetastet lassenden – aber unwahren – Behauptungen, ein Gewerbetreibender habe seinen Betrieb für bestimmte Zeit geschlossen, die Produktion bestimmter Artikel eingestellt; der Konkurrent bereise diesen Ort in diesem Jahr nicht mehr (RGSt. 44, 158).

II. Geltungsbereich

1. Persönlicher Geltungsbereich

Die Frage nach dem **persönlichen** Geltungsbereich des § 15 betrifft den Schutz 9
ausländischer Unternehmen gegen im Inland begangene Verstöße sowie den Schutz inländischer oder auch ausländischer Unternehmen gegen Verstöße mit Begehungsort im Ausland. Nur auf die zweite Frage bezieht sich § 20a UWG, der für Straftaten nach §§ 17, 18 und 20 UWG den § 5 Nr. 7 StGB für entsprechend anwendbar erklärt. Mit dieser Vorschrift wird für den Verrat von Geschäfts- oder Betriebsgeheimnisen (§ 17), die Verwertung von Vorlagen (§ 18) und das Verleiten und Erbieten zum Verrat (§ 20) das deutsche Strafrecht unabhängig vom Recht des Tatorts für anwendbar erklärt zugunsten eines im Inland gelegenen Betriebs, eines Unternehmens mit Sitz im Inland oder eines Unternehmens mit Sitz im Ausland, welches von einem Unternehmen mit Sitz im Inland abhängig ist und mit diesem einen Konzern bildet. Da § 15 UWG in § 20a nicht genannt ist, wird für die geschäftliche Verleumdung, die im Ausland begangen ist, ein strafrechtlicher Schutz inländischer Unternehmen nicht normiert. Mehr läßt sich dem § 20a nicht entnehmen[6].

---

[5] *Baumbach/Hefermehl* § 13 Rdn. 1; *Pfeiffer* FS Quack S. 89, 91; *Fuhrmann* in *Erbs/Kohlhaas* § 15 Anm. 1a.

[6] Großkomm./*Otto* § 20a Rdn. 7; *Erbs/Kohlhaas/Fuhrmann* § 15, 1c; anders *Bruch* NStZ 1986, 259f, der der Wertung des § 20a UWG entnehmen will, daß ausländische Unternehmen auch gegen im Inland begangene strafbare Wettbewerbsverstöße – und sogar solche nach § 15 UWG – nicht geschützt seien.

10 Soweit Reziprozität, also Inländer-Gleichbehandlung im Ausland besteht, ordnet § 28 UWG den **Ausländerschutz im Inland** an. Die Vorschrift gilt als überholt, da sie durch das im innerstaatlichen Recht geltende Recht der internationalen Verträge, insbesondere der PVÜ, abbedungen wird; auch stellt sich die Frage ihres Verstoßes gegen das Diskriminierungsverbot des Art. 7 EWGV (dazu im einzelnen Großkomm./*Schricker,* Erläuterung zu § 28).

11 Soweit Art. 10bis der PVÜ (Stockholmer Fassung, BGBl. 1970 II 391) die Verbandsländer verpflichtet, den **Verbandsangehörigen** einen wirksamen Schutz gegen unlauteren Wettbewerb, insbesondere gegen falsche Behauptungen im geschäftlichen Verkehr zu sichern, die geeignet sind, den Ruf der Niederlassung, der Erzeugnisse oder der gewerblichen oder kaufmännischen Tätigkeit eines Wettbewerbers herabzusetzen (Art. 10bis III Nr. 2; vgl. oben § 14 Rdn. 388) und Art. 10ter die Verbandsländer verpflichtet, den Angehörigen der anderen Verbandsländer „geeignete Rechtsbehelfe zu sichern", sollte man darunter auch strafrechtliche Rechtsbehelfe verstehen, die der Gesetzgeber beispielsweise zum Schutz gegen die geschäftliche Verleumdung in § 15 UWG als notwendig erachtet hat. Zwischen Ausländern und Inländern als Geschützten ist daher bei der Anwendung des § 15 UWG nicht zu differenzieren (ebenso *Erbs/Kohlhaas/Fuhrmann* § 15, 1 c gegen *Bruch* NStZ 1986, 259 f).

2. Sachlicher Geltungsbereich

12 **In sachlicher Hinsicht** stellt sich die Frage, ob § 15 die Existenz eines **Wettbewerbsverhältnisses** zwischen Täter und Betroffenem voraussetzt.

Soweit das sogenannte Wettbewerbsverhältnis als ungeschriebenes Tatbestandsmerkmal wettbewerbsrechtlicher Tatbestände einer Begrenzung wettbewerbsrechtlich relevanten Verhaltens oder auch der Begrenzung der Klagebefugnis dient, wird sein Erfordernis daraus gefolgert, daß die Anwendung der meisten Vorschriften des UWG eine Handlung „im geschäftlichen Verkehr" erfordert (§§ 1, 3, 5, 6 a bis e, 12, 16, 18), die in der Mehrzahl der Fälle überdies „zu Zwecken des Wettbewerbs" begangen sein muß (§§ 1, 3, 5, 6 a bis 6 e, 12, 13, 14, 17, 18 und 20). Vom „Handeln im geschäftlichen Verkehr" ist in § 15 UWG nicht die Rede, und anders als § 14 verlangt die Strafvorschrift auch kein Handeln „zu Zwecken des Wettbewerbs". Es liegt deshalb nahe anzunehmen, Täter könne jedermann sein; es müsse sich nicht um einen Wettbewerber, nicht einmal um einen Geschäftsmann handeln[7].

13 Es ist jedoch zu **bedenken,** ob man so weit gehen soll, auch die von einem Privatmann – etwa aus Mißgunst, allgemeiner Kritiksucht – außerhalb jeden Wettbewerbsverhältnisses über das Erwerbsgeschäft eines anderen, über die Waren oder gewerblichen Leistungen eines anderen aufgestellten unwahren Behauptungen nur wegen ihrer Eignung, den Geschäftsbetrieb zu schädigen, mit Freiheitsstrafe oder Geldstrafe zu bedrohen. Die Strafwürdigkeit der im privaten Bereich in Bezug auf das Geschäft oder Waren oder Leistungen eines anderen geäußerten Lüge nur deshalb, weil diese Lüge zur Geschäftsschädigung geeignet ist, läßt sich bezweifeln. Der Private, der beispielsweise aus Mißgunst oder auch aus Enttäuschung über die Leistung eines Geschäftsinhabers bewußt der Wahrheit zuwider eine zur Geschäftsschädigung geeignete Behauptung aufstellt, wird, wenn er die in § 187 StGB mit

---

[7] So *Baumbach/Hefermehl* § 15 Rdn. 6; *v. Godin* § 15 Anm. 14; *Pfeiffer* aaO S. 91.

Strafe bedrohte Kreditgefährdung vermieden hat, kaum in dem Gesetz gegen den unlauteren Wettbewerb eine sein Verhalten mit Strafe bedrohende Norm vermuten. „Das Gesetz gegen den unlauteren Wettbewerb will das Verhalten der Marktteilnehmer, die miteinander in Wettbewerb stehen, in den Bahnen des Anstands, der Redlichkeit und der guten kaufmännischen Sitte halten" (BVerfGE 32, 311, 316 = GRUR 1972, 358 – *Grabsteinwerbung*). Der Private vermutet in diesem Gesetz keine sein privates Verhalten ebenfalls (durch Strafdrohung) regulierende Norm. Es spricht deshalb vieles dafür, dem Zweck des UWG, Ordnungsnormen für das Verhalten im Wettbewerb zu liefern, ein den sachlichen Anwendungsbereich des § 15 UWG begrenzendes ungeschriebenes Tatbestandsmerkmal zu entnehmen, nach dem zwischen Täter und Betroffenem ein Wettbewerbsverhältnis bestehen muß, für das freilich genügt, daß der Täter sich durch seine Handlung im konkreten Fall in irgendeiner Weise in Wettbewerb zum Betroffenen stellt[8].

C. Tatbestand der Norm

I. Objektiver Tatbestand

1. Allgemeines

Tatbestand ist die wahrheitswidrige Tatsachenbehauptung oder Tatsachenver- 14
breitung über das Erwerbsgeschäft eines anderen, die Person des Geschäftsinhabers oder Geschäftsleiters, über Waren oder gewerbliche Leistungen mit der Eignung, den Geschäftsbetrieb zu schädigen. Der objektive Tatbestand stimmt mit dem des § 14 UWG überein mit der Ausnahme, daß die in § 14 Abs. 1 genannte Eignung zur Schädigung des Kredits des Geschäftsinhabers in § 15 nicht angeführt ist. Die Eignung zur Kreditschädigung als Tatbestandsmerkmal anzuführen, war überflüssig, da sie vollständig von § 187 StGB erfaßt wird. Da die Kreditgefährdung regelmäßig zur Betriebsschädigung geeignet ist, geht im Falle der Kreditgefährdung der mit geringerer Strafe bedrohte Tatbestand der Eignung zur Betriebsschädigung in § 187 StGB auf, falls man nicht – nach der hier vertretenen Ansicht – für § 15 UWG die Begehung der Tat innerhalb eines Wettbewerbsverhältnisses fordert.

Wegen der Übereinstimmung der Tatbestandsmerkmale mit denen des § 14 Abs. 1 UWG kann auf deren Erläuterung (oben § 14 Rdn. 163 ff) verwiesen werden.

2. Begriffe der Tatsache, des Werturteils, des Behauptens, des Verbreitens

Das gilt für die Begriffe der **Tatsache und deren Abgrenzung zum Werturteil** 15
(§ 14 Rdn. 202 ff), des **Behauptens** von Tatsachen (§ 14 Rdn. 261 ff mit Rdn. 100 ff) und des **Verbreitens** von Tatsachen (§ 14 Rdn. 261 ff mit 103 ff).

Als **konkludentes Behaupten** einer Tatsache im Sinne des § 15 UWG ist in der 16
Rechtsprechung das stillschweigende Verabreichen eines anderen aus Azetylsalizyl bestehenden Präparates an einen Kunden, der Aspirin verlangte, beurteilt worden, weil die Verkehrsauffassung, auf die es ankomme, die völlige Gleichartigkeit beider Präparate nicht kenne (RGSt. 45, 376, 377); den Tatbestand des Behauptens erfüllte die Meldung eines mit seinem Kaufangebot gegenüber dem einen höheren Preis bietenden Konkurrenten gescheiterten Eierhändlers, der seinen Mißerfolg zum An-

[8] Vgl. zu letzterem Kriterium BGH GRUR 1972, 553 – *Statt Blumen Onko-Kaffee;* BGHZ 86, 90 = GRUR 1983, 247 – *Rolls Royce;* BGHZ 93, 96, 98 = GRUR 1985, 550 – *Dimple.*

laß einer Anzeige an die Polizei nahm, die für den Konkurrenten bestimmte Ladung Eier sei, wie er erfahren habe, verdorben – und zwar trotz dieses einschränkenden Zusatzes (RGSt. 31, 63, 67); als Behaupten beurteilt wurde auch die Äußerung eines Verdachts (der Annahme von Schmiergeldern), verknüpft mit der Frage, ob dieser Verdacht begründet sei (RGSt. 60, 273 f – einen Fall des § 187 StGB betreffend); als **Verbreiten** wurde die Weitergabe eines ehrenrührigen Gerüchts auch in einem Falle erachtet, in dem die mitgeteilte Tatsache als absolut unglaublich hingestellt war, denn der Begriff des Verbreitens erfordere nicht die Wiedergabe als wahr (RGSt. 38, 368 f – § 187 StGB betreffend; BGHSt. 18, 182, 183 – § 186 StGB betreffend).

17 Wie im Falle der §§ 824 BGB und 14 UWG (s. § 14 Rdn. 106) stellt sich die Frage nach der Möglichkeit, den Tatbestand durch **Unterlassen** zu verwirklichen. Dabei ist mit Unterlassen nicht diejenige in einer bloßen Handlung, Gebärde, in der bloßen Unvollständigkeit einer Erklärung liegende konkludente Äußerung zu verstehen, der der Adressat einen bestimmten Sinn zumißt. Mit Unterlassen ist daher nicht die stillschweigende Aushändigung einer anderen als der bestellten Ware gemeint (Beispiele: RGSt. 45, 376, 377; RGZ 60, 190, 191 – *Bergalter*), ebensowenig der ein Industrieprodukt kritisierende Testbericht, der die den kritisierten Mangel behebende Weiterentwicklung des Produktes unerwähnt läßt (Beispiel: BGH GRUR 1989, 539 – *Warentest V*). In bloßem Schweigen liegt weder eine Tatsachen-Behauptung noch eine Tatsachen-Verbreitung. Deshalb kann Schweigen den Tatbestand nicht verwirklichen (ebenso Großkomm./*Otto* § 4 Rdn. 22 zum Schweigen als „Angaben-machen" im Sinne des § 4 Abs. 1 UWG). Soweit die Möglichkeit des Verbreitens durch Unterlassen erwogen wird, wenn der Täter trotz Bestehens einer entsprechenden Garantenpflicht fremde ehrenrührige Tatsachenbehauptungen nicht verhindert (*Schönke/Schröder/Lenckner* § 186 Rdn. 8; *Erbs/Kohlhaas/Fuhrmann* § 15 Anm. 7; *Baumbach/Hefermehl* § 15 Rdn. 6), handelt es sich um einen in § 15 Abs. 2 mit der Haftung des Betriebsinhabers für Angestellte und Beauftragte speziell geregelten Tatbestand.

18 Auch wer dem von ihm mitgeteilten Gerücht ernstlich entgegentritt, begeht den Tatbestand des Verbreitens (*Pfeiffer* aaO S. 94). Das gilt zunächst für Äußerungen, in denen der mitgeteilten Tatsache (zum Beispiel: man habe aus Kreisen der Konkurrenz, aus dem Betrieb des Betroffenen gehört, der Betroffene entlasse Angestellte, weil sein Absatz gesunken sei) sogleich mit Wertungen entgegengetreten wird wie, man halte den Betroffenen für einen viel zu guten Geschäftsmann, als daß er jetzt zu solchen Maßnahmen greife. Da unter Tatsachenbehauptung zu verstehen ist, etwas Geschehenes als nach eigener Überzeugung zutreffend hinzustellen, muß zur Tatsachenverbreitung – da die Begriffe nicht synonym gebraucht sein sollten – die Mitteilung eines Gerüchts unter gleichzeitiger Äußerung einer gegenteiligen eigenen Überzeugung genügen. Als Verbreiten ist aber auch die Mitteilung einer von Dritter Seite gehörten Tatsachenbehauptung anzusehen, der mit gegenteiligen Tatsachenbehauptungen entgegengetreten wird – im oben gegebenen Beispiel also mit der Tatsachenbehauptung, man habe indessen selbst Neueinstellungen des Betroffenen miterlebt. Die Information ist in diesem Falle aufzuteilen in die zur Geschäftsschädigung geeignete Tatsachenverbreitung und die weiter behauptete gegenteilige Tatsache (so zutreffend *Hansen* JR 1974, 406, 408). Nur für die Frage der Rechtswidrigkeit kommt es auf die Gesamtaussage an. Erfolgt die Äußerung als Ganze im Interesse des Betroffenen, so kann die Rechtswidrigkeit ausgeschlossen sein[9]. Das ist für die Arbeit der **Presse** von Bedeutung, die ihrer Informationsaufgabe etwa auch durch Mitteilung eines Gerüchts nachkommt, dadurch jedoch den Tatbestand des § 15 in der Erscheinungsform des Verbreitens erfüllt und nur möglicherweise rechtmäßig handelt, wenn sie die Zweifelhaftigkeit ihrer Quelle offenbart (s. dazu näher unten Rdn. 39).

3. Abgrenzung Tatsache/Werturteil

Behauptung oder Verbreitung müssen sich auf **Tatsachen** beziehen. Die Abgrenzung zum Werturteil ist dieselbe bei § 14 UWG (vgl. § 14 Rdn. 201 ff mit Rdn. 85 ff). Über die Abgrenzung entscheidet daher das Verständnis des Adressaten der Äußerung, wobei es auf den Eindruck ankommt, den die Äußerung dem unbefangenen und flüchtigen Adressaten vermittelt (s. § 14 Rdn. 203 mit Nachweisen auch zu Fn. 181). Die Maßgeblichkeit der Auffassung des Empfängers der Mitteilung und dabei insbesondere des unbefangenen und flüchtigen Adressaten ist durch die Erfahrung geprägt, daß Werbung sich an flüchtige Leser, Betrachter, Zuhörer wendet, nicht immer aufmerksam und in ihren Einzelheiten aufgenommen wird, bisweilen (zum Beispiel in Fernsehübertragungen eingeschaltete Werbespots) sogar auf den unwilligen Betrachter trifft (s. § 14 Rdn. 203). An diesem Beurteilungsmaßstab für die Abgrenzung von Tatsachenbehauptung oder -verbreitung einerseits und Äußerung eines Werturteils andererseits für den Straftatbestand des § 15 StGB ist freilich nur festzuhalten, wenn man nach der hier (oben Rdn. 13) vertretenen (der herrschenden widersprechenden) Ansicht für die Verwirklichung des Tatbestandes ein diesen begrenzendes ungeschriebenes Merkmal des Wettbewerbsverhältnisses zwischen Äußerndem und Betroffenem verlangt. **19**

4. Wahrheitswidrigkeit der Tatsachenbehauptung oder -verbreitung

Tatsachenbehauptung oder -verbreitung müssen **„der Wahrheit zuwider“** erfolgen, worunter verstanden wird, daß sie **unwahr** sein müssen. Der Begriff wird gleichgesetzt mit dem der „unwahren Tatsache“ in § 187 StGB oder dem der „unwahren Angaben“ in § 4 Abs. 1 UWG (*Baumbach/Hefermehl* § 15 Rdn. 3; *Erbs/Kohlhaas/Fuhrmann* § 15 Anm. 2 b). Auch wegen des Begriffs der Wahrheit ist grundsätzlich auf die Erläuterung zu §§ 14 UWG (dort Rdn. 275–278) und 824 BGB (s. § 14 Rdn. 97–99) zu verweisen (ebenso *Baumbach/Hefermehl* § 15 Rd. 3; *v. Gamm* § 15 Rdn. 2). Es ist daher, wie bei der Erläuterung des § 14 (dort Rdn. 274–278) näher ausgeführt, zu unterscheiden zwischen dem der zu beurteilenden Tatsachenbehauptung oder Tatsachenverbreitung beizumessenden **Sinn,** worüber das Verständnis der Angesprochenen entscheidet, und der **Wahrheit oder Unwahrheit** der Tatsachenbehauptung oder Tatsachenverbreitung dieses Sinngehaltes, die sich nach objektiven Kriterien bemißt (ebenso *Erbs/Kohlhaas/Fuhrmann* § 15 Anm. 2 b). **20**

Wird der Sinn der Tatsachenbehauptung oder -verbreitung, der danach anhand objektiver Kriterien auf Wahrheit oder Unwahrheit zu überprüfen ist, am Verständnis der Adressaten gemessen, so stellt sich die Frage, welcher Schutz einem **Mißverständnis** gebührt, dem etwa nur ein nicht völlig unbeachtlicher Teil der flüchtigen **21**

---

[9] *Erbs/Kohlhaas/Fuhrmann* § 15 Anm. 2 d; *Hansen* JR 1974, 406, 408; *Pfeiffer* aaO S. 94.

Leser, Hörer, Betrachter erliegt. Es handelt sich um die Frage nach der Definition des Verständnishorizontes. Da sie über die Strafwürdigkeit eines Verhaltens entscheidet, ist aus den Gründen, die *Otto* zu der bei § 4 Abs. 1 UWG in gleicher Weise sich stellenden Frage dargelegt hat (Großkomm./*Otto* § 4 Rdn. 28–35), auf die Durchschnittsauffassung der Adressaten, für die die Angabe bestimmt ist, abzustellen.

5. Eignung zur Betriebsschädigung

22 Die **zur Schädigung des Betriebs geeignete** Tatsachenbehauptung oder -verbreitung über Erwerbsgeschäft eines anderen, Person des Inhabers oder Leiters, Waren oder gewerbliche Leistungen muß nichts Schlechtes, Ungünstiges, Herabsetzendes oder gar Ehrenrühriges betreffen (*Baumbach/Hefermehl* § 15 Rdn. 2; *Erbs/Kohlhaas/Fuhrmann* § 15 Anm. 1a). In der Rechtsprechung wurde als solche zur Geschäftsschädigung geeignete Tatsachenbehauptung die Angabe eines Reisenden für Herrenoberbekleidung gegenüber der Kundin eines Konkurrenten angesehen, der Konkurrent besuche in diesem Jahr diesen Ort nicht mehr; die Entscheidung nennt als weitere Beispiele die wahrheitswidrigen Angaben, eine Fabrik sei abgebrannt, ein Geschäftsinhaber wegen Krankheit nicht in der Lage zu handeln; ein Unternehmen habe die Produktion bestimmter Waren eingestellt oder lasse einen bestimmten Bezirk nicht mehr bereisen; ein Betriebsinhaber sei krank, arbeitsunfähig oder Ausländer (RGSt. 44, 158, 159f). Folgt man der Ansicht des Kommentars (oben Rdn. 13), daß als ungeschriebenes den Tatbestand begrenzendes Merkmal die Existenz eines Wettbewerbsverhältnisses zwischen Äußern dem und Betroffenem zu fordern sei, so wird man, wie für § 14 UWG vertreten (dort Rdn. 271), einen in dem Sinne betriebsbezogenen Eingriff in die Interessen des Betroffenen fordern müssen, daß die Äußerung von dem Adressaten, an den sie sich richtet, auf einen im Wettbewerbsverhältnis zum Äußernden stehenden Betroffenen bezogen wird (wegen Beispielen aus der Rechtsprechung zu § 14 UWG s. § 14 Rdn. 272).

6. Vollendung der Tat

23 Zur **Vollendung** der Tat ist der Zugang der Äußerung an einen Dritten erforderlich. Der Zugang allein an den Betroffenen erfüllt den Tatbestand nicht (*Baumbach/Hefermehl* § 15 Rdn. 4; *Pfeiffer* aaO S. 96). Erforderlich ist die tatsächliche Herstellung eines Drittbezuges. Daran fehlt es, wenn der Äußernde den Eindruck erweckt, der Betroffene sei selbst Urheber der Äußerung. Es verwirklicht also den Tatbestand des § 15 nicht, wer unter dem Namen dessen, den er damit schädigen will, ein Inserat über einen Ausverkauf wegen Geschäftsaufgabe veröffentlicht (BGH NStZ 84, 216).

24 Es kommt nicht darauf an, ob der Dritte die Mitteilung als zur Geschäftsschädigung geeignet verstanden hat, denn § 15 ist **abstraktes Gefährdungsdelikt**, dessen Verwirklichung nicht davon abhängig ist, daß die Geschäftsschädigung eingetreten ist[10].

25 Der **Versuch** ist nicht strafbar (§ 23 Abs. 1 StGB).

---

[10] RGSt. 31, 63, 68; *Pfeiffer* aaO S. 95; *Schönke/Schröder/Lenckner* § 186 Rdn. 17.

7. Beleidigungsfreie Sphäre?

Fraglich ist, ob es eine **„beleidigungsfreie Sphäre"** gibt, innerhalb deren die Tatsachenbehauptung oder -verbreitung den Tatbestand des § 15 UWG nicht erfüllen oder nicht als rechtswidrig zu erachten sein oder doch wenigstens straflos bleiben soll. Die Rechtsprechung, die früher für Äußerungen im Familienkreis, im engsten Freundeskreis, selbst wenn Vertraulichkeit zugesichert war, keine Ausnahme von der Anwendbarkeit der §§ 185, 186 StGB gekannt hat (RGSt. 71, 159, 161 ff), hat später einen Schutz vertraulicher Äußerungen im engen Familienkreis erwogen[11], im engsten Freundeskreis und – wie bei den Beziehungen zwischen Mandant und Rechtsanwalt oder zwischen Patient und Arzt – in Verhältnissen, die vom Gesetzgeber durch besonders abgesicherte Vertraulichkeit herausgehoben sind, diskutiert[12]. Tragender Gedanke für diese Ausgrenzung ist, daß dem Bürger ein Freiraum verbleiben soll, in dem er sich aussprechen kann, ohne Gefahr zu laufen, sich in einem Gerichtsverfahren verantworten zu müssen. Als innere Rechtfertigung der Ausgrenzung werden die Garantie der Menschenwürde und die Schutzgarantie des Art. 6 Abs. I GG genannt (BGH NJW 1993, 525, 526) oder § 36 StGB entsprechend herangezogen (*Schönke/Schröder/Lenckner* §§ 185 ff Vorbem. Rdn. 9). Dieser Schutz gebührt jedoch nicht demjenigen, der wider besseres Wissen unwahre Tatsachen behauptet oder verbreitet, also nicht dem Verleumder. Das ist für parlamentarische Äußerungen in § 36 S. 2 StGB so vorgesehen und für die nach § 187 StGB zu beurteilende Verleumdung die Ansicht der Literatur (*Schönke/Schröder/Lenckner* aaO mit weiteren Nachweisen). Für § 15 UWG ist dieselbe Wertung am Platze, zumal nach der hier (oben Rdn. 13) vertretenen Ansicht mit der Einführung eines den Tatbestand beschränkenden ungeschriebenen Merkmales des Wettbewerbsverhältnisses zwischen Äußerndem und Betroffenem bereits ein Schutzbereich für private Äußerungen geschaffen ist. 26

II. Subjektiver Tatbestand

Den inneren Tatbestand erfüllt nur, wer **vorsätzlich** handelt. Dazu ist nötig, daß der Täter alle Merkmale des objektiven Tatbestands kennt und sie verwirklichen will[13]. 27

1. Bedingter Vorsatz

Der **Vorsatz** muß sich darauf erstrecken, daß der Täter seine Äußerung zur Wahrnehmung für Dritte bestimmt oder mit dieser Wahrnehmung durch Dritte wenigstens gerechnet und sie für diesen Fall gewollt hat; es ist also bedingter Vorsatz ausreichend (*Erbs/Kohlhaas/Fuhrmann* § 15 Anm. 5; *Schönke/Schröder/Lenckner* § 186 Rdn. 11, § 185 Rdn. 14). Der innere Tatbestand ist nicht verwirklicht, wenn die Äußerung in einem internen Aktenvermerk niedergelegt wird, der nur zur eigenen Gedächtnisstütze bestimmt und nur versehentlich zur Kenntnis anderer gelangt ist (BGH NJW 1959, 2011 unter 1). Ebensowenig ist der innere Tatbestand ver- 28

[11] BGH MDR 1954, 335; BayObLG MDR 1956, 182; BayObLG 1976, 1036, 1037; OLG Stuttgart NJW 1963, 119, 120; OLG Schleswig SchlHA 1976, 468; OLG Oldenburg GA 1954, 284; OLG Celle NdsRpfl. 1964, 174; OLG Hamm NJW 1971, 1852, 1854.

[12] BGHZ 89, 198, 203, 204 mN aus der Literatur; BGH NJW 1993, 525, 526 – *Ketten-Mafia*.

[13] *Baumbach/Hefermehl* § 15 Rdn. 5; *Erbs/Kohlhaas/Fuhrmann* § 15 Anm. 5; *Pfeiffer* aaO S. 95.

wirklicht, wenn die Äußerung in einem Selbstgespräch gemacht oder in einem Tagebuch niedergelegt ist, die nur versehentlich von anderen gehört oder gelesen wurden (RGSt. 71, 159, 160).

29 Der (mindestens bedingte) **Vorsatz** muß sich weiter auf die Eignung zur Schädigung erstrecken; da ein Eintreten der Schädigung nicht zum objektiven Tatbestand gehört, muß es auch nicht vom Vorsatz umfaßt sein[14]. Es ist deshalb nicht nötig, daß der Äußernde dem Betroffenen mit seiner Äußerung schaden will oder daß er gar in Wettbewerbsabsicht handelt. Deshalb wird der innere Tatbestand auch nicht dadurch ausgeschlossen, daß der Äußernde etwa durch abschwächende oder die Richtigkeit des Verbreiteten in Zweifel ziehende Zusätze Schaden abzuwenden versucht, jedoch können solche Zusätze zum Ausschluß der Rechtswidrigkeit geeignet sein (dazu oben Rdn. 18 und unten Rdn. 39).

2. Überzeugung von der Unwahrheit

30 Das Gesetz fordert eine wahrheitswidrige Tatsachenbehauptung oder -verbreitung **„wider besseres Wissen"**. Dafür ist die Überzeugung von der Unwahrheit erforderlich. Für dieses Merkmal genügt deshalb bedingter Vorsatz nicht. Es ist also nicht ausreichend, daß der Äußernde nur mit der Möglichkeit rechnet, seine Tatsachenbehauptung oder -verbreitung sei unwahr[15]. Der innere Tatbestand weicht von § 4 Abs. 1 ab, wo der Begriff der „wissentlich unwahren" Angaben noch im Sinne bedingten Vorsatzes verstanden wird, obwohl der Gesetzgeber seit dem EGStGB vom 2. 3. 1974 diesen Ausdruck nur noch im Sinne direkten Vorsatzes gebraucht (s. dazu Großkomm./*Otto* § 4 Rdn. 90).

D. Täterschaft und Teilnahme

I. Allgemeines

31 **Täter** ist, wer den objektiven und subjektiven Tatbestand erfüllt und – nach der hier vertretenen Ansicht von dem den Tatbestand begrenzenden Merkmal der Existenz eines Wettbewerbsverhältnisses (oben Rdn. 13) – zum Betroffenen in einem Wettbewerbsverhältnis steht. Im übrigen bestimmen sich die Voraussetzungen der Täterschaft, mittelbaren Täterschaft, Mittäterschaft, Nebentäterschaft, Anstiftung und Beihilfe nach den §§ 25–27 StGB (*Erbs/Kohlhaas/Fuhrmann* § 15 Anm. 7; für § 4 UWG ebenso Großkomm./*Otto* § 4 Rdn. 113–120). Danach ist unmittelbarer Täter, wer den objektiven und subjektiven Tatbestand selbst verwirklicht (§ 25 Abs. 1 erste Alternative StGB). Das trifft auch für einen Angestellten oder Beauftragten des Betriebsinhabers zu, für die der Betriebsinhaber etwa nach § 15 Abs. 2 UWG haftet. Auch sie stehen zum Betroffenen in dem hier (Rdn. 13) als ungeschriebenes Tatbestandsmerkmal geforderten Wettbewerbsverhältnis, das durch ihre Handlung begründet wird (s. dazu oben Rdn. 13 Fn. 8). Mittäter ist, wer die Tat in bewußtem und gewolltem Zusammenwirken mit anderen gemeinschaftlich begeht (§ 25 Abs. 2 StGB), mittelbarer Täter, wer sie „durch einen anderen begeht" (§ 25 Abs. 1 Zweite Alternative StGB), indem er als Hintermann ein Werkzeug, dessen

---

14 *Baumbach/Hefermehl* § 15 Rdn. 5; *Erbs/Kohlhaas/Fuhrmann* § 15 Anm. 5; *Pfeiffer* aaO S. 95, 96.

15 RGSt. 32, 302, 303; RGSt. 55, 205; *Sturm* Änderungen des Besonderen Teils des Strafgesetzbuches durch das Einführungsgesetz zum Strafgesetzbuch, JZ 1975, 6, 7; *Baumbach/Hefermehl* § 15 Rdn. 5; *Erbs/Kohlhaas/Fuhrmann* § 15 Anm. 5.

Verhalten er beherrscht, die Tat ausführen läßt. Das ist beispielsweise der Geschäftsinhaber, der einen Angestellten handeln läßt, welcher selbst die Unwahrheit der von ihm behaupteten oder verbreiteten Tatsache oder deren Eignung zur Schädigung des Geschäfts eines anderen nicht erkennt und daher nicht – wie in § 15 Abs. 2 vorausgesetzt – selbst neben dem Geschäftsinhaber die Tat begeht. Anstifter ist, wer vorsätzlich einen anderen zu dessen vorsätzlich begangener rechtswidriger Tat bestimmt hat (§ 26 StGB); Gehilfe, wer vorsätzlich einem anderen zu dessen vorsätzlich begangener rechtswidriger Tat Hilfe geleistet hat (§ 27 Abs. 1 StGB).

II. Sonderregelung des § 15 Abs. 2 UWG

Eine Sonderregelung hat § 15 Abs. 2 UWG getroffen, der – wie § 4 Abs. 2 – **32**
den **„Inhaber des Betriebs"** zum Nebentäter macht.

1. Betriebsleiter als Nebentäter

Von § 4 Abs. 2 UWG weicht § 15 Abs. 2 dem Wortlaut nach darin ab, daß er – anders als jene Vorschrift – nur den Inhaber des Betriebs, nicht aber den Leiter des Betriebs für neben Angestellten oder Beauftragten strafbar erklärt. **Der Abweichung im Wortlaut wird keine Bedeutung zugemessen.** Sie wird als Redaktionsversehen verstanden (*Baumbach/Hefermehl* § 15 Rdn. 8; *Erbs/Kohlhaas/Fuhrmann* § 15 Anm. 7).

Diese Auffassung wird zwar durch die Entstehungsgeschichte der Norm (s. o. **33**
Rdn. 2) bestätigt, begegnet aber **Bedenken aus § 1 StGB,** wonach eine Tat nur bestraft werden kann, wenn die Strafbarkeit gesetzlich bestimmt war, bevor die Tat begangen wurde. Dieses verfassungsrechtlich (in Art. 103 Abs. 2 GG) verankerte Gesetzlichkeitsprinzip verbietet die strafbegründende Analogie (BVerfGE 14, 174, 185; BVerfGE 25, 269, 285; BVerfG NJW 1986, 1671, 1672) und damit jede über den erkennbaren Wortsinn einer Vorschrift hinausgehende Interpretation (BVerfG NJW 1986, 1671, 1672; BGHSt. 3, 303; BGHSt. 10, 157). Auf eine solche vom Wortsinn des § 15 Abs. 2 nicht mehr umfaßte Interpretation, die strafbegründend wirken würde, liefe die Behandlung des Betriebsleiters, der nicht selbst Betriebsinhaber ist, als Nebentäter nach § 15 Abs. 2 UWG hinaus (ebenso *v. Godin* § 15 Anm. 5). Die Frage ist ohne praktische Bedeutung, denn es wird keinen Betriebsleiter geben, der nicht Angestellter oder Beauftragter des Betriebs wäre – und für solche sieht § 15 Abs. 2 UWG die Strafbarkeit ebenfalls vor.

2. Subjektiver Tatbestand der Betriebsinhaberhaftung

Nach § 15 Abs. 2 ist der **Betriebsinhaber neben Angestellten und Beauftragten** **34**
strafbar, wenn sie Tatsachen im Sinne des § 15 Abs. 1 in einem geschäftlichen Betrieb behauptet oder verbreitet haben und die Handlung mit Wissen des Betriebsinhabers geschah. Daß § 15 Abs. 2 UWG nur auf das Wissen des Betriebsinhabers abstellt, wird als unvereinbar mit dem das Strafrecht beherrschenden Schuldgrundsatz angesehen (*Baumbach/Hefermehl* § 15 Rdn. 8; *Pfeiffer* aaO S. 97), der Vorwerfbarkeit fordert und daher die Möglichkeit voraussetzt, einen strafbaren Erfolg oder die Folgen einer Pflichtverletzung zu vermeiden (*Schönke/Schröder/Lenckner* Vorbem. §§ 13 ff Rdn. 103 mwN; Großkomm./*Otto* § 4 Rdn. 123). Indem das Gesetz allein auf das Wissen des Betriebsinhabers abstellt, begründet es eine Vermutung dafür, der Betriebsinhaber sei aufgrund seiner Stellung immer in der Lage, die

Handlung des Angestellten oder Beauftragten zu verhindern. Eine solche Vermutung ist verfassungswidrig. Der Grundsatz, daß Bestrafung Schuld voraussetzt und daß diese dem Täter nachgewiesen werden muß, genießt Verfassungsrang (BVerfGE 9, 167, 169; BVerfGE 20, 323, 331; BGHSt. 2, 200). In § 15 Abs. 2 steckt daher „ein Stück unzulässiger Schuldvermutung" (*Göhler* FS Dreher S. 611, 614).

35 Deshalb erfordert § 15 Abs. 2 eine **Ergänzung des Tatbestands** um die Möglichkeit des Betriebsinhabers, das strafbare Verhalten des Angestellten oder Beauftragten zu verhindern (*Göhler* aaO S. 615 zu § 4 Abs. 2 UWG; Großkomm./*Otto* § 4 Rdn. 123, 124). Ergänzt man den Tatbestand in dieser Weise, so kommt der Norm die Bedeutung zu auszusprechen, daß der Betriebsinhaber verpflichtet ist, die strafbare Handlung des Angestellten oder Beauftragten zu verhindern; § 15 Abs. 2 begründet insofern seine Garantenstellung (*Göhler* aaO S. 617; Großkomm./*Otto* § 4 Rdn. 124). Aufgrund dieser Garantenstellung haftet der Betriebsinhaber nach § 15 Abs. 2 als Nebentäter, wo er nach den Regeln des StGB nur Anstifter oder Gehilfe (mit der in § 27 Abs. 2 Satz 2 StGB vorgeschriebenen Strafmilderung) wäre (RGSt. 46, 275, 276; Großkomm./*Otto* § 4 Rdn. 125).

36 Wegen der Erläuterung der **Begriffe** „Inhaber des Betriebs", Handeln „in einem geschäftlichen Betrieb", „Angestellter" oder „Beauftragter" kann auf *Ottos* Kommentierung des insoweit gleichlautenden § 4 Abs. 2 (Großkomm./*Otto* § 4 Rdn. 127–133) verwiesen werden.

E. Rechtfertigungsgründe

I. Wahrnehmung berechtigter Interessen – Grundsatz

37 Nach allgemeiner Ansicht kommt für § 15 UWG ebenso wie für die Verleumdung (§ 187 StGB) der Rechtfertigungsgrund der **Wahrnehmung berechtigter Interessen,** § 193 StGB, nicht in Betracht[16]. Das soll auch gelten, wenn die unwahre Tatsache von der Presse, dem Rundfunk oder dem Fernsehen in Wahrnehmung ihrer öffentlichen Aufgaben behauptet oder verbreitet worden sind (*Erbs/Kohlhaas/Fuhrmann* aaO unter Bezugnahme auf *Fuhrmann* in JuS 1970, 70 ff und BGHSt. 18, 182 ff). Diese strenge Auffassung steht mit der zu §§ 1 und 3 UWG vertretenen Ansicht des BGH im Einklang, wonach unwahre Behauptungen als Abwehrmaßnahme in keinem Falle gerechtfertigt sein können (BGH GRUR 1954, 337, 342 – *Radschutz;* s. Großkomm./*Messer* § 14 Rdn. 293).

II. Einschränkungen

38 Dieser Ansicht ist für § 15 UWG nicht uneingeschränkt zu folgen.

1. Geschäftliche Verleumdung als gerechtfertigte Abwehr?

Zu diskutieren ist zunächst der Fall der **Abwehr-Lüge.** Darunter wird verstanden, daß der Äußernde einen gegen ihn zu Unrecht erhobenen Vorwurf durch eine den Tatbestand des § 15 Abs. 1 erfüllende Tatsachenbehauptung oder -verbreitung abzuwehren versucht. Handelt es sich bei der Gegenwehr des Äußernden lediglich um das (wahrheitswidrige) Leugnen einer Tatsache, so soll der Rechtfertigungs-

---

[16] *Baumbach/Hefermehl* § 15 Rdn. 1; *Erbs/Kohlhaas/Fuhrmann* § 15 Anm. 9; *Pfeiffer* aaO S. 96; RGSt. 31, 63, 66; BGHSt. 14, 48, 51; BGH NJW 1964, 1148, 1149 – *Callgirlring.*

grund des § 193 StGB in Betracht kommen (RGSt. 48, 415; OLG Hamm NJW 1971, 853; BGH NJW 1952, 194); für eine angriffsweise erfolgende Verwirklichung des Tatbestandes der Verleumdung soll dagegen der Schutz des § 193 StGB versagen (OLG Hamm aaO; *Dreher/Tröndle* StGB[46] (1993) § 193 Rdn. 3). Kann sich jemand einer unbegründeten Verdächtigung nur durch eine den Tatbestand der Verleumdung erfüllende Erklärung erwehren, so ist jedoch eher als an § 193 StGB an den rechtfertigenden Notstand des § 34 StGB zu denken (*Schönke/Schröder/Lenckner* § 193 Rdn. 2).

2. Gerechtfertigte Verdachtsäußerung durch die Presse?

Die Anwendung des Rechtfertigungsgrundes der Wahrnehmung berechtigter Interessen ist weiter zu erwägen, wenn die **Presse** in Erfüllung ihrer Informationsaufgabe von einem gegen einen Geschäftsmann erhobenen – ihr als unbegründet bekannten – Verdacht berichtet, dem sie in ihrem Bericht sodann durch zutreffende Tatsachenbehauptungen entgegentritt. Von der durch Art. 5 Abs. 1 Satz 2 GG geschützten Pressefreiheit muß auch eine solche Berichterstattung gedeckt sein, die sich mit Verdächtigungen gegen Personen befaßt, über die die Öffentlichkeit zu unterrichten eine Aufgabe von politischem, gesellschaftlichem, wirtschaftlichem oder kulturellem Belang sein kann; selbst die bloße Unterhaltung gehört zu der vom Grundrecht aus Art. 5 Abs. 1 Satz 2 GG gedeckten Aufgabe der Presse. Betrifft ein solcher Pressebericht ein beispielsweise gegen einen Geschäftsmann anderweit erhobenes Gerücht, das sein Erwerbsgeschäft betrifft und in der Verbreitung von Tatsachen besteht, die zur Betriebsschädigung geeignet sind, so muß die Presse über die Existenz eines solchen Gerüchts auch dann berichten dürfen, wenn ihr dessen Haltlosigkeit bekannt ist und sie die die Haltlosigkeit ergebenden Tatsachen zugleich mitteilt. In einem solchen Falle wird die Wiedergabe des Gerüchts den Tatbestand der Verbreitung im Sinne des § 15 Abs. 1 UWG erfüllen. Die Handlungsweise ist jedoch aus Art. 5 Abs. 1 Satz 1 GG in Verbindung mit § 193 StGB gerechtfertigt, wenn der Bericht sich insgesamt als zutreffende Unterrichtung der Öffentlichkeit erweist (*Hansen* JR 1974, 406, 408). 39

F. Strafverfolgung und Strafe

I. Strafverfolgung

Die **Strafverfolgung** ist von einem Strafantrag abhängig, § 22 UWG. Wegen dessen Inhalt und Form sowie der Antragsberechtigung wird auf die Erläuterung des § 22 durch *Otto* verwiesen. Die Straftat wird nur im Wege der Privatklage verfolgt, § 374 Abs. 1 Nr. 7 StPO, ausnahmsweise durch die Staatsanwaltschaft im Wege der öffentlichen Klage, wenn dies im öffentlichen Interesse liegt, § 376 StPO. Zur Stellung des Strafantrages wie zur Erhebung der Privatklage ist der Verletzte berechtigt, §§ 77 StGB, 374 Abs. 1 StPO. Eine Antragsberechtigung anderer Gewerbetreibender, der Verbände oder Kammern ist für die geschäftliche Verleumdung des § 15 UWG nicht vorgesehen (§ 22 Abs. 1 Satz 3, Abs. 2 UWG), ebensowenig ein Einschreiten der Strafverfolgungsbehörde von Amts wegen (§ 22 Abs. 1 Satz 2 UWG). Antragsberechtigter Verletzter sind der Geschäftsinhaber und – je nach dem Umfang der ihm erteilten Vertretungsmacht – für diesen der Geschäftsleiter. Wenn aus der Erwähnung des Geschäftsleiters in § 15 Abs. 1 als desjenigen, auf den sich die unwahre Tatsachenbehauptung beziehen kann, auf ein Antragsrecht des Geschäfts- 40 leiters geschlossen wird[17], ist zu beachten, daß der Geschäftsleiter kein eigenes Antragsrecht besitzt, weil er nicht Träger des durch die Tat unmittelbar verletzten Rechtsgutes ist (RGSt. 68, 305; BGHSt. 31, 210). Seine Antragsberechtigung ist daher die eines Stellvertreters des verletzten Geschäftsinhabers.

II. Strafe

1. Strafdrohung

41 Die **Strafe** ist Freiheitsstrafe bis zu einem Jahr oder Geldstrafe. Die in Tagessätzen zu verhängende Geldstrafe beträgt mindestens 5 und höchstens 360 Tagessätze (§ 40 StGB). Obwohl in § 15 UWG nicht (mehr) angeordnet, kann Geldstrafe auch neben der Freiheitsstrafe verhängt werden, wenn der Täter sich durch die Tat bereichert oder zu bereichern versucht hat (§ 41 StGB).

2. Bekanntmachung der Verurteilung

42 Nach § 23 Abs. 1 UWG hat das Gericht, wenn der Verletzte es beantragt, die **Verurteilung** zu Strafe **öffentlich bekanntzumachen;** wegen Einzelheiten wird auf die Kommentierung des § 23 durch *Teplitzky* verwiesen.

3. Verfolgungsverjährung

43 Die **Verjährungsfrist** für die Verfolgungsverjährung beträgt drei Jahre (§ 78 Abs. 3 Nr. 5 StGB); sie beginnt mit der Beendigung des strafbaren Verhaltens (§ 78 a StGB). Findet sich die zur Geschäftsschädigung geeignete unwahre Tatsachenbehauptung oder -verbreitung in Zeitungen oder Zeitschriften, so handelt es sich zugleich um ein Presse-Inhaltsdelikt, für das die landesrechtlichen Pressegesetze eine Verjährungsfrist von lediglich sechs Monaten vorsehen (vgl. den Überblick über die landesrechtlichen Pressegesetze bei *Löffler* Presserecht[3] (1983) §§ 20 und 24 LPG). Diese Privilegierung der Presse verdrängt die Verjährungsvorschrift des § 78 a StGB (wegen weiterer Einzelheiten wird verwiesen auf Großkomm./*Otto* § 4 Rdn. 151–154).

G. Konkurrenzen

I. Andere Straftatbestände

44 **Tateinheit** ist mit § 187 StGB möglich. Sie kommt vor, wenn die zur Schädigung des Geschäftsbetriebs geeignete Tatsachenbehauptung oder -verbreitung zugleich zur Kreditgefährdung oder zur Ehrverletzung geeignet ist. Es handelt sich nicht um einen Fall der Gesetzeseinheit, denn der Unrechtsgehalt des § 15 UWG erfaßt den des § 187 StGB nicht vollständig und umgekehrt; die Verletzung des durch einen Straftatbestand geschützten Rechtsgutes ist nicht notwendig die Erscheinungsform der Verwirklichung des anderen Straftatbestandes (*Erbs/Kohlhaas/Fuhrmann* § 15 Anm. 10; *Pfeiffer* aaO S. 97). Tateinheit ist auch möglich mit Beleidigung, § 185

---

[17] *Rosenthal/Leffmann*[9] (1969) § 15 Rdn. 11; *Erbs/Kohlhaas/Fuhrmann* § 15 Anm. 11; *Pfeiffer* aaO S. 97.

StGB, falscher Anschuldigung, § 164 StGB, Betrug, § 263 StGB, strafbarer irreführender Werbung, § 4 UWG sowie Kurs- und Prospektbetrug, § 88 BörsenG (*Erbs/Kohlhaas/Fuhrmann* aaO; *Pfeiffer* aaO).

II. Zivilansprüche

Zivilrechtlich ist § 15 UWG von Bedeutung, wenn Tatsachenbehauptung oder -verbreitung **nicht zu Zwecken des Wettbewerbs** erfolgt sind, da andernfalls der Tatbestand des § 14 UWG zugleich erfüllt ist (*Baumbach/Hefermehl* § 15 Rdn. 9; *v. Gamm* § 15 Rdn. 5). 45

1. § 15 als Schutzgesetz

Da § 15 UWG **Schutzgesetz** im Sinne des § 823 Abs. 2 BGB ist, gewährt er deliktische Abwehr- und Schadensersatzansprüche. Es kommen also analog § 1004 BGB der Unterlassungsanspruch und der Beseitigungsanspruch in Betracht. Für den Unterlassungsanspruch ist ohne Bedeutung, daß die Möglichkeit zur Verfolgung der Handlung im Wege der Privatklage besteht, denn Strafrecht und ziviles Unterlassungsrecht haben nichts miteinander zu tun[18]. 46

2. Wettbewerblicher Unterlassungsanspruch

Außerdem ist der allgemeine gewohnheitsrechtliche **wettbewerbliche Unterlassungsanspruch** gegeben, da die Strafbestimmung des § 15 UWG als geschütztes Rechtsgut den Geschäftsbetrieb konkret als schutzwürdig kennzeichnet (*Teplitzky*[6] Kap. 4 Rdn. 9). Für diesen gewohnheitsrechtlichen wettbewerblichen Unterlassungsanspruch ist – wenn nicht ohnedies zugleich das den Tatbestand des § 14 UWG erfüllende Handeln zu Zwecken des Wettbewerbs vorliegt – die Existenz eines Wettbewerbsverhältnisses zwischen Äußerndem und Betroffenem zu fordern, das nach der in dieser Kommentierung vertretenen Rechtsansicht schon ein den Tatbestand begrenzendes ungeschriebenes Tatbestandsmerkmal bildet (s. oben Rdn. 13). Selbständige Bedeutung kommt dem wettbewerblichen Unterlassungsanspruch gegenüber dem quasinegatorischen (aus §§ 823, Abs. 2, 1004 BGB) nicht zu, denn beide sind von einem Verschulden unabhängig[19]. Allerdings wird man dann, wenn Handlungen Abhängiger in Rede stehen, für den quasinegatorischen Abwehranspruch danach zu fragen haben, ob der Geschäftsherr selbst Störer ist (BGHZ 42, 118, 133 = GRUR 1965, 104 – *Personalausweise*), wogegen für den wettbewerblichen Abwehranspruch die Feststellung genügt, daß der Handelnde Angestellter oder Beauftragter im Sinne des § 15 Abs. 2 UWG sei. 47

---

[18] RGZ 115, 74, 84 f; RGZ 116, 151, 153 ff; *Teplitzky*[6] Kap. 4 Rdn. 8; *Baumbach/Hefermehl* § 15 Rdn. 9 mit Einl. UWG Rdn. 456.

[19] RGZ 60, 6, 7; BGHZ 80, 1, 7; näher dazu *Teplitzky*[6] unten Kap. 2 Rdn. 6–9.

FSC
www.fsc.org
MIX
Papier | Fördert
gute Waldnutzung
FSC® C083411

Kolibri 360 GmbH
Ferdinand-Jühlke-Straße 7
99095 Erfurt, Deutschland
produktsicherheit@kolibri360.de